YR EGLWYS YNG NGHYMRU | THE CHURCH IN WALES

Gofal ein Gwinllan:

Ysgrifau ar gyfraniad Yr Eglwys yng Nghymru i'n llên a'n hanes a'n diwylliant

Cyfrol 3

Golygyddion
A. Cynfael Lake
D. Densil Morgan

Cyhoeddwyd yn 2025
gan Gorff Cynrychiolwyr yr Eglwys yng Nghymru
Elusen gofrestredig, rhif 1142813
2 Sgwâr Callaghan,
Caerdydd.
CF10 5BT

ISBN 978-1-80099-744-8

Cyhoeddwr:
Y Lolfa
Talybont, Ceredigion, Cymru SY24 5HE

Cysodwyd gan Ritchie Craven, Corff Cynrychiolwyr yr Eglwys yng Nghymru.

Gofal ein Gwinllan:

Ysgrifau ar gyfraniad Yr Eglwys yng Nghymru i'n llên a'n hanes a'n diwylliant

ATHROFA **PADARN** SANT
ST **PADARN'S** INSTITUTE

Yn seiliedig ar gyfres o weminarau a drefnwyd gan Yr Eglwys yng Nghymru ar y cyd ag Athrofa Padarn Sant.

Cyhoeddwyd gyda chefnogaeth hael Ymddiriedolaeth Isla Johnston.

Rhagair

Wrth i gyfres *Gofal Ein Gwinllan* gyrraedd ei thrydedd gyfrol, y mae'n fwyfwy amlwg fod traddodiad Cymraeg yr Eglwys Anglicanaidd yn llawer cyfoethocach nag y tybid yn gyffredinol, a'i bod yn un o'r ffrydiau gweithgaredd gwladgarol mwyaf arwyddocaol yn hanes ein cenedl. Y mae'r gyfrol hon yn cryfhau tystiolaeth y cyfrolau blaenorol fod caredigion y Gymraeg wedi gwneud cyfraniad enfawr nid yn unig i gymeriad yr Eglwys ond i hanes Cymru fel y cyfryw. Ni ellir ond diolch i'r ysgolheigion ac i'r golygyddion sydd, trwy eu gwaith diflino, wedi ailgyflwyno'r ffigyrau a'r hanesion hynod hyn i'n sylw. Y mae ein dyled iddynt yn fawr.

Wrth bori yn yr erthyglau hyn, byddwn yn rhyfeddu at ymroddiad y cymeriadau y deuwn ar eu traws, a byddwn yn llawn edmygedd o'u menter a'u hyder wrth iddynt fynnu mynegiant Cymraeg teilwng ar gyfer eu traddodiad eglwysig. Ni fodlonent i'r Gymraeg gael ei hanwybyddu, ei hamharchu na'i chyfyngu i'r ymylon. Rhan angenrheidiol o'u gweledigaeth a'u gweinidogaeth grefyddol ydoedd.

Yn ein hoes ni, y mae angen penderfynoldeb ac ymroddiad o hyd. Un peth a ddaw'n amlwg wrth i'r cyfrolau gwerthfawr hyn ymddangos yw mai prosiect angerdd i unigolion a grwpiau ymroddedig fu'r gwaith o hyrwyddo'r Gymraeg yn yr Eglwys Anglicanaidd yn llawer rhy aml. Hanes unigolion tanbaid a chydwybodol yn herio difrawder sefydliadol yw cynifer o'r mentrau a chymaint o'r gweithgaredd a gofnodir yma. Clod iddynt oll, a brysied y dydd pan na fydd angen nac angerdd nac aberth er mwyn sicrhau lle cyflawn i'r heniaith yn ein Heglwys ac yn ein cymdeithas. Os byth y daw'r dydd hwnnw, i gymeriadau fel y rhain, ac i'w hymroddiad dihunan, y bydd y diolch.

Dr Grahame Davies CVO
Cyfarwyddwr Cenhadaeth a Strategaeth
yr Eglwys yng Nghymru

Y Cynnwys

tudalen

Rhagymadrodd ..... *i*

1 Dau John Williams, Tad a Mab, o Ystradmeurig: Clasurwyr, Ysgolfeistri, Clerigwyr
Ceri Davies *1*

2 John Hughes, Archddiacon Ceredigion
D. Densil Morgan *21*

3 Connop Thirlwall ac Alfred Ollivant: Cenhedlaeth Newydd o Esgobion
Frances Knight *37*

4 Isaac Williams: Clerigwr, Diwinydd a Bardd
J. Wyn Evans *53*

5 Dewi o Ddyfed a Chlerigwyr Swydd Efrog
E. Wyn James *69*

6 Bradwyr neu Arwyr? Jane Williams 'Ysgafell' a'r Eglwys Wladol yn Oes y Llyfrau Gleision
Jane Aaron *85*

7 Morris Williams 'Nicander'
Robert Rhys *101*

8 John Wiliams 'Ab Ithel', Harry Longueville Jones a Gorffennol Cymru
Huw Pryce *115*

9 Yr Olaf o'i Fath: Daniel Silvan Evans a'i Gyfraniad Geiriadurol
Andrew Hawke *129*

10 Ellis Roberts 'Elis Wyn o Wyrfai'
Huw Tegid Roberts *145*

11 Owen Wynne Jones 'Glasynys'
Dafydd Glyn Jones *165*

12 Emyniaduron Anglicaniaid Cymraeg y Bedwaredd Ganrif ar Bymtheg
Rhidian Griffiths *177*

Rhestr o Ddelweddau a Hawlfraint *189*

Y Cyfranwyr *192*

Rhagymadrodd

Mae'r drydedd gyfrol yng nghyfres Gofal ein Gwinllan yn trafod nifer o unigolion a gyfrannodd at dystiolaeth yr Eglwys Anglicanaidd yng Nghymru, ac yn arbennig at ei Chymreictod, yn ail a thrydydd chwarter y bedwaredd ganrif ar bymtheg. O ran hanes crefydd, dyma'r cyfnod a welodd dwf aruthrol mewn Anghydffurfiaeth neu Ymneilltuaeth, 'crefydd y capel', cymaint, felly, nes taflu cysgod dros yr hyn a oedd yn digwydd yn yr Eglwys Wladol ar y pryd. Yr oedd hyn yn arbennig o wir yn sgil Brad y Llyfrau Gleision, sef adroddiad y wladwriaeth yn 1847 ar gyflwr addysg yng Nghymru a roddodd y bai am ei diffygion ar anfoesoldeb y werin, ar Ymneilltuaeth Brotestannaidd ac ar ddylanwad andwyol yr iaith Gymraeg. Gan mai Anglicaniaid oedd y comisiynwyr a'r rhan fwyaf o'r tystion yn glerigwyr, beirniadwyd yr Eglwys yn hallt am ei hagweddau gwrth-Gymreig a'i difrawder yn gyffredinol. Nid pob Eglwyswr o bell ffordd a rannai'r agweddau hyn. Yn wir, aeth rhai fel Thomas Price 'Carnhuanawc' a'r Barnwr A. J. Johnes y cafwyd penodau arnynt yn *Gofal ein Gwinllan 2*, Connop Thirlwall, Jane Williams 'Ysgafell' ac eraill y ceir sôn amdanynt yn y gyfrol hon, ati i achub cam y Cymry a thrwy hynny warchod enw da Anglicaniaeth Cymru mewn cyfnod o begynnu cynyddol. Fel yn y ddwy gyfrol flaenorol, gwelwn fel y cyfrannodd yr Eglwys at fuddiannau diwylliannol y genedl ym meysydd llên, hanes, addysg ac ysgolheictod, yn ogystal ag ymorol am ei buddiannau ysbrydol trwy gyfrwng pregeth, emyn, gofal bugeiliol ac addoliad. Bydd *Gofal ein Gwinllan 4*, a gyhoeddir y flwyddyn nesaf, yn mynd â'r hanes o ganol Oes Victoria at Ddeddf Datgysylltu 1914 a nododd ddiwedd Eglwys Loegr yng Nghymru a chreadigaeth corff newydd, sef 'Yr Eglwys yng Nghymru', yn annibynnol ar y wladwriaeth ac yn rhydd i ddatblygu ei thystiolaeth yn unol â'i theithi arbennig ei hun.

Fel yn y cyfrolau o'r blaen, seiliwyd y penodau sy'n dilyn ar sgyrsiau ar-lein a drefnwyd gan yr Eglwys yng Nghymru mewn partneriaeth ag Athrofa Padarn Sant fel rhan o'r ddarpariaeth ar gyfer hyfforddi clerigwyr a lleygwyr yn eu cenhadaeth yn y Gymru gyfoes. Cynhaliwyd y seminarau yn hydref 2023 a gwanwyn 2024, ac maent ar gael ar y sianel YouTube o dan 'Gofal ein Gwinllan' ac ar wefan yr Eglwys yng Nghymru, eto o dan y teitl 'Gofal ein Gwinllan: Cyfres 6 a 7'. Cymraeg yw iaith y sgyrsiau ond darparwyd cyfieithu-ar-y-pryd, a gellid dod o hyd iddynt yn y ddwy iaith ar www.churchinwales.org.uk/en/about-us/welsh-language/gofal-ein-gwinllan.

Dymunwn ddiolch i'r siaradwyr am eu parodrwydd i rannu eu hymchwil a'u gwybodaeth yn y lle cyntaf, ac am droi eu sgyrsiau yn benodau ar gyfer y llyfr. Yr Athro E. Wyn James, gyda pheth mewnbwn gan yr Athro D. Densil Morgan, a bennodd y testunau a Wyn a ddenodd y siaradwyr i gymryd rhan. Ymddiriedolaeth Isla Johnston sydd wedi noddi'r cyfrolau a hynny'n haelionus iawn, tra bod Y Lolfa wedi ymgymryd â'r cyhoeddi. Hoffem ddiolch iddynt ac yn arbennig i Ritchie Craven, Rheolwr Cyhoeddiadau yr Eglwys yng Nghymru, am y gwaith dylunio manwl a'r cysodi, ac am lywio'r gyfrol unwaith yn rhagor trwy'r wasg. Gwerthfawrogwn gymeradwyaeth Dr Grahame Davies, Cyfarwyddwr Cenhadaeth a Strategaeth yr Eglwys yng Nghymru, a chaniatâd parod Llyfrgell Genedlaethol Cymru i atgynhyrchu rhai o'r delweddau sydd yn eu casgliadau.

O ran Athrofa Padarn Sant, cafwyd cymorth Dave Taylor, Angharad Eleri Gaylard a'r Barchg Ganon Manon Ceridwen James wrth drefnu'r seminarau, a chyflawnodd Dr Meg Elis a'r Parchg Ganon Siôn Aled Owen y dasg o gyfieithu-ar-y-pryd i'r Saesneg gyda'u medr arferol. Ac unwaith eto, bu'r Parchg Ganon Ainsley Griffiths, Cyfarwyddwr Ffydd, Trefn ac Undod yr Eglwys yng Nghymru, ynghyd ag Angharad Gaylard, yn gefn i'r golygyddion ar hyd yr amser

Y Golygyddion

1

Ceri Davies

DAU JOHN WILLIAMS, TAD A MAB, O YSTRADMEURIG: CLASURWYR, YSGOLFEISTRI, CLERIGWYR

Yn Ystradmeurig yng Ngheredigion, nid nepell o Bontrhydfendigaid, y mae man cychwyn y bennod hon, yn arbennig yn yr ysgol hynod a sefydlwyd yno gan Edward Richard yn hanner cyntaf y ddeunawfed ganrif. Eisoes bu cyfeirio mynych, yn seminarau a chyfrolau *Gofal ein Gwinllan*, at yr ysgol fel meithrinfa nifer o'r rheini a drafodwyd: rhai megis Thomas Jones (Creaton) a Thomas Richards (Darowen), John Owen (Thrussington) a John Hughes (Llanbadarn Fawr), ac eraill. Ac yn gynnar yng nghylch yr astudiaethau cafwyd cyflwyniad ar Edward Richard ei hun a'i ddisgybl enwocaf, Ieuan Fardd.[1]

Yr amcan yma yw sôn rhywfaint am yr athro a olynodd Edward Richard yn ysgolfeistr Ystradmeurig, gŵr o'r enw John Williams—y Parchg John Williams (yn wahanol i Edward Richard, yr oedd hwn wedi ei ordeinio); ac yna ei fab yntau, un eto â'r enw John Williams, clerigwr a ddaeth yn archddiacon Ceredigion ac a gafodd yrfa nodedig iawn fel addysgydd, y rhan fwyaf ohoni y tu allan i Gymru.[2] Yr oedd John Williams y tad, 'yr Hen Syr' fel y daethpwyd i gyfeirio ato, yn un o gyn-ddisgyblion Edward Richard: wedi ei eni yn 1745/6, yn Swyddffynnon, ryw filltir o Ystradmeurig, yn fab hynaf i David Williams, gof wrth ei alwedigaeth, gŵr a oedd hefyd yn un o gynghorwyr cynnar y Methodistiaid. Nid yw'r ardal ymhell o diriogaeth y diwygiwr Daniel Rowland, ac yr oedd David Williams yn un o bedwar cynghorwr o Geredigion y ceir sôn amdanynt yng nghofnodion un o sasiynau cynharaf y Methodistiaid yn yr 1740au, ac arolygu rhai o seiadau'r sir yn cael ei ymddiried iddo.[3] Symudiad o fewn i'r Eglwys Sefydledig oedd Methodistiaeth bryd hynny, wrth gwrs, ac felly y byddid yn parhau am genedlaethau. Hwyrach nad oedd y carfannu a'r polareiddio mor ddwys ag y tybir weithiau, nid o leiaf yng Ngheredigion. Bid a fo am anhoffter Edward Richard o *enthusiasm* y Methodistiaid (fel y gellir casglu o'i lythyrau a hefyd o eiriau pigog, yn ei ail fugeilgerdd, am 'y gau frodyr' a'r 'cynghorwyr disynwyr'), nid oedd hynny'n rhwystr i David Williams anfon John, ei fab hynaf, a'r lleill o'i bum mab athrylithgar, i'w haddysgu gan Edward Richard. Un arall o'i feibion oedd Evan Williams, a ymsefydlodd yn gyhoeddwr a llyfrwerthwr o bwys ar y Strand yn Llundain, a'i wasanaeth i lên Cymru ac i ddiwylliant Cymry'r brifddinas yn enfawr.[4]

Beth bynnag yr hyfforddiant mwy elfennol a geid yno (ac mae'n siŵr fod tipyn o hynny yn digwydd), yr hyn y daeth Ysgol Ystradmeurig yn enwog amdano oedd yr addysg glasurol—dysgu Lladin a Groeg—a gyfrennid gan Edward Richard. Yn Ystradmeurig y bu dau o feibion Lewis Morris yn cael eu haddysgu. Nid un i'w gofio am or-ganmol neb (yn arbennig ei blant) yw Lewis Morris, ond meddai ef mewn llythyr at ei frawd Richard yn 1760, sef y cyfnod pan oedd John Williams hefyd yn ddisgybl yno, 'Ned Richards o Ystrad Meuryg, lle mae mhlant i yn dysgu Lladin gyd ag ef, sydd ysgolhaig rhagorol iawn'.[5] Ac mae'r hanesyn hwnnw (a groniclir yn *Ystên Sioned* ac mewn mannau eraill) am diwtor o Rydychen yn dod â rhai o'i fyfyrwyr i gymryd rhan mewn gornest lafar yn yr ieithoedd Groeg a Lladin—rhyw fath o 'dalwrn' clasurol—yn erbyn disgyblion Edward Richard, ac yn ildio'r dydd hyd yn oed cyn cyrraedd pen eu taith, yn adnabyddus. Yr oedd Edward Richard wedi anfon rhai o'r disgyblion allan, yng ngwisg gweithwyr, i labro wrth fannau strategol ar rwydwaith ffyrdd yr ardal. Dyma'r Rhydychenwyr yn dod ar draws un grŵp, yn gofyn y ffordd i'r ysgol, a chael eu cyfarwyddo mewn Lladin; ymlaen, a gofyn wrth y groesffordd nesaf, a'r 'gweithwyr' yn y fan honno yn ateb mewn Groeg. Erbyn i'r ymwelwyr gyrraedd yr ysgol yr oedd y disgyblion wedi croesi'r caeau, newid eu dillad, ac yn ôl wrth eu tasgau: ond pa ddiben ymryson yn erbyn cynhyrchion ysgol mewn ardal lle yr oedd hyd yn oed gweithwyr yr heol yn siarad Groeg a Lladin? Mae i'r stori apocryffaidd honno, beth bynnag am ei moeseg, ei rhan ym mytholeg Ysgol Ystradmeurig.[6]

Ond yr oedd mwy i'r ysgol na hynny, wrth iddi ddatblygu dan law Edward Richard. Yn un peth, fe ofalodd fod yno lyfrgell helaeth, mewn ystafell a godwyd a'i dodrefnu i'r pwrpas, 'the Bodley of Wales' meddai un (braidd yn orawenus) amdani, llyfrgell y parhawyd i ychwanegu ati dan ei olynydd. Dros y blynyddoedd collwyd llawer o gynnwys y llyfrgell; ond pan ddaeth cyfran o'i gweddillion—dros dri chant o gyfrolau i gyd—i ofal Coleg Dewi Sant, Llanbedr Pont Steffan, wedi cau'r ysgol yn 1974, cafwyd mai gweithiau diwinyddol yn unig a oedd yn fwy niferus na'r rhai clasurol.[7] Hefyd, yn ogystal â'i ymroddiad a'i ddawn ddigwestiwn fel athro, yr oedd Edward Richard wedi sylweddoli bod rhaid gosod yr ysgol ar seiliau ariannol a chyfansoddiadol cadarn. Yn hynny cafodd gefnogaeth rhai o deuluoedd mwy breintiedig Ceredigion, rhai megis teulu Vaughan, Trawscoed, teulu Powell, Nanteos, ac eraill. Gofalodd am waddol i'r ysgol, diogelu nawdd i 32 (ar y tro) o fechgyn o'r ardal gael eu haddysgu ynddi, a llunio (yn 1774) Weithred Ymddiriedolaeth fanwl ar gyfer ei dyfodol:

> [T]he said Edward Richard doth direct that the Schoolmaster to be from time to time appointed, shall be a person professing the Religion of the Church of England, of a good moral character, and well qualified to teach the Greek and Latin Classics, as taught in the principal grammar schools in England ...[8]

Sylwer ar y cyfeiriad at 'grammar schools'. Bu llawer ohonom, mae'n debyg—o leiaf y rheini sydd dros ryw oedran—mewn ysgolion a elwid yn 'ysgolion gramadeg'. Mae'n wiw inni gofio mai at feistroli morffoleg a chystrawen yr iaith Ladin, yn arbennig, ac at lefaru a chyfansoddi—mewn pros ac mewn mydr—yn yr iaith, yr oedd y cyfeirio hwnnw at 'ramadeg' yn pwyntio, o'r unfed ganrif ar bymtheg ymlaen. Yng ngeiriau cryno M.L. Clarke (a fu am ddegawdau yn Athro Lladin yng Ngholeg Bangor o Brifysgol Cymru), arbenigwr ar hanes addysg ac ysgolheictod clasurol: 'The foundation of grammar-school education was the Latin grammar.'[9] Dyna ddelfryd Edward Richard: 'as taught in the principal grammar schools in England'. Ac mewn atodiad i'w ewyllys, lai na mis cyn ei farwolaeth ym mis Mawrth 1777, mae'n siarsio ei olynwyr o ysgolfeistri fel hyn:

> This school is not to be sinecure, you must attend and get your bread by labour and industry. This is my will, and I hope it will be observed; discharge therefore your trust faithfully.[10]

Yr olynydd a benodwyd oedd John Williams. Ni chawsai brofiad addysg prifysgol, ddim mwy na'i ragflaenydd: yn Ystradmeurig yn unig, yn ddisgybl i Edward Richard, y bu dan hyfforddiant ffurfiol. Ond cafodd brofiad cyfrannu addysg mewn mannau eraill. Yn 1765 aeth i fod yn athro mewn ysgol a gedwid yng Nghapel Wystog (plwyf Treamlod, Sir Benfro), un o 'dai newydd' y Methodistiaid.[11] Ond o fewn blwyddyn yr oedd wedi symud i dref Aberteifi, yn athro yn yr ysgol ramadeg, 'yr ysgol rad' a gawsai ei sefydlu yno (yn wreiddiol dan y Ddeddf er Taenu'r Efengyl yng Nghymru) yn 1653. Ac yn Aberteifi, beth bynnag am ddylanwadau cefndirol seiadau Methodistaidd Swyddffynnon a Wystog, bwriodd ei goelbren gyda'r math o eglwysyddiaeth canol-y-llwybr a nodweddai rai

Y Parchg John Williams 'Yr Hen Syr' yn eistedd yng nghadair Edward Richard
Trwy garedigrwydd Canolfan Edward Richard, Ystradmeurig

megis yr Esgob Charles Moss, Tyddewi, a'i hurddodd yn ddiacon ddiwedd 1768 ac yn offeiriad yn 1770. Y flwyddyn ddilynol, 1771, symudodd dros y ffin i Swydd Henffordd, i guradaeth a swydd athro yn Rhosan-ar-Wy. Chwe blynedd yn ddiweddarach, wele ei benodi—yn 32 mlwydd oed—yn ôl yn ei henfro yn ysgolfeistr Ystradmeurig (yn fanwl, Ystradmeurig ac ysgol atodol yn Lledrod), ac yno yr arhosodd hyd ei farw yn 1818.

Ar lawer cyfrif, 'y deugain mlynedd hyn' dan ofal John Williams oedd oes aur Ysgol Ystradmeurig. Yng nghyfnod ei oruchwyliaeth ef, rhwng 1812 ac 1815, y codwyd yr ysgoldy (sy'n dal i sefyll, y drws nesaf i

Eglwys Sant Ioan). Ar un adeg, mae'n debyg fod cynifer â chant a hanner o ddisgyblion yn yr ysgol. A bu'n driw iawn i goffadwriaeth Edward Richard ym mhob ffordd, yn cynnwys croniclo—yn Saesneg—hanes bywyd ei fentor, a gyhoeddwyd ynghyd ag argraffiad newydd o'i waith barddonol. Cyhoeddwr y gyfrol honno oedd Evan Williams, ei frawd o lyfrwerthwr yn Llundain.[12]

Un o'r pethau pwysicaf a ddigwyddodd yn hanes yr ysgol yn gynnar yng nghyfnod John Williams—fel yn achos ysgolion eraill hefyd yn esgobaeth Tyddewi, megis Ysgol Aberteifi ac Ysgol Ramadeg y Frenhines Elizabeth yng Nghaerfyrddin—oedd gweithredu disgwyliadau Samuel Horsley, esgob Tyddewi rhwng 1788 ac 1794, a'i olynwyr ar fater ffurfioli hyfforddiant darpar glerigwyr o fewn yr esgobaeth. Wrth wraidd hynny yr oedd consérn am ddiffygion addysgol llawer o 'glerigwyr y mynydd-dir', y 'mountain clergymen' (fel y'u gelwid weithiau, braidd yn sarhaus), rhai na fu yn Rhydychen neu Gaer-grawnt ac na chawsent fanteision eu gosod mewn bywoliaethau cysurus, ond rhai—onibai am eu gwasanaeth fel curadiaid, yn ddiaconiaid ac offeiriaid—y byddai'r plwyfi'n gwegian o ddiffyg gofal bugeiliol ac o ddarparu gwasanaethau yn y Gymraeg. A thebyg fod safonau addysgol digon aruchel rhai o'r academïau Anghydffurfiol—er enghraifft, Academi Caerfyrddin ac, yng Ngheredigion, ysgolion Castell Hywel ac (yn nes ymlaen) Neuadd-lwyd—yn achos tipyn o embaras Anglicanaidd hefyd. Rhan o ddatrysiad yr Esgob Horsley i'r broblem oedd ymddiried yn ffurfiol i Ysgol Ystradmeurig a'i thebyg y cyfrifoldeb o gynnal 'ffrwd ddiwinyddol' i gydasio â'r addysg ramadegol. Tua diwedd 1788 anfonodd allan argymhellion manwl at yr ysgolfeistri, yn amlinellu ei ddisgwyliadau, yn cynnwys y frawddeg hon:

> Another caution I would earnestly recommend is to admit no students in divinity who have not made such a proficiency in school learning as to be able to construe the Greek Testament and the common Latin authors with tolerable proficiency. [13]

Cofier archiad y Llyfr Gweddi fod esgob, wrth dderbyn neb yn ddiacon, i'w fodloni fod y gŵr hwnnw 'yn ddysgedig yn y Lladiniaith, ac yn ddigon cyfarwydd yn yr Ysgrythur Lân'. Â Horsley ymlaen i restru rhai o'r awduron y dylid eu hastudio, fel rhan o addysg y ffrwd ddiwinyddol, yn cynnwys Hugo Grotius ar Wirionedd y Grefydd Gristnogol, John Pearson ar y Credo, Charles Wheatly ar y Llyfr Gweddi Gyffredin, *Analogy* yr Esgob Butler: llyfrau, meddai, 'in which I shall examine the candidates for Orders, and in which I shall expect to find them expert'.[14] Ond mae hefyd yn argymell astudio gweithiau moesegol Groeg a Lladin—*Enchiridion* Epictetus, Xenophon ar fywyd Socrates, *De officiis* a *De Finibus* Cicero, ac eraill. Ysywaeth, ni chynhwysir dim yn y Gymraeg: dim *Deffynniad Ffydd Eglwys Loegr*, dim *Rheol Buchedd Sanctaidd.* A dyfynnu Owain W. Jones: 'It was, it must be admitted, a thoroughly English scheme of education, and it was imposed on men whose background was thoroughly Welsh.'[15]

Bid a fo am hynny, cydiodd John Williams yn egnïol yn yr her. Meddai D.G. Osborne-Jones, yn ei lyfr—gwerthfawr, os braidd yn hagiograffaidd—ar hanes Ysgol Ystradmeurig: '... prelates like Warren [esgob Tyddewi 1779–83, Bangor 1783–1800], Horsley and Cleaver [esgob Bangor 1800–6, Llanelwy 1806–15] were in the habit of saying that there were no candidates presented for ordination to compare with those of Williams's as regards their classical and theological knowledge'.[16] Hyd nes agor Coleg Dewi Sant, Llanbedr Pont Steffan, ar ddiwedd yr 1820au, bu cyfraniad Ystradmeurig yn codi safon addysgol clerigwyr cefn gwlad, y rhai a oedd yn dwyn pwys a gwres y dydd (yn aml dan amgylchiadau anodd), yn sylweddol iawn.

Ond nid dyna'r cyfan o waith yr ysgol dan John Williams. Cofier siars Edward Richard, yn y Weithred Ymddiriedolaeth: 'to teach the Greek and Latin Classics, as taught in the principal grammar schools in England'. Yna mae'n mynd ymlaen, 'so that boys therein instructed may be qualified for either of the Universities of Oxford or Cambridge'.[17] Tipyn o sialens, o gofio bri clasurol rhai o 'principal grammar schools' Lloegr. Ond cynhyrchodd John Williams ffrwd o fyfyrwyr a ffeindiodd eu ffordd i'r naill neu'r llall o'r ddwy brifysgol, Rhydychen yn arbennig. Yn nodedig ymhlith y rheini yr oedd dau o'i feibion ef ei hun. Yn gyntaf, ei fab hynaf, David Williams (ganed 1785), a aeth i Goleg Wadham, Rhydychen, a enillodd ysgoloriaeth Hody mewn Hebraeg yn ystod ei amser yno, a'i ethol hefyd yn gymrawd o'i goleg. Ef oedd olynydd ei dad yn ysgolfeistr Ystradmeurig, ond ysywaeth bu farw yn 1823, bum mlynedd yn unig ar ôl ymgymryd â'r swydd.

Ysgol Ystradmeurig, tua 1920
Trwy garedigrwydd Canolfan Edward Richard, Ystradmeurig

Ond down at y mab arall, John Williams 'yr ail'. Gŵr yw ef a gafodd yrfa eithriadol iawn fel addysgwr a chlerigwr, un hefyd y mae'n syndod fel y mae wedi ei anwybyddu braidd, er cymaint ei gonsérn am fuddiannau Cymru: efallai fod a wnelo'r ffaith iddo dreulio dros hanner ei fywyd y tu allan i Gymru â hynny.

Rhaid bod yn gryno. Wedi ei eni yn Ystradmeurig yn Ebrill 1792, fe'i haddysgwyd yn ysgol ei dad. Yna, yn bymtheg oed, aeth i fod yn ddisgybl-athro mewn ysgol yn Chiswick, Swydd Middlesex, wedyn i ddysgu mewn ysgol yn Llwydlo, cyn ennill ysgoloriaeth glasurol, yn 1810, i Goleg Balliol, Rhydychen. Prifysgol gwbl Anglicanaidd oedd Rhydychen bryd hynny: cymrodyr y colegau bron i gyd mewn urddau eglwysig, a'r brifysgol a'r colegau yn darparu patrwm o addoliad, a hefyd o addysg grefyddol, y disgwylid i bob myfyriwr eu dilyn. Nid oedd 'ysgol anrhydedd' wedi ei sefydlu eto ar gyfer BA mewn Diwinyddiaeth; yn ddiweddarach yn y ganrif y digwyddodd hynny, fel gyda llawer pwnc arall. Ond yn y Clasuron—*Literae Humaniores* fel y'u gelwid—yr oedd ysgol anrhydedd yn bod er 1807, dair blynedd cyn i John Williams gyrraedd Balliol. A'r cwrs hwnnw a ddilynodd, gan raddio bedair blynedd yn ddiweddarach, yn un o bump yn unig yn y dosbarth cyntaf. Un arall o'r pump oedd Thomas Arnold, yr 'Eminent Victorian' (chwedl Lytton Strachey) a ddaeth yn brifathro Ysgol Rugby.

Ar gorn ei lwyddiant fel myfyriwr penodwyd John Williams, yn syth ar ôl graddio, yn athro clasurol yng Ngholeg Caer-wynt, yn gynorthwyydd i brifathro'r ysgol, Dr Henry Gabell. Hon oedd—ac yw—un o ysgolion mwyaf breintiedig Lloegr, wedi ei sefydlu yn y bedwaredd ganrif ar ddeg gan William o Wykeham, esgob Caer-wynt, ymhlith pethau eraill i baratoi bechgyn ar gyfer mynd yn eu blaenau i'r coleg a sefydlwyd ganddo yn Rhydychen, sef y Coleg Newydd, a'r cysylltiad rhwng y ddau sefydliad yn berthynas gyfyng, neilltuolaidd. Yr oedd John Williams, mae'n debyg, yn un o'r 'non-Wykehamists' cynharaf i'w penodi i staff yr ysgol, ffaith sy'n adrodd cyfrolau nid yn unig am ei ddoniau ond hefyd am ei hunanhyder. Nid bod ei gyd-athrawon, na chymrodyr y Coleg Newydd, yn hapus ynglŷn â'r mater, ac aethant ati i annog streic yn ei erbyn gan fechgyn rhai o 'dai' yr ysgol. Cafodd gefnogaeth y prifathro, ond wedi pedair blynedd, symudodd i ddysgu mewn ysgol arall yng Nghaer-wynt, Ysgol Hyde Abbey, a arweinid gan Charles a George Richards, dau frawd a oedd yn gynhyrchion Ysgol Eton ac yn gymrodyr Coleg y Brenin, Caergrawnt. Yn ystod y blynyddoedd hyn hefyd derbyniodd John Williams urddau eglwysig, a daliai guradaeth yn Eglwys Durley ger Caer-wynt.

Ond yna dyma alwad i ddychwelyd, o ganol y môr hwnnw o Seisnigrwydd, i Gymru, ac i Geredigion. Yn 1820, ar wahoddiad Thomas Burgess, esgob Tyddewi, fe'i gosodwyd—yn dilyn marwolaeth Eliezer Williams—yn ficer Llanbedr Pont Steffan ac yn ysgolfeistr yr ysgol ramadeg lwyddiannus iawn yr oedd Eliezer wedi ei sefydlu yno yn 1805. Gellir deall yr atyniad. Nid oedd ond dwy flynedd ers marw ei dad, ei frawd bellach yn ysgolfeistr Ystradmeurig, a mwy na sôn yn y gwynt am gynllun yr esgob i sefydlu coleg i hyfforddi clerigwyr yn y sir, yn dra thebyg yn y dref. Bu'n llwyddiant ysgubol fel athro (yr oedd gan Ysgol Llanbedr Pont Steffan, fel Ystradmeurig, ei ffrwd ddiwinyddol), a disgyblion yn dod ato o bell ac agos—gan gynnwys mab i Syr Walter Scott, yr holl ffordd o'r Alban. Yr oedd John Gibson Lockhart, mab yng nghyfraith Scott, ei fywgraffydd hefyd yn ddiweddarach, wedi bod yn gyfaill i Williams yn Rhydychen, ac ef a argymhellodd anfon y bachgen Charles Scott ato i'w baratoi ar gyfer mynediad i Rydychen. Daeth disgyblion eraill o'r Alban hefyd, meibion i wŷr dylanwadol yn cynnwys y cyfreithiwr Colin Mackenzie o Portmore, un o gyfeillion

Scott. Yr oedd cryn barch i John Williams fel offeiriad y plwyf yn ogystal, ac ef a bregethodd (ar y testun 'Canys gwefusau yr offeiriad a gadwant wybodaeth', Malachi 2:7) yn y gwasanaeth ar achlysur gosod carreg sylfaen y coleg newydd yn 1822. Nid oedd yn brin o uchelgais; yr oedd ganddo syniadau pendant ynglŷn â swyddogaeth y coleg arfaethedig, ac mae'n siŵr ei fod yn ei weld ei hun yn ymgeisydd priodol ar gyfer bod yn brifathro cyntaf y sefydliad.

Nid felly, fodd bynnag, y gwelid pethau gan Burgess, nac ychwaith (o bosibl) gan y noddwr John Scandrett Harford, a roddodd y tir, rhan o stad Ffynnonbedr, ar gyfer adeiladu'r coleg.[18] Yn 1824, gan synhwyro (efallai) fel yr oedd y gwynt yn troi, dyma John Williams—ac yntau newydd briodi â Mary Evans, merch o Lanilar—yn codi ei bac ar gael ei benodi'n brifathro ('rector') cyntaf ysgol newydd yng Nghaeredin, ysgol yr oedd Syr Walter Scott a Colin Mackenzie ymhlith ei phrif hyrwyddwyr, sef yr 'Edinburgh Academy'. O'r dechrau yr oedd yr ysgol i fod, yng ngeiriau M.L. Clarke, 'designedly a classical school', yn amcanu at baratoi bechgyn ar gyfer mynediad nid yn unig i brifysgolion Yr Alban ond hefyd i ddwy brifysgol Lloegr.[19] Mewn cystadleuaeth glos rhwng un ar bymtheg o ymgeiswyr, yn Yr Alban Bresbyteraidd (a, chyda llaw, heb ddim cynrychiolaeth sectaraidd o gwbl ar fwrdd cyfarwyddwyr yr ysgol), i'r Anglicaniad o Gymro o Ystradmeurig yr ymddiriedwyd y cyfrifoldeb o osod ar ei thraed ysgol sydd wedi parhau hyd heddiw yn un o ysgolion amlycaf y wlad. Bu yno, yng Nghaeredin, am dros ugain mlynedd, hyd 1847, ac ennill y clod o fod—yng ngolwg ei noddwr a'i gyfaill Walter Scott, beth bynnag—'the best Schoolmaster in Europe'.[20] Yr oedd ganddo help athrawon eraill, ond efe ei hun a oedd yn dysgu'r dosbarthiadau uchaf mewn Lladin a Groeg. Mae rhestr enwau rhai o'r disgyblion a fu drwy'r 'Edinburgh Academy' yn ystod amser ei brifathrawiaeth yn o arbennig: yn fwyaf nodedig i gyd, efallai, Archibald Campbell Tait, a ddaeth yn esgob Llundain ac yn archesgob Caer-gaint, yr oedd ei barch i John Williams yn ddiderfyn, ac a fu mewn cyswllt bugeiliol agos ag ef yn ei flynyddoedd olaf, ac a arweiniodd ei wasanaeth angladdol ar ôl ei farw ddiwedd 1858.

Dywedwyd uchod fod John Williams wedi aros yng Nghaeredin am dros ugain mlynedd, o 1824 hyd 1847, ac—a bod yn fanwl—mae hynny'n gywir. Ond bu bwlch yn ystod ei brifathrawiaeth yn yr academi. Er syndod a siom i Walter Scott a'r cyfarwyddwyr eraill, ar ôl tair blynedd yn unig cyhoeddodd Williams ei fod yn gadael, a hynny ar ei ethol yn unfrydol, ddiwedd 1827, yn 'professor of Roman language and literature', h.y. Lladin, yn y sefydliad newydd y daethpwyd i'w adnabod cyn hir wrth yr enw Coleg y Brifysgol, Llundain. Yr oedd hyn yn dipyn o bluen yn ei het, ac yn arwydd o'r bri a oedd iddo fel clasurydd: dyma gadair a fyddai'n cael ei dal, yn nes ymlaen yn y ganrif, gan Ladinwyr adnabyddus iawn megis Robinson Ellis ac A.E. Housman (y naill, yn ddiweddarach, yn Athro Lladin yn Rhydychen, y llall yng Nghaer-grawnt). Ond o fewn ychydig fisoedd, cyn i'r coleg agor ei ddrysau am y tro cyntaf i fyfyrwyr yn Hydref 1828, ymddiswyddodd John Williams, a hynny—mae'n ymddangos—oherwydd pwysau arno (yn enwedig yn wyneb y bwriad Anglicanaidd i weld sefydlu Coleg y Brenin, Llundain) i beidio â'i uniaethu ei hun â'r sefydliad seciwlar, 'that godless institution in Gower Street'. Meddai, yn ei lythyr yn ymddiswyddo: 'The truth is I have not courage to have the hostility of my own order [h.y. yr offeiriadaeth Anglicanaidd] and to array myself in battle against the lawn sleeves and mitred fronts of my ecclesiastical superiors.'[21] Ni symudodd ef a'i deulu o Gaeredin. Am y ddwy flynedd nesaf bu'n gweithio ar gyfrol ('chiefly intended', meddir, 'for youthful readers'), *The Life and Actions of Alexander the Great* (1829), ac yn paratoi hefyd ar gyfer ei brif waith, *Homerus, Part 1* (1842), llyfr eithriadol ddysgedig, o dros bedwar can tudalen, ond—ysywaeth—cyfeiliornus yn ei awydd i gynnig dehongliad o *Iliad* Homer fel alegori Gristnogol. Yn y cyfamser, tipyn o drychineb fu'r gŵr a'i holynodd yn yr 'Edinburgh Academy', a chyn diwedd 1829 ailbenodwyd Williams yn bennaeth, er mawr ryddhad i bawb, a Syr Walter Scott yn dweud amdano ef a'r holl fusnes: 'Friend Williams [fell] with heavy thump / Upon his reverential rump'![22]

Ond arhoswn funud. Yr hyn a sobrodd John Williams parthed y swydd yn Llundain oedd y pwysau Anglicanaidd, 'the lawn sleeves and mitred fronts of my ecclesiastical superiors'. Er ei fri diamheuol fel ysgolfeistr ac athro clasurol, yr oedd yn amlwg yn ei weld ei hun—ac yn cael ei weld gan eraill hefyd—fel ffigwr a chanddo'r potensial i fod o ddylanwad yn y bywyd eglwysig, yn arbennig bywyd eglwysig Cymru. O bellter Caeredin parhaodd yn ficer Llanbedr Pont Steffan (curadiaid, wrth gwrs, a oedd yn cario baich y gwaith), hyd nes ei ddyrchafu gan yr Esgob John Banks Jenkinson, yn 1833, yn archddiacon Ceredigion, swydd a ddaliodd weddill ei ddyddiau. (Mater arall yw sut yr oedd i weithredu, o lannau Afon Leith, fel 'llygad yr esgob' yng Ngheredigion: ond yn nyddiau plwraliaeth eglwysig, yr oedd Jenkinson ei hun yn ddeon Durham yr un pryd â bod yn esgob Tyddewi!) A phan fu Jenkinson farw yn 1840, yr oedd yna gryn symudiad i weld apwyntiadau politicaidd yr 'Esgyb Eingl' yn dod i ben o'r diwedd, a gwasgu am benodi John Williams fel olynydd o Gymro Cymraeg. Meddai'r *Carmarthen Journal* amdano:

> The *facile princeps* of Welsh scholars ... We know that such an appointment would be highly satisfactory to the Clergy of the See, and if a brilliant academical career in which he bore away the first honours the University had to offer, and if a proud position in the republic of letters can recommend a talented man and a profound scholar to the consideration of Her Majesty and her professional advisors, the name of the author of the Life of Alexander the Great will come down endorsed on the *congé d'élire* to the Chapter of St David's.[23]

Ei siomi a gafodd John Williams bryd hynny (a golygydd y *Carmarthen Journal* yntau), ac amddifadwyd yr esgobaeth o'r cyfle i ddysgu mwy am Alecsander Fawr. Yr un a benodwyd oedd Connop Thirlwall, cyn-gymrawd o Goleg y Drindod, Caer-grawnt, gŵr rhyddfrydol (gor-ryddfrydol yng ngolwg rhai) ei ddaliadau diwinyddol ond ysgolhaig clasurol o faintioli mawr. Yn Abergwili yr ysgrifennodd ef sawl un o wyth cyfrol ei *History of Greece* (1835–45), y gwaith cyntaf gan hanesydd o Brydeiniwr i roi lle dyladwy i ffrwyth ysgolheictod Yr Almaen ym maes hanes y Groegiaid. Beth bynnag oedd, ac a fyddai, barn John Williams am gymhwyster Thirlwall ar gyfer esgobaeth Tyddewi, nid oedd yn ddiffygiol mewn parch ato fel clasurydd. Mae brawddeg olaf y rhagair (dyddiedig 1 Ionawr 1842) i *Homerus* (t. vii) yn darllen fel hyn: 'The Author has to express his sincere thanks to the very learned Bishop of St. David's for some admirable remarks upon his book – remarks of which he will be glad to take advantage, should it reach a second edition.'[24]

Rhai blynyddoedd yn ddiweddarach, fodd bynnag, yn 1847, ac yntau bellach yng nghanol ei bumdegau a thros ugain mlynedd o lywio'r 'Edinburgh Academy' y tu cefn iddo, dyma John Williams yn ymateb yn bositif i'r gwahoddiad i adael Caeredin a dod i Lanymddyfri, i fod yn brifathro—neu warden—cyntaf y 'Welsh Collegiate Institution', Coleg Llanymddyfri (fel y daethpwyd yn fuan i'w adnabod), a waddolwyd gan Thomas Phillips (1760–1851), y meddyg cyfoethog a'i wreiddiau yn Sir Faesyfed. Wrth ddod yno, er gwaethaf yr heriau a'i hwynebai (nid yn lleiaf sicrhau adeiladau pwrpasol ar gyfer yr ysgol), yr oedd John Williams yn dychwelyd yn weithredol i'r cylch addysgol a'r cylch eglwysig yng Nghymru ei hun. Mae'n rhaid ei fod yn teimlo rhyw atyniad mawr. Ymhlith ymddiriedolwyr dylanwadol yr ysgol yr oedd Augusta Hall, Arglwyddes Llanofer, y Parchg Thomas Price 'Carnhuanawc' a'r argraffydd a'r cyhoeddwr craff William Rees o'r Ton yn Llanymddyfri, a dyna greu pictiwr ar unwaith o'r math o ymrwymiad diwylliannol, Cymraeg a Chymreig, a oedd ym mryd Thomas Phillips ar gyfer y sefydliad. Yr amcan (a dyfynnu o Weithred Gwaddoli'r ysgol) oedd gweld sefydlu

> a Welsh School in the Diocese of St David's for the study and cultivation of the Welsh or Ancient British Language and Literature not only as a medium of colloquial communication but as a means of promoting antiquarian and philological investigation in combination with a good sound classical and liberal education fitting for young men destined for any liberal profession or scientific pursuit to be followed in the Principality of Wales and more especially for young men desirous of qualifying themselves to be efficient Ministers of the Church in that principality.[25]

Aeth John Williams ati'n egnïol i geisio gwireddu'r amcanion hyn. Yr oedd eisoes, yn nyddiau Caeredin, wedi ymuniaethu o ran ei ddiddordebau ysgolheigaidd â gweithgarwch y 'Welsh Manuscripts Society'; ac, ar ôl dod i Lanymddyfri, golygodd argraffiad o *Drych y Prif Oesoedd* Theophilus Evans (1851). Mynnodd fod y Gymraeg yn cael y lle a fwriadwyd ar ei chyfer yn yr ysgol. (Peth arall hollol yw cwestiwn ymlyniad rhai o'i olynwyr wrth ddisgwyliadau'r sylfaenwyr.) Ond meddylier amdano, yn cael ei benodi i Lanymddyfri yn union flwyddyn cyhoeddi'r Llyfrau Gleision bondigrybwyll. Mewn pregeth yn Eglwys Sant Dingad, ar agoriad swyddogol yr ysgol ar Ŵyl Ddewi 1848, meddai:

> Let us not be discouraged by the harsh report of the Commissioners, much less allow ourselves to be irritated. Perhaps we may be justified in reminding them, that although they have been bitter admonishers of our poorer brethren, although they have noted down with servile fidelity the harsher features of the national countenance, they have utterly failed to give any indication of that living soul which is still visible in the flashing eye and eloquent expression of the whole face.[26]

Dylid cynnwys enw John Williams gydag enwau Ieuan Gwynedd a Lewis Edwards ac eraill ymhlith beirniaid llymaf yr adroddiadau: a lleisiodd ei feirniadaeth—fel hefyd y gwnaeth James Henry Cotton, deon Bangor, a'r lleygwr blaenllaw o fargyfreithiwr, Syr Thomas Phillips (1801–67)—ac yntau'n un o bileri'r sefydliad Anglicanaidd yng Nghymru (mae perygl inni weithiau feddwl ei fod yn llwyr ym mhoced y comisiynwyr). Yn yr un bregeth mae'n sôn am yr ysbryd o annibyniaeth grefyddol a oedd ymhlith y Cymry, gan adleisio rhai o ddaliadau'r Esgob Richard Davies, yn yr 'Epistol at y Cymry' ar ddechrau Testament Newydd 1567, am Brotestaniaeth gynhwynol Cymru, cyn dyfod Awstin Fynach i Brydain.

Yn y pum mlynedd y bu yn Llanymddyfri, anesmwyth oedd y berthynas rhwng John Williams a rhai o'r awdurdodau, gwladol ac eglwysig. Fel Arglwyddes Llanofer hithau, yr oedd yn feirniadol iawn o ddiffygion Coleg Llanbedr Pont Steffan a'i brifathro Llewelyn Lewellin, yn arbennig parthed y Gymraeg a pharatoi clerigwyr i wasanaethu yn y Gymraeg. Dichon hefyd fod atgofion cymysg am Lanbedr Pont Steffan yr 1820au heb lwyr ddiflannu, a bod aflwyddiant Lewellin yn swydd y prifathro (fel y gwelai John Williams bethau, o leiaf) yn achos mesur o *Schadenfreude* iddo.[27] A'i siomi fu ei hanes unwaith eto parthed cyrraedd mainc yr esgobion, pan benodwyd Alfred Ollivant i Landaf yn 1849. Fel adeg penodi Thirlwall i Dyddewi, yr oedd gan John Williams ei gefnogwyr brwd, rhai a fu'n lobïo (yn gorlobïo, o bosibl) ar ei ran, megis aelodau Cymdeithas y Clerigwyr o Gymru yng Ngorllewin Swydd Efrog, nifer ohonynt yn hen ddisgyblion Ystradmeurig. Yr amlycaf yn eu plith oedd David James 'Dewi o Ddyfed' (ficer Kirkdale, ger Lerpwl, erbyn hynny, ac olynydd Williams—am bymtheng mis cythryblus—yn warden Coleg Llanymddyfri), a fu'n pwyso ers blynyddoedd am benodi esgobion Cymraeg eu hiaith.[28]

Ar ôl pum mlynedd yn Llanymddyfri, a gosod yr ysgol ar ei thraed, yn 1853 ymddeolodd John Williams a symud i fyw mewn gwahanol leoedd yn Lloegr, efallai'n ddyn siomedig. Ond hyd yn oed wedyn, yr oedd gafael y Clasuron yn dal: yn fuan ar ôl ymddeol cyhoeddodd lyfr swmpus arall, dros bedwar can tudalen, *The Life of Julius Caesar* (1854). Yn yr un flwyddyn, 1854, cafwyd ganddo gyfrol ddau can tudalen yn ymdrin â'r iaith Gymraeg a'i harwyddocâd, *Gomer; or A Brief Analysis of the Language and Knowledge of the Ancient Cymry*. Ac yna, yn nwy flynedd olaf ei oes, ymddangosodd dau gasgliad o'i ysgrifau, y naill yn ddiwinyddol ei ogwydd, y llall yn fwy hynafiaethol: *Discourses and Essays on the Unity of God's Will ... with special reference to God's dealings with the people of Christianised Britain* (1857), ac *Essays on Various Subjects, Philological, Philosophical, Ethnological, and Archaeological, connected with the Prehistorical Records of the Civilised Nations of Ancient Europe, especially of that race which first occupied Great Britain* (1858). Seilir y gweithiau hyn oll ar ddyfnder o wybodaeth ieithyddol nid yn unig am yr ieithoedd Groeg a Lladin ond hefyd am y Gymraeg, Saesneg, Gaeleg yr Alban, Eingl-Sacsoneg ac ieithoedd eraill. Meddai, yn ei ragair ('A prefatory letter addressed to his countrymen by the author') i *Gomer*:

Rhai o'r disgyblion y tu allan i'r ysgol yn Ystradmeurig
Trwy garedigrwydd Canolfan Edward Richard, Ystradmeurig

> I was from early life impressed with a deep conviction of the value of the Cymraeg as a key to the etymology of the Western languages of Europe both ancient and modern; ... During the continuance of my etymological research, as I had to examine critically the languages, not only of Greece and Rome, but also of the Teutons and the Celts, and to investigate them by the light of their philosophy, history, and mythology, I had soon to infer that a much greater and more accurate knowledge of things in general must have been possessed by those whose intellectual instruments they were, than modern literature would ascribe to them. (t. v).

Ni byddai ysgolheictod diweddarach ym maes ieitheg gymharol yn dilysu argyhoeddiad lledsiofinistaidd y frawddeg gyntaf, ac eironig yw meddwl bod *Gomer* wedi ei gyhoeddi ychydig fisoedd yn unig ar ôl y gwaith a osododd sylfeini astudiaethau ieithyddol Celtaidd y cyfnod modern, *Grammatica Celtica* (1853) yr Almaenwr Johann Kaspar Zeuss. Er hynny oll, yn fynych mae perspectif Cymraeg a Chymreig John Williams ar bethau—wrth iddo asio ynghyd, ar gynfas eang, ei ddiddordebau clasurol, diwinyddol, ieithyddol, hynafiaethol a diwylliannol—yn afieithus o ran y brwdfrydedd a'r egni meddyliol sydd ar waith.

Yr oedd John Williams, mae'n amlwg, yn bersonoliaeth benderfynol, gref: 'his own man', a defnyddio'r ymadrodd Saesneg hwnnw. Meddai'r Archesgob Tait, ei hen ddisgybl yng Nghaeredin, amdano yn 1874, dros bymtheng mlynedd wedi ei farw:

> As a strong man intellectually improves those amongst whom he lives by the very conversation which is his pleasure, so this man taught us in a way that none but a very able man indeed can teach. He had his faults, as who has not? And many may conceive that these faults, as he grew older, predominated. He had, indeed, a strong opinion of his own prowess. ... [But] he taught as none but a man of great intellectual power could teach; and he fascinated his pupils as none but a man of feeling could those with whom he has to do.[29]

Yn ddiamau, yr oedd yr archddiacon yn un o gynhyrchion mwyaf arbennig Cymru hanner cyntaf y bedwaredd ganrif ar bymtheg, a'r daith wedi dechrau iddo yn ysgol ei dad yn Ystradmeurig. Un ydoedd hefyd, efallai, y byddai ei deimladrwydd ('a man of feeling'), ei annibyniaeth barn, a'i barodrwydd ar dro i fynd yn groes graen i'r hyn a ddisgwylid gan sefydliad eglwysig ei ddydd, wedi boddhau ei dad-cu, y gof o Fethodist o Swyddffynnon.

Yr Archddiacon John Williams
Trwy ganiatâd caredig © The Edinburgh Academy

DARLLEN PELLACH

T.I. Ellis, 'Williams, John (1745/6–1818); Williams, John (1792–1858)', *Y Bywgraffiadur Cymreig hyd 1940* (Llundain: Anrhydeddus Gymdeithas y Cymmrodorion, 1953), tt. 985–6; t. 988.

E.D. Evans, 'Archdeacon John Williams (1792–1858)', *Ceredigion: Cylchgrawn Cymdeithas Hanes Ceredigion*, 15 (2005–8), 89–117.

W. Gareth Evans, *A History of Llandovery College. The Welsh Collegiate Institution* (Llandovery: Trustees of Llandovery College, 1981).

Magnus Magnusson, *The Clacken and the Slate. The Story of the Edinburgh Academy 1824–1974* (London: Collins, 1974).

Magnus Magnusson, 'Williams, John (1792–1858)', *Oxford Dictionary of National Biography* (2004).

D.G. Osborne-Jones, *Edward Richard of Ystradmeurig, with the story of his school and its associations under its successive masters 1734–1934* (Carmarthen: W. Spurrell & Son, 1934).

D.T.W. Price, *A History of Saint David's University College, Lampeter. Volume One: to 1898* (Cardiff: University of Wales Press, 1977).

---

1 Gerald Morgan, yn *Gofal ein Gwinllan, Cyfrol 1*, gol. A. Cynfael Lake a D. Densil Morgan (Talybont: Y Lolfa, 2023), tt. 179–90.

2 Dymunaf gydnabod fy nyled i nifer o astudiaethau, yn arbennig y rhai a restrir dan 'Darllen Pellach' uchod, am fanylion—bywgraffyddol a chefndirol—y ddau.

3 Gomer M. Roberts, *Hanes Methodistiaeth Galfinaidd Cymru, Cyfrol 1: Y Deffroad Mawr* (Caernarfon: Llyfrfa'r Methodistiaid Calfinaidd, 1973), tt. 258–9.

4 Eiluned Rees, 'The Welsh Book-trade before 1820', erthygl atodol i eadem, *Libri Walliae A Catalogue of Welsh Books and Books Printed in Wales 1546–1820* (Aberystwyth: National Library of Wales, 1987), tt. XLVI–XLVII.

5 *The Letters of Lewis, Richard, William and John Morris, of Anglesey, (Morrisiaid Mon) 1728–1765*, ed. J.H. Davies, dwy gyfrol (Aberystwyth, 1907–9), II, t. 189.

6 *Ystên Sioned: neu y Gronfa Gymmysg* (Gwrecsam: Hughes a'i Fab, argraffiad cyntaf 1882; ail argraffiad 1894), tt. 116–21.

7 William H. Howells, 'The library of Edward Richard, Ystradmeurig', *Ceredigion: Cylchgrawn Cymdeithas Hanes Ceredigion*, 9 (1980–3), 227–41 (yn arbennig tt. 236–7).

8 D.G. Osborne-Jones, *Edward Richard of Ystradmeurig, with the story of his school and its associations under its successive masters 1734–1934* (Carmarthen: W. Spurrell & Son, 1934), tt. 147–52 [t. 151].

9 M.L. Clarke, *Classical Education in Britain 1500–1900* (Cambridge: Cambridge University Press, 1959), t. 7.

10 Osborne-Jones, *Edward Richard of Ystradmeurig*, t. 153.

11 Roberts, *Hanes Methodistiaeth Galfinaidd Cymru, Cyfrol 1*, t. 451.

12 *The poetical works of the late Mr Edward Richard ... with an account of his life. Yr Eos, sef, gwaith prydyddawl Mr Edward Richard* (London, 1811).

13 Dyfynnir yn Owain W. Jones, 'The mountain clergyman, his education and training', yn *Links with the Past. Swansea and Brecon Historical Essays*, ed. Owain W. Jones & David Walker (Llandybie: Christopher Davies, 1974), tt. 165–84 [t. 174].

14 Ibid., tt. 174–5.

15 Ibid., t. 175.

16 Osborne-Jones, *Edward Richard of Ystradmeurig*, t. 66.

17 Ibid., t. 151.

18 Gweler J. Wyn Evans, 'Llewelyn Lewellin (1798–1878), Prifathro cyntaf Coleg Dewi Sant', *Y Traethodydd,* 751 (Ebrill 2024), 137–53 [tt. 140–1].

19 Clarke, *Classical Education in Britain*, t. 147.

20 Dyfynnir yn ibid. o *Journal* Scott, 25 Mehefin 1828.

21 John Williams: llythyr ymddiswyddo at Leonard Horner, Warden y Brifysgol, 10 Gorffennaf 1828. Dyfynnir yn UCL Bloomsbury Project, https://www.ucl.ac.uk > williams_john.

22 Dyfynnir yn Magnus Magnusson, *The Clacken and the Slate. The Story of the Edinburgh Academy 1824–1974* (London: Collins, 1974), t. 125.

23 Golygyddol *Carmarthen Journal*, 7 Awst 1840. Dyfynnir yn Roger Lee Brown, *In Pursuit of a Welsh Episcopate Appointments to Welsh Sees 1840–1905* (Cardiff: University of Wales Press, 2005), tt. 46–7.

24 Yn wahanol i *The Life and Actions of Alexander the Great*, ni bu ailargraffiad o *Homerus*, ac ni chafwyd yr ail ran a arfaethid.

25 W. Gareth Evans, *A History of Llandovery College* (Llandovery: Trustees of Llandovery College, 1981), tt. 124–7 [t. 124].

26 Ibid., tt. 128–31 [t. 130].

27 Gweler Evans, 'Llewelyn Lewellin', (n. 18 uchod), 146, lle y dyfynnir (mewn cyfieithiad) o lythyr oddi wrth John Williams, 5 Chwefror 1851, at Syr Benjamin Hall, gŵr Arglwyddes Llanofer, yn dweud bod Coleg Llanbedr Pont Steffan 'yn falltod a melltith ar ynni ysbrydol a meddyliol y Dywysogaeth' ac 'yn lladd-dy talent y to sydd yn codi yng Nghymru fy ngwlad'.

[28] Gweler Brown, *In Pursuit of a Welsh Episcopate*, tt. 81–91, yn cynnwys dyfyniad helaeth [t. 87] o femorandwm, 3 Tachwedd 1849, oddi wrth David James at y Prif Weinidog, yr Arglwydd John Russell, yn cymeradwyo John Williams ('... the Venerable Archdeacon Williams, of Llandovery, late rector of the Edinburgh Academy – a Welshman by birth – a patriot on heart and practice – a giant in intellect – the greatest Greek, Latin and Celtic scholar of the age – a good orator – a writer of established reputation ...').

[29] Dyfynnir yn Magnusson, *The Clacken and the Slate*, t. 137.

2

D. Densil Morgan

JOHN HUGHES, ARCHDDIACON CEREDIGION

Ganed John Hughes yn Llwyn-glas, Llanfihangel Genau'r-glyn (Llandre), Ceredigion, ar 8 Mehefin 1787, yn chweched plentyn ac yn ail fab John a Mary Hughes, hithau hefyd o'r un plwyf. Ffermwr cyfrifol oedd y tad, mân yswain a fu'n ynad heddwch ac yn 1780 yn faer tref Aberystwyth. Ac yntau'n ymdeimlo'n ifanc â galwad i'r offeiriadaeth, fe'i gyrrwyd yn ei arddegau i'r ysgol enwog yn Ystradmeurig i'w addysgu gan y Parchg John Williams 'Yr Hen Syr'. Ni wyddys union flynyddoedd ei arhosiad yno yn negawd cyntaf y bedwaredd ganrif ar bymtheg, ond fel cynifer o'r rhai a fu yno, bu'n hael ei glod i'r ysgol ac i'r addysg a gafodd yno. Yn ogystal â rhigymu'r hyn a gafwyd o ran dysgu Groeg, Lladin, Hebraeg, Arabeg a'r Gymraeg, meddai yn ei gerdd, 'Clod i Ystrad Meurig':

> Cewch yma hanes hynod hynaws
> Am Grist y Pen, a'i buraidd briod;
> Pa fodd y cadwodd mewn cadwynau,
> Rhag dynion dieflig a'u dialeddau.
> I oleuo'r byd mewn pethau ysbrydol
> I ddangos pwys y byd tragwyddol.

Prin fod hyn yn farddoniaeth aruchel, ond yn ôl y nodyn ar waelod y gerdd ceir y geiriau, 'John Hughes, Llwyn-glas, a'i cânt'.[1]

Ac yntau o dan yr oedran canonaidd i'w ordeinio, treuliodd ddeunaw mis yn 1809–10 yng nghwmni ei gydymaith o Ystradmeurig, Thomas Richards, trydydd mab ficer Darowen, y clerigwr efengylaidd o'r un enw, yn athro'r Clasuron mewn ysgol yn Putney, Llundain, ac yn y fan honno, mae'n debyg, y profodd dröedigaeth. Yn ôl ei fab, Richard, yn ei gofiant i'w dad:

> During a portion of that period a severe spiritual struggle was passed through, his soul being deeply moved by a consciousness of the guilt of sin and the fear of being left to endure its awful penalty in the life of the world beyond the tomb.[2]

Yr oedd gogledd Ceredigion yn nodedig am fagu clerigwyr, rhai ohonynt, fel Lewis Evans, Llanfihangel-y-Creuddyn, yn y traddodiad Ucheleglwysig, ac eraill, fel Thomas Jones o'r Hafod, Creaton yn ddiweddarach, a Thomas Richards o Bonterwyd, curad Llangynfelyn a ficer Darowen (yn esgobaeth Llanelwy) wedyn, yn y traddodiad efengylaidd. Yr oedd Methodistiaeth gryfaf yng nghanol y sir, yn tarddu o Langeitho er dyddiau gweinidogaeth rymus Daniel Rowland. Ond yr oedd llawer yn gyffredin rhwng y tair ffrwd hyn, yn arbennig eu hymlyniad wrth yr Hen Fam. 'One gains the impression', meddai Geraint H. Jenkins, 'that at least in Cardiganshire, Methodism was viewed as an organic part of the established Church rather than some sort of Trojan horse.'[3] Nid oes tystiolaeth i Hughes fod yn Fethodist erioed, ond rhwng diwedd y ddeunawfed ganrif a chwarter cyntaf y ganrif ddilynol yr oedd yr ysbryd efengylaidd yn dygyfor yn gryf yn y plwyfi, ac mae'n amlwg i fab Llwyn-glas brofi o'i egnïon. Yr oedd eisoes yn proffesu crefydd cyn mynd i Ystradmeurig ac mae ei gerdd i'r ysgol yn sôn am Grist, pen yr eglwys, a phwys y byd tragwyddol. Tebyg fod Ysbryd Duw eisoes ar waith ynddo yn ei baratoi a'i argyhoeddi, ond yn Putney y daeth o hyd i ymollyngdod a sicrwydd ffydd. Bid a fo am hynny, yr oedd yn barod bellach ar gyfer dechrau ar waith mawr ei fywyd.

Yn Eglwys Gadeiriol Llanelwy ar 13 Ionawr 1811 y cafodd ei ordeinio'n ddiacon, dan law yr Esgob Cleaver, a chwe mis yn ddiweddarach, ar 28 Gorffennaf, yn yr un man ac o dan yr un esgob, y cafodd ei ordeinio'n offeiriad. Yr oedd y flwyddyn honno yn bwysig eithriadol o ran parhad y dystiolaeth efengylaidd yn yr Eglwys yng Nghymru. Rhwng y ddau ddyddiad, yn Y Bala ar 20 Mehefin 1811 yr oedd Thomas Charles wedi neilltuo wyth pregethwr Methodist i weinyddu'r sacramentau, y bedydd a'r cymun, a thrwy hynny beri'r rhwyg terfynol rhwng y Fam Eglwys a chorff Methodistiaid Calfinaidd Cymru. O hynny ymlaen byddai Methodistiaeth a'r Eglwys yn datblygu ar wahân, ac nid oes amheuaeth nad andwyodd yr ymwahanu y dystiolaeth efengylaidd yn gyffredinol. Ond fel y crybwyllwyd eisoes yn y gyfres hon, ni olygai hynny fod y ffydd efengylaidd wedi darfod yn y llannau. Os oedd yr esgobion yn gyndyn i ganiatáu lle i Thomas Charles fel offeiriad plwyf naill ai yn esgobaeth Bangor neu yn Llanelwy yn dilyn ei ddychweliad o Loegr yn wythdegau'r ganrif cynt, ac i esgobion Llandaf a Thyddewi wrthod ordeinio dynion ifainc â sawr Methodistiaeth arnynt ar ôl marwolaeth Daniel Rowland a Williams Pantycelyn yn y nawdegau, erbyn 1811 newidiwyd y polisi. Trwy berswâd John Roberts, ficer Tremeirchion, yn bennaf, cafwyd tro ar William Cleaver, esgob Llanelwy, i ordeinio dynion ifainc brwd, efengylaidd eu hysbryd, yn syth o'r ysgolion gramadeg, a thrwy hynny sicrhau parhad y traddodiad o dan nawdd yr Eglwys Sefydledig. Digwyddodd yr un peth yn y de pan berswadiwyd Thomas Burgess, esgob Tyddewi, i wneud hynny hefyd, yn bennaf trwy ddylanwad Eliezer Williams (mab Peter Williams yr esboniwr), ficer Llanbedr Pont Steffan.[4] Felly yn ogystal â nodi geni cyfundeb y Methodistiaid Calfinaidd yng Nghymru fel corff eglwysig yn ei hawl ei hun, yr oedd 1811 yn flwyddyn allweddol ym mharhad efengyleiddiaeth Anglicanaidd Cymru.

Y Parchg John Hughes, tua 1850
Casgliad Portreadau Llyfrgell Genedlaethol Cymru

Llandrillo-yn-Rhos, ychydig filltiroedd i'r dwyrain o Landudno, oedd maes curadaeth gyntaf John Hughes, rhwng 1811 ac 1817. Rhoes hyn ddigon a amser iddo wneud enw iddo ei hun fel pregethwr nerthol, efengylydd effeithiol a bugail ymroddgar. Bwriodd ati, yn ôl ei fab, 'with the burning ardour of one whose meat and drink it was to win souls for Christ ... [H]is bold and earnest preaching created no slight sensation throughout the neighbourhood'.[5] Yn ogystal â chwyddo cynulleidfa Eglwys Trillo Sant, eglwys y plwyf, sefydlodd rwydwaith o'r hyn a alwyd yn 'cottage meetings', seiadau mewn anedd-dai, nid yn unig i bregethu'r efengyl ond i wreiddio'r gwrandawyr yn egwyddorion y Llyfr Gweddi Gyffredin a'r Deugain Erthygl Namyn Un. Ei waith cyhoeddedig cyntaf oedd *Pregeth ar y 4edd Salm a'r 4edd adnod* ['Ofnwch ac na phechwch; ymddiddenwch â'ch calon ar eich gwely, a thewch'] (1812) ac yna *The Heathen's Appeal* (1817). Y flwyddyn honno priododd Jane Ffoulkes o Ddeganwy, ac yna, fel ei gyd-glerigwyr Thomas Jones, Creaton, Edward Morgan, Syston, a John Owen, Thrussington, y soniwyd amdanynt eisoes yn y gyfres 'Gofal ein Gwinllan', anelodd am Loegr, yn ei achos ef i esgobaeth Caerlwytgoed (Litchfield), fel curad Foleshill, ger Coventry. Bu'n hynod effeithiol yno eto, gan lenwi Eglwys Sant Lawrens gyda'i bregethu dengar. Parhaodd gyda'i waith cyhoeddi. *A Minister's Advice to his Flock* (1818) oedd ei gyfrol gyntaf yno, *Call to the Temple, or the Reasons for Frequenting the House of God* (1820) a ddaeth nesaf ac yna *The Domestic Ruler's Monitor* (1821), ei gynghorion ynghylch pwysigrwydd yr allor deuluaidd, sef gweddïau beunyddiol ar yr aelwyd. Nid anghofiodd ei Gymraeg ychwaith, na'i awydd i ddarparu deunydd pwrpasol ar gyfer ei gyd-wladwyr. O wasg Merridew & Son, Coventry, y daeth *Deuddeg o Bregethau ar Bynciau Pwysfawr* yn 1822. Nid oes amheuaeth am ei boblogrwydd yn ystod y blynyddoedd hyn, a phan fu farw ei ficer, pwysodd y plwyfolion ar i'r esgob ei benodi yn olynydd iddo. Nid oedd ei sêl efengylaidd wrth fodd yr Arglwydd Eldon, noddwr y fywoliaeth, ac felly ni ddaeth dim o hynny. Nid oedd dim amdani, felly, ond symud ymlaen, a chyhoeddodd ei *Pastoral Valedictions*, dwy bregeth ffarwél i'w gynulleidfa, yn 1822.

Aros yn Lloegr a wnaeth Hughes, yn gurad i Richard Greaves, ficer Deddington, tref farchnad led sylweddol rhwng Banbury a Rhydychen. Un o arweinwyr plaid efengylaidd Eglwys Loegr oedd Greaves, un o hyrwyddwyr y CMS, y 'Church Missionary Society' a'r 'British and Foreign

Bible Society', y Feibl Gymdeithas. Un a fyddai'n teithio i wrando ar Greaves yn pregethu oedd John Henry Newman, cymrawd ifanc o Goleg Oriel, Rhydychen. Efengyleiddiwr oedd Newman ar y pryd, a chreodd argraff ffafriol ar gurad Deddington, er y byddai ei farn am Newman yn newid yn ddirfawr maes o law, fel y cawn weld. Ond ar y pryd—1824—syniai'n fawr amdano. Yr oedd Eglwys Sant Pedr a Sant Paul yn gyrchfan ar gyfer pregethu efengylaidd gwresog. Yn ôl hanesydd y dref:

> Mr Greaves ... made a great name by preaching the opinions called Evangelical, so that Deddington church was filled Sunday after Sunday by people who admired Calvinistic doctrine, from all the surrounding villages, but the celebrity of Mr Greaves was eclipsed by that of the curate he engaged, the Rev. John Hughes.[6]

Bu farw John Hughes yr hynaf yn 1821 gan adael Hughes yr ieuaf yn etifedd fferm ac ystad fechan Llwyn-glas. Byddai'n teithio yn ôl ac ymlaen i Geredigion yn gyson yn ystod y cyfnod hwn gan aros yn Aberriw, cartref Thomas Richards, ei hen gyfaill o ddyddiau ysgol yn Ystradmeurig. Efallai y byddai wedi aros yn Lloegr onibai am farwolaeth Jane, ei wraig. Bu ei cholli yn ergyd drom iddo, fel y nododd yn y Llyfr Gweddi teuluol, a hynny yn Gymraeg:

> Jane, gwraig John Hughes a alwyd i'r nefol fyd dydd Mawrth y degfed ar hugain o Fis Mai 1826 yn yr ail flwyddyn ar bymtheg ar hugain o'i hoedran. Bydded imi drwy rinwedd abeth y groes gael treulio tragwyddoldeb gyda hi yn y nef gan foli yr Oen a'n prynodd â'i ddwyfol waed. Amen. Amen.[7]

Ac yntau'n ŵr gweddw a chwech o blant i ofalu amdanynt, yr hynaf ond yn wyth mlwydd oed, dychwelodd i Lwyn-glas lle yr oedd Elizabeth, ei chwaer, yn byw, a Richard, ei gŵr, yn ffarmio'r tir. Yna, ar 16 Mai 1827, fe'i penodwyd yn gurad parhaol Eglwys Sant Mihangel Aberystwyth, capel anwes oddi mewn i blwyf helaeth a hynafol Llanbadarn Fawr. Ac o hynny ymlaen, hyd ei farw yn 1860, ag Aberystwyth ac â Llanbadarn y cysylltwyd enw John Hughes.

Fel curad parhaol tref farchnad fywiog a phorthladd prysur, yr oedd ganddo ofal am eglwys fechan wyngalchog yn dal tua 350 o bobl, a leolwyd yn Sea View Place, lle yr oedd Neuadd y Plwyf hyd yn ddiweddar. Yr oedd cynlluniau ar waith eisoes i godi eglwys fwy, a thrwy gymorth ariannol y 'Church Building Commissioners' a'r 'Incorporated Church Building Society', adeiladwyd eglwys newydd a lle ar gyfer 1500 i eistedd, a'i chysegru ym mis Medi 1833. Dyma ragflaenydd yr adeilad mawr presennol ym Maes Lowri a godwyd yn 1890. Cyn i Hughes gyrraedd, cynhelid dau wasanaeth, un Saesneg ar fore Sul ac un Cymraeg yn y prynhawn, ond ychwanegodd ef wasanaeth Saesneg yn yr hwyr yn ystod misoedd yr haf a darlith feiblaidd esboniadol Gymraeg ar nos Iau. Yr oedd y dref eisoes yn denu ymwelwyr, tuedd a fyddai'n cynyddu'n ddirfawr wedi dyfodiad y rheilffordd, a chan mai Saesneg oedd prif gyfrwng yr addoli eisoes, yn 1839 cafodd drwydded gan yr Esgob John Jenkinson i gynnal oedfaon Cymraeg bob Sul yn yr ysgoldy ar safle'r hen eglwys. Hon fyddai rhagflaenydd Eglwys y Santes Fair, er nad tan ar ôl ei farw y cafodd honno ei sefydlu. Daeth mwy o sicrwydd ariannol i Hughes yn 1828 pan benodwyd ef yn gurad cyflogedig Llanbadarn, ac ym Mehefin 1834 daeth yn ficer y plwyf gan ddal curadaeth barhaol Aberystwyth yn ogystal. £300 y flwyddyn oedd gwerth y ddwy fywoliaeth gyda'i gilydd a bu rhaid iddo gyflogi curad parhaol i ofalu am Lanbadarn. Erbyn hynny

Rhodfa'r Môr Aberystwyth tua 1840
Casgliad Tirluniau Llyfrgell Genedlaethol Cymru

yr oedd yn briod â'i ail wraig, Lowri Poole, merch William Poole, asiant ystad Gogerddan, a'r teulu wedi symud o lety yn Aberystwyth i fyw yn y ficerdy ar Ffordd Llanbadarn, adeilad y cwfaint Catholig ymhen blynyddoedd wedyn. Ganed iddynt dri phlentyn arall, dau fab a merch, felly byddai naw o blant i gyd, a'r ficer yn cyflogi gwas a thair morwyn i weini. Ymhen canrif a hanner deuai gorwyr iddo, John Poole-Hughes, yn esgob Llandaf.

Yr oedd hwn yn gyfnod o dwf yn hanes Anglicaniaeth Cymru yn gyffredinol. Y peth nesaf oedd adeiladu dwy eglwys arall, Pen-llwyn neu Gapel Bangor i ddechrau yn 1839, ac yn fwy dadleuol, Llangorwen (Clarach), yn 1841. Hughes ei hun oedd y pŵer y tu ôl i godi Eglwys Dewi Sant, Capel Bangor. Pen-llwyn, fel y mae'n digwydd, oedd cartref rhieni Lewis Edwards, diwinydd mwyaf y Methodistiaid Calfinaidd a diwinydd mwyaf Cymru erbyn canol y ganrif, a phrifathro Coleg Y Bala. Codwyd yr eglwys hon heb gymorth grant y Comisiynwyr neu'r Gymdeithas Adeiladu Eglwysig ond trwy gyfraniadau gwirfoddol yn unig. Noddwr Eglwys Llangorwen, ar y llaw arall, oedd un o dirfeddianwyr sylweddol yr ardal, sef Matthew Davies Williams, ysgwier Cwmcynfelin a brawd i'r bardd a'r diwinydd Anglicanaidd Isaac Williams. Er iddo gael ei eni yng Nghwmcynfelin, magwyd Isaac yn Llundain a'i addysgu yn Ysgol Harrow a Choleg y Drindod, Rhydychen, ei ordeinio'n offeiriad yn 1829 gan wasanaethu yn Swydd Gaerloyw, cyn dychwelyd yn gymrawd yn ei hen goleg yn 1831. Ymhlith ei gyfeillion pennaf yn Rhydychen yr oedd John Henry Newman, erbyn hynny yn ficer Eglwys Fair yn y ddinas, y gŵr a arferai ddod i Deddington ddeng mlynedd a mwy ynghynt i eistedd o dan weinidogaeth efengylaidd Richard Greaves a'i gurad poblogaidd, John Hughes.

Erbyn 1841 yr oedd cyn dipyn o ddŵr wedi mynd o dan bont Magdalen yn Rhydychen. Ar Sul 14 Gorffennaf 1833, yr oedd John Keble, cymrawd yng Ngholeg Oriel, wedi pregethu o bulpud Eglwys Fair ar yr hyn a alwodd yn 'Wrthgiliad Cenedlaethol' ('National Apostasy'), sef symudiad y wladwriaeth o dan yr Arglwydd Grey wedi Deddf Diwygio 1832 i docio ar awdurdod yr Eglwys Wladol a dechrau chwyldro eglwysig. 'I have ever considered and kept the day', meddai Newman yn ei hunangofiant clasurol *Apologia Pro Vita Sua*, 'as the start of the religious movement of 1833'. Symudiad neu 'Fudiad' Rhydychen oedd hwnnw, a'i amcan—yn ôl ei wrthwynebwyr—oedd dad-Brotestaneiddio'r Eglwys trwy adfer athrawiaethau 'Catholig' megis adenedigaeth trwy'r bedydd, yr olyniaeth apostolaidd trwy arddodi dwylo esgobol, y syniad o bresenoldeb real Crist yn elfennau'r cymun ac yn y blaen, a'r cwbl yn cael ei fynegi mewn cyfres o draethodau, rhai yn boblogaidd, eraill yn drwm ysgolheigaidd, a alwyd yn *Tracts from the Times* (1833–41). Dyma'r Tractariaid, neu, yn fwy aml yng Nghymru, y Puseaid, ar ôl Edward Bouverie Pusey, un arall o arweinwyr y mudiad.

Gweithiodd Isaac Williams a'i frawd Matthew ar y cyd er mwyn codi Eglwys newydd yr Holl Saint yn Llangorwen ar batrwm eglwys Newman yn Littlemore, y tu allan i Rydychen, a gynhwysai holl nodweddion yr adfywiad catholig: canwyllbrennau pres mawreddog, lectern siâp eryr ac yn hytrach na Bwrdd yr Arglwydd o bren, allor garreg yn arwyddocáu cymun aberthol yn hytrach na Swper yr Arglwydd syml. Nid canu emynau a wnâi côr yr eglwys, pob un wedi ei wisgo'n lanwaith mewn gwenwisg, ond llafarganu siantau Gregoraidd. Byddai hyn wedi bod yn ddigon i greu *apoplexy* yn John Hughes, ond ni allai wneud dim yn ei gylch! Talodd y brodyr Williams a Jane Griffiths, eu chwaer yng nghyfraith, am y cwbl o'u pocedi eu hunain, a chyflogi cefnder iddynt, Lewis Gilbertson o'r Bont-goch, Elerch, yntau'n gymrawd yng Ngholeg Iesu, yn gurad parhaol yno. Yr oedd yn amlwg, ar y dechrau, na wyddai ficer Llanbadarn fod a wnelo Newman â Mudiad Rhydychen o gwbl. Flynyddoedd ynghynt bu'n siarad ag Isaac Williams yn Llandrindod. Meddai Williams yn ei hunangofiant:

> He looked grave and displeased at the mention of Keble of Oriel as being my friend and said it would be a great thing for me to know a most promising and excellent person there, Mr Newman. It was plain that he, at that time, considered Newman to be one of his own Calvinistic party.[8]

Cafodd Hughes gyfle, fodd bynnag, i fynegi ei farn. Wrth bregethu yn yr eglwys newydd—Isaac a bregethodd yn y bore, yn Saesneg, ar bresenoldeb Crist yn y sacramentau—ar brynhawn y cysegru, 16 Rhagfyr 1841, traethodd ficer y plwyf y gwirioneddau efengylaidd yn ddifloesgni. Nid trwy'r sacramentau y caiff pechaduriaid eu hachub, meddai, ond trwy bregethu syml o'r efengyl. 'Fe welodd Duw yn dda trwy ffolineb pregethu', meddai, ar sail geiriau Paul yn 1 Corinthiaid 1:21, 'gadw y rhai sydd yn credu'. Yr oedd cyfiawnhad trwy ffydd ar sail aberth Crist ar y groes ac nid trwy ymgymryd â gras sagrafennol. Pregethu oedd gogoniant Eglwys Loegr o'r dechrau, a'r ffaith ei bod yn blentyn y Diwygiad Protestannaidd:

> Ni bu hir cyn i Babyddiaeth ddechrau llygru yr Eglwys Gristionogol. Cynyddodd hon mewn grym nes i'r diwedd iddi orlwytho yr eglwys â gau athrawiaethau, a chladdu yr efengyl dan bentwr o ddefodau plentynnaidd a sacramentau gweigion ... [ond] cododd Duw i fyny, yn ei drugaredd, Luther ac eraill ... i gyfieithu yr Ysgrythurau a'u pregethu yn ffyddlon i'r bobl. Pabyddiaeth a ataliwyd yn ei rhwysg ac amryw wledydd a fendithiwyd â goleuni y nef.

Dyna ogoniant yr Eglwys Wladol. 'Haera y Puseaid', fodd bynnag, 'sect Babaidd sydd yn awr yn codi yn ein plith, mai pethau o is-bwys yw pregethu, a [rhoi] seremonïau di-les yn ei le'.[9] Yna, wedi dyfynnu o Erthygl 29, meddai:

> Ni wna ordinhad les heb ffydd. Nid yw bedydd heb ffydd ddim rhagorach na'r eiddo Simon Magus, yr hwn ar ôl derbyn yr ordinhad honno oedd mewn bustl chwerwder ... Y sawl a gymerant Swper yr Arglwydd heb ffydd ... nid ydynt mewn modd yn y byd yn gyfranogion o Grist ond yn hytrach [yn ymgymryd] i'w barnedigaeth eu hunain.[10]

Am yr ugain mlynedd nesaf, tan ei farwolaeth yn 74 oed yn 1860, cadarnhawyd safle John Hughes fel clerigwr dylanwadol yn esgobaeth Tyddewi ac un o arweinwyr pennaf plaid efengylaidd yr Eglwys Anglicanaidd yng Nghymru. Dywedwyd mewn nodyn adeg ei farw:

> The talents of the deceased as a preacher were so early developed that when he first became curate of Llanbadarn Fawr, the celebrity which he commanded was so widespread that the whole county was attracted by his eloquence, and this popularity was maintained until his death.[11]

Arwydd o lwyddiant cymharol Hughes oedd y niferoedd a fyddai'n mynychu'r oedfaon fel y'u cofnodwyd yng Nghyfrifiad Crefyddol mawr 1851. Yn ôl yr ystadegau—i'r graddau y gellir rhoi coel arnynt—ar 30 Mawrth 1851 yr oedd 600 yn bresennol yn Eglwys Mihangel ar gyfer y Weddi Foreol ynghyd â 60 yn yr Ysgol Sul, 320 ar gyfer oedfa Gymraeg y prynhawn, a 450 ar gyfer y Gosber Saesneg yn yr hwyr tra mynychodd 400 y Gosber Cymraeg yn yr ysgoldy.[12] O ran capeli Ymneilltuol y dref, naw ohonynt i gyd a dim ond un ohonynt yn gapel Saesneg, dim ond Tabernacl y Methodistiaid Calfinaidd a ddenodd gynulleidfa fwy: 680 yn y bore a 1,022 yn yr hwyr. O ran yr un capel Saesneg, eiddo'r Wesleaid—yr oedd gan y Wesleaid hefyd ddwy gynulleidfa Gymraeg yn y dref—dim ond 15 oedd rhif addolwyr y bore a 16 yn yr hwyr!

Mae natur gweinidogaeth John Hughes yn eglur o'r cyfrolau a gyhoeddodd yn ogystal â'r mynych bregethau a ymddangosodd ar dudalennau'r misolyn eglwysig *Yr Haul*. *Pedair ar Ddeg o Bregethau ar Destunau Pwysig* (1829), *Sermons on Important Subjects* (1836), *Pregeth ar I Thesaloniaid 4:13* (1841), *Sermons Preached at St Michael's Church, Aberystwyth* (1843) ac enwi rhai, heb sôn am y pregethau a gyhoeddodd Richard ei fab yn *Sermons ... [and] a short memoir* yn 1864, bedair blynedd ar ôl ei farw. Y themâu efengylaidd cyfarwydd a geir ynddynt oll: pechod dyn yn sgil y Cwymp, achubiaeth yng Nghrist ar sail ei farw iawnol ar y groes, yr enedigaeth newydd, edifeirwch costus a chyfiawnhad trwy ffydd. I'r sawl a fyddai wedi ymateb i her yr efengyl, yr oedd disgwyl iddo ef neu iddi hi fyw yn ôl safonau'r Testament Newydd a meithrin sancteiddrwydd buchedd. Ac mae'n amlwg fod y themâu hyn yn denu. Meddai cyfoeswr iddo yn 1867, wrth adrodd ei atgofion mewn cyfres o ysgrifau coffa ar dudalennau'r *Haul*:

> Tuag wyth mlynedd ar hugain yn ôl [1839] cefais y fraint a'r hyfrydwch o bregethu droeon ... yn Aberystwyth a Llanbadarn Fawr a gallaf dystio na ddarfu i mi erioed bregethu i gynulleidfaoedd mwy lluosog, astud a mwy defosiynol.[13]

Byddai John Hughes yn cael ei wahodd i bregethu ymhell ac agos, a bu'n flaenllaw yn y cyfarfodydd clerigol a oedd, mewn gwirionedd, yn achlysuron efengylu a sefydlwyd er mwyn cynnal y bywyd ysbrydol yn y plwyfi. Ymhlith ei gyfoeswyr yn y gwaith hwn yr oedd David Parry 'Y Gloch Arian', ficer Llywel; John Griffiths, Llandeilo Fawr; Joshua Hughes, Llanymddyfri, a fu'n gurad iddo yn y tridegau ac a benodwyd maes o law yn esgob Llanelwy, a'i frawd John Hughes, ficer Tregaron.[14] Mae'n amlwg fod y cwlwm rhyngddo a theulu Darowen yn dal yn dynn. Yn ôl Mair Richards, un o ferched yr hen Thomas a oedd lawn mor graff â phob un o'i brodyr, Hughes, meddai, ar ôl gwrando arno yn 1836, oedd 'y pregethwr mwyaf yn yr oes hon yn Gymraeg',[15] a byddai Elen, merch David Richards 'Dewi Silyn', ficer Llansilin, yn ymweld yn gyson â merched Hughes, ei chyfeillion, yn y ficerdy yn Llanbadarn.

Daeth gwahoddiad iddo yn hwyr yn y dydd, yn 1859, trwy law Connop Thirlwall, esgob Tyddewi, i wasanaethu fel archddiacon Ceredigion. Erbyn hyn yr oedd yn 72 a'i iechyd eisoes yn pallu. Eto, er mawr foddhad i lawer, derbyniodd y cynnig. 'Llawenychai yr offeiriaid ieuainc yn neilltuol yn nyrchafiad un a arferent ei ystyried fel tad iddynt.'[16] Y flwyddyn honno hefyd oedd blwyddyn y diwygiad mawr a ysgubodd trwy'r wlad, ac er mai haneswyr Ymneilltuaeth fel arfer sy'n nodi pwysigrwydd diwygiadau, nid oes amheuaeth na fu i 'Ddiwygiad '59' gael effaith ddofn ar blwyfi efengylaidd yr Hen Fam. Wrth ymateb i ymholiadau am y diwygiad gan Thomas Phillips, ysgrifennydd y Feibl Gymdeithas yng Nghymru, meddai John Hughes:

> Between Aberystwyth and Llanbadarn Fawr, the Established Church has received new members to the amount of two hundred and sixty. They offered themselves apparently in a very proper state of mind exhibiting nothing enthusiastic in their manner but of proper impressions of the weight and importance of what they were doing.[17]

Diddorol yw sylwadau Richard Killin, ficer Ffestiniog, am yr un diwygiad; yntau (fel John Griffith, ficer Aberdâr a Merthyr wedyn) wedi ei godi i'r offeiriadaeth o dan John Hughes:

> Many of the old communicants are so changed for the better that they are quite different men from what they were. I never heard such prayers before though I was

PREGETH I.

LUC XIX. 41.

Ac wedi iddo ddyfod yn agos, pan welodd efe y ddinas, efe a wylodd drosti.

JERUSALEM oedd ddinas a anrhydeddodd Duw uwchlaw pob lle arall, dros oesoedd lawer. Yma yr oedd teml ardderchog i'r Jehofa, lle yr oedd aberthau lluosog ac arogl-darthau costfawr yn cael eu hoffrymu iddo yn gysson, gan hâd Abraham, dros yspaid mawr o flynyddoedd. Yma y trigodd ac y teyrnasodd Dafydd, a nifer mawr o frenhinoedd a ddeilliasant o'i lwynau. I'r ddinas enwog hon y danfonodd Duw brophwyd ar ol prophwyd, ac yn olaf oll ei Fab ei hun, i egluro ei feddwl, ac i ddangos y llwybr sy'n tywys i fywyd tragywyddol. Tra yr oedd y gwledydd o'i hamgylch yn gorwedd yn y tywyllwch mwyaf erchyll, a'u trigolion yn plygu o flaen eulunod, ac yn ymhyfrydu yn yr arferion mwyaf ffiaidd a melldigedig, yr oedd Jerusalem yn Gosen ysprydol, o'r hon yr oedd goleuni yn ymdaenu dros Ganaan oll. *Y mae ef yn mynegi ei eiriau i Jacob, ei ddeddfau a'i farnedigaethau*

B

John Hughes, Pedair ar Ddeg o Bregethau (1829)
Trwy ganiatâd Llyfrgell Genedlaethol Cymru

> accustomed to prayer meetings from my early days under Archdeacon Hughes of Aberystwyth.[18]

Pallodd iechyd John Hughes yn ystod ei flwyddyn olaf. Bu farw ei wraig Lowri yn 1847, dair blynedd ar ddeg ynghynt, ond yr oedd ei ferched, Mary Jane, Catherine a Sara o'i briodas gyntaf a Laura Sophia o'r ail, pob un yn ddibriod, yn dal i fyw gartref a buont yn ymgeledd iddo yn ei lesgedd. Erbyn hynny yr oedd Richard, ei fab, yn rhannu'r baich bugeiliol ac yn un o guradiaid y plwyf. Bu farw John Hughes ar 1 Tachwedd 1860, ac meddai Charles Price, un arall o'i guradiaid yn ei bregeth angladdol o bulpud Eglwys Mihangel: 'Pan y bu y gwas ffyddlawn hwn i Grist farw, syrthiodd un o'n sêr disgleiriaf, diffoddodd lamp danllyd, noswyliodd un o'r gweithwyr mwyaf di-fefl a gwnaed utgorn arian mawr ... yn ddistaw'.[19] Yr oedd Hughes eisoes wedi cyfarch ei bobl mewn llythyr bugeiliol a gyhoeddwyd rai misoedd ynghynt:

> Gwahoddais chwi gannoedd o weithiau at yr Iesu; llefwch am nerth i ddyfod ato. Cofiwch nad yw clywed sôn amdano ddim yn ddigon, ond Crist yn y galon. Mynnwch ei waed ar eich cydwybod, yna cewch waeddi Haleliwia yn yr afon. Crist ynom ni, gobaith y gogoniant.[20]

Mae'n deilwng, felly, ein bod yn rhoi sylw i'w gyfraniad yn y gyfres hon.

DARLLEN PELLACH

Roger L. Brown, *Evangelicals in the Church in Wales* (Welshpool: Tair Eglwys Press, 2007).

Richard Hughes, *Sermons by the late Venerable John Hughes, Archdeacon of Cardigan, incumbent of Aberystwyth and vicar of Llanbadarn Fawr, to which is prefixed a short memoir of the author's life* (Aberystwyth, 1864).

Jane Ross, *A Light upon the Road: Archdeacon John Hughes of Aberystwyth (1787–1860)* (Aberystwyth: yr awdur, 1989).

---

1 Llawysgrif LlGC 6974F; dyfynnwyd yn Jane Ross, *A Light upon the Road: Archdeacon John Hughes of Aberystwyth (1787–1860)* (Aberystwyth: yr awdur, 1989), t. 2.

2 *Sermons by the late Venerable John Hughes, Archdeacon of Cardigan, incumbent of Aberystwyth and vicar of Llanbadarn Fawr, to which is prefixed a short memoir of the author's life, by his son, R. Hughes MA, incumbent of St Catherines' Edghill, Liverpool* (Aberystwyth, 1864), t. iv.

3 Geraint H. Jenkins, 'The established Church and dissent in eighteenth century Cardiganshire', yn *Cardiganshire County History*, Volume 3, ed. Ieuan Gwynedd Jones and Geraint H. Jenkins (Cardiff: University of Wales Press, 1998), t. 469.

4 D. Densil Morgan, *Theologia Cambrensis: Protestant Religion and Theology in Wales, Vol. 2, The Long Nineteenth Century, 1760–1900* (Cardiff: University of Wales Press, 2021), tt. 31–2.

5 *Sermons by the late Venerable John Hughes, Archdeacon of Cardigan*, t. v.

6 M.V. Turner, *The Story of Deddington* (Brackley: J. Smart, 1933), tt. 54–5.

7 Yr oedd y Llyfr Gweddi ym meddiant Mrs Rosemary Pownall, un o ddisgynyddion John Hughes, a dyfynnwyd ohono gan Jane Ross yn ei chyfrol *A Light upon the Road*, t. 41.

8 *The Autobiography of Isaac Williams*, ed. George Prevost (London, 1893), t. 42.

9 John Hughes, 'Pregeth, a draddodwyd yng nghysegriad Eglwys newydd Llangorwen, Rhagfyr 16, 1841', *Yr Haul*, 7 (Chwefror 1842), 42–6 [t. 45].

10 Ibid., 46.

11 'The late archdeacon of Cardigan', *The Welshman*, 9 Tachwedd 1860, 5.

12 *The Religious Census of 1851: A Calendar of the Returns Relating to Wales*, Volume 1, ed. Ieuan Gwynedd Jones and David Williams (Cardiff: University of Wales Press, 1976), tt. 533–4.

13 'Yr Hybarch John Hughes, diweddar archddiacon Ceredigion', *Yr Haul*, 120 (Ebrill 1867), 102; mae'r gyfres yn anorffen a'r awdur yn anhysbys: Rhagfyr 1866, 363–7; Ebrill 1867, 101–3, a Gorffennaf 1867, 205–7.

[14] Ceir sôn amdanynt oll yn Roger L. Brown, *Evangelicals in the Church in Wales* (Welshpool: Tair Eglwys Press, 2007), passim.

[15] Dyfynnwyd yn Ross *A Light upon the Road*, t. 37.

[16] 'Yr Hybarch John Hughes, diweddar archddiacon Ceredigion', *Yr Haul*, 120 (Gorffennaf 1867), 207.

[17] Thomas Phillips, *The Welsh Revival, its origins and development* (London, 1860), t. 50.

[18] Ibid., t. 55.

[19] 'Pregeth angladdol ar achlysur marwolaeth yr hybarch Archddiacon Hughes, gan y Parch. Charles Price ... 11 Tachwedd 1860', *Yr Haul*, 49 (Ionawr 1861), 18–20 [t. 18].

[20] 'Llythyr diweddaf yr Hybarch Archddiacon Hughes at yr eglwys yn Aberystwyth', *Yr Haul*, 49 (Ionawr 1861), 21.

3

Frances Knight

CONNOP THIRLWALL AC ALFRED OLLIVANT: CENHEDLAETH NEWYDD O ESGOBION

Bu cwrs bywyd Connop Thirlwall (1795–1875) ac Alfred Ollivant (1798–1882) yn bur debyg er ei bod yn amheus y byddai'r naill neu'r llall wedi bod yn ymwybodol o hynny.[1] Yr oedd y ddau yn cynrychioli cenhedlaeth newydd o esgobion yng Nghymru mewn cyfnod o newid. Bu Thirlwall yn esgob Tyddewi am 34 blynedd ac Ollivant yn esgob Llandaf am 33 blynedd. Yr oedd y ddau yn anorfod yn rhannu llawer o safbwyntiau eu hoes ac eto mae rhywbeth ynglŷn â hwy sy'n ddrych i rai agweddau pwysig ar Gymru heddiw, megis y modd yr arddangoswyd Cymreictod fel hunaniaeth y gall y rhai sy'n dod o'r tu allan i Gymru ei harddel. Fel llawer o bobl heddiw, eu swyddi a ddaeth ag Ollivant a Thirlwall i Gymru. Deallodd y ddau yn syth arwyddocâd eu sefyllfa newydd a mabwysiadu ymwybod Cymreig a ddaeth yn rhan ganolog o'u cymeriad. Hanes amserol am fudo a chyfnewid hunaniaeth oedd eu hanes hwy.

Yr oedd yr hyn a gyflawnwyd gan y ddau yn nodedig a rhaid bodloni yma ar fraslun yn unig. Cyfrifid Thirlwall, a oedd yn hanesydd, clasurydd, diwinydd ac ieithydd, yn un o ysgolheigion disgleiriaf Prydain ganol y bedwaredd ganrif ar bymtheg. Yr oedd Ollivant, yntau, yn ysgolhaig Hebraeg galluog a llwyddodd i wynebu'r her o lywio ei esgobaeth yn Llandaf mewn cyfnod a welodd ddiwydiannu cyflym a helaeth. Nod y bennod hon fydd ystyried y modd y bu iddynt arddel Cymreictod: sut y bu iddynt ddefnyddio'r iaith a'i hamddiffyn; sut y bu iddynt feddwl am rai pynciau o safbwynt Cymreig. Gwelwyd y ddau ar dro fel y genhedlaeth olaf o esgobion Seisnig, y ddau yn cael eu dyrchafu mewn modd dadleuol ar adeg pan oedd mwy a mwy yn argyhoeddedig mai Cymry a ddylai gael eu penodi i'r swyddi hyn. Ond yn hytrach na dilyn llwybr cyfarwydd, carwn awgrymu mai buddiol fyddai edrych arnynt o gyfeiriad gwahanol.

Gadewch i ni ddechrau gyda'u bywydau cyfochrog. Addysgwyd Ollivant yn Ysgol St Paul's yn Llundain, a Thirlwall, a aned ddeunaw mis yn ddiweddarach, yn Charterhouse. Aeth y ddau i Goleg y Drindod, Caer-grawnt, Thirlwall yn 1814 ac Ollivant yn 1816, a rhaid mai yn y coleg hwnnw y trawodd y ddau ar ei gilydd am y tro cyntaf. Ond yr oedd y ddau yn gymeriadau gwahanol iawn ac mae'n annhebygol eu bod wedi troi yn yr un cylchoedd. Yr oedd Ollivant yn efengyleiddiwr ac felly y bu gydol ei oes. Mynychai gyfarfodydd Charles Simeon a bu ef yn ddylanwad grymus ar genedlaethau lawer o israddedigion duwiol. Mae bron yn sicr na chafodd Thirlwall, a oedd yn ddrwgdybus o frwdfrydedd crefyddol, ei weld mewn te prynhawn yng nghwmni Simeon nac yn gwrando arno'n pregethu. Ieithoedd oedd ei ddileit ac yng Ngholeg y Drindod dysgodd Eidaleg trwy ei ymdrechion ei hun a threuliai ei nosweithiau yn astudio Almaeneg gyda Julius Hare, ei gyn-gyd-ddisgybl, Hugh James Rose, y byddai'n croesi cleddyfau ag ef yn ddiwinyddol maes o law, a William Whewell, meistr Coleg y Drindod wedi hynny.[2] Teimlai Thirlwall yn hyderus y byddai dysgu Almaeneg yn ddefnyddiol mewn rhyw ffordd er na wyddai'n iawn sut y byddai'n elwa ar yr iaith. Graddiodd yn 1818 gan ennill Medal y Canghellor yn y Clasuron. Graddiodd Ollivant yn 1821 a derbyniodd yntau wobrau mewn Hebraeg a Medal y Canghellor yn y Clasuron.

Daeth y ddau ddyn ifanc disglair hyn yn gymrodyr iau yn eu coleg bron ar unwaith. Aeth Thirlwall ar daith i'r cyfandir a chafodd gyfle i roi prawf ar ei Almaeneg trwy sgwrsio â Chymraes, neb llai na Frances Bunsen née Waddington, gwraig y Barwn Bunsen, y diplomydd enwog o'r Almaen, cyfnither J.H. Monk, Athro Clasuron Caer-grawnt, a chwaer Augusta a ddeuai yn y man yn Arglwyddes Llanofer. Ceir gan Frances bortread craff o'r llanc dwy ar hugain oed, yn beniog ond hefyd yn drwsgl, yn gwneud ei orau i ymuno yn y sgwrs mewn Almaeneg.[3] Ac yntau'n fab i glerigwr, yr oedd Thirlwall wedi tybio yn wreiddiol y câi ei ordeinio, ond newidiodd ei feddwl pan oedd yn y brifysgol ac ar ôl iddo ddychwelyd i Lundain yn dilyn ei deithiau ar y cyfandir, troes at fyd y gyfraith ond heb lawer iawn o argyhoeddiad. Yn ei oriau hamdden manteisiodd ar ei feistrolaeth ar Almaeneg gan gyfieithu *Critical Essay on the Gospel of St Luke* y diwinydd blaengar Schleiermacher a llunio rhagymadrodd 154 tudalen. Cyhoeddwyd y gwaith hwn yn 1825. Ynddo mae Thirlwall yn gosod allan ar gyfer y darllenwyr Saesneg rai o gwestiynau sylfaenol a phwysig ysgolheictod y Testament Newydd: pa destunau a ddaeth gyntaf; pa ffynonellau a ddefnyddiwyd; a oedd traddodiad llafar? Cynyddodd yr awydd i ddychwelyd i Gaer-grawnt i ailgydio mewn gwaith academaidd wrth iddo sylweddoli fwyfwy pa mor ddiflas yr oedd y proffesiwn cyfreithiol yn ei olwg. Yr arfer ar y pryd i'r rhai a fynnai swydd mewn coleg oedd derbyn urddau ac urddwyd Thirlwall yn 1827 yn ddeg ar hugain oed. Synnwyd rhai gan ei benderfyniad, ond fel yr esboniodd Thirlwall wrth ei ewythr wrth sôn am y newid: 'not of substance, but merely of circumstance and accidents'.[4] Yn wir, mae'n ymddangos i Thirlwall symud yn raddol

Yr Esgob Alfred Ollivant
Yr Oriel Bortreadau Cenedlaethol, Llundain

i gyfeiriad swydd eglwysig ac nid oes lle i gredu na chymerodd ei ordeiniad o ddifrif. Dychwelodd Thirlwall i Goleg y Drindod ar yr union adeg yr oedd Ollivant, a oedd erbyn hyn yn ysgolhaig Hebraeg medrus, yn gadael ei swydd yn yr un coleg, ac yn cefnu ar Gaer-grawnt, yn dilyn ei benodi'n is-brifathro ac yn Athro Hebraeg yng Ngholeg Dewi Sant Llanbedr Pont Steffan a oedd newydd agor.

Byddai'n braf cael gwybod beth oedd ymateb cyntaf Ollivant wrth iddo gyrraedd Llanbedr Pont Steffan—ar ôl hwylio i Geredigion yn ôl pob tebyg—a gweld y cwad newydd ger glannau Afon Teifi. Daeth â'i argyhoeddiad efengylaidd gydag ef a daeth yn adnabyddus fel athro galluog a chydwybodol. Cyhoeddodd ddadansoddiad o destun Hebraeg Genesis 37–50, naratifau Joseff, at ddefnydd ei fyfyrwyr. Dengys y nodiadau helaeth yn glir ei fod yn defnyddio ffurfiau gramadegol a chymariaethau Cymraeg i egluro'r Hebraeg i'r myfyrwyr.[5] Yr oedd wedi ymroi i ddysgu Cymraeg o'r dechrau. Dywed ei fywgraffydd, John Morgan, wrthym:

> He was an early riser, and not unfrequently would in the winter months light his own fire and prepare his own cup of coffee. Among other studies, he entered on the acquisition of Welsh, and in his walks about the outskirts of the town would encourage the rural folk to converse with him in their own tongue, asking them at the same time to correct him when wrong in idiom or pronunciation.[6]

Defnyddiodd lyfr gramadeg a chafodd gymorth gan drigolion lleol Llanbedr Pont Steffan, ond derbyniodd hyfforddiant hefyd gan John Griffiths, curad Llangeler yn Sir Gaerfyrddin. Yn rhinwedd ei swydd yn is-brifathro, daliai Ollivant fywoliaeth Llangeler a byddai'n preswylio yno yn ystod y gwyliau gan gymdeithasu â'r plwyfolion. Byddai'n rhannu dyletswyddau'r swydd, a hynny'n cynnwys pregethu ar y Sul, â Griffiths a ddisgrifiwyd yn ŵr o allu mawr ac yn areithiwr Cymraeg digymar.[7] Mynnai Morgan fod y profiad hwn wedi caniatáu iddo ymgyfarwyddo ag ysbryd mewnol y Cymry a dod yn hyfedr yn y dafodiaith leol. Mae'r sylw hwn yn un arwyddocaol am fod dysgwyr Cymraeg yn cael eu beirniadu'n hallt yn y cyfnod hwn am nad oedd y Cymry yn eu deall ac am eu bod yn gyndyn i sgwrsio â'r bobl gyffredin. Bu Ollivant yn Llanbedr Pont Steffan am un mlynedd ar bymtheg. Yr oedd eisoes yn ieithydd dawnus, ac mae'n amlwg iddo feistroli'r Gymraeg ac yntau wedi ei drwytho yn yr iaith yn ystod y misoedd a dreuliai yn Llangeler a hefyd yn cael cyfle i arfer yr iaith yn nhref Llanbedr Pont Steffan. Dychwelodd Ollivant i Gaer-grawnt am rai blynyddoedd i fod yn Athro Brenhinol mewn Diwinyddiaeth ac yna dychwelodd i Gymru pan benodwyd ef yn esgob Llandaf yn 1849.

Yn y cyfamser yr oedd gyrfa academaidd Thirlwall yng Ngholeg y Drindod, Caer-grawnt, ar ôl dechrau addawol, wedi dod i ben. Bu'n ymgyrchu'n huawdl o blaid caniatáu i Ymneilltuwyr gael eu derbyn i brifysgolion hynaf Lloegr ar yr un telerau â'r Anglicaniaid. Os oedd hyn i ddigwydd, ni fyddai modd gorfodi'r myfyrwyr i fynychu'r gwasanaethau Anglicanaidd yng nghapeli'r colegau unigol. Nid ef oedd yr unig un a gredai y dylai myfyrwyr Ymneilltuol gael eu derbyn, ond llais Thirlwall oedd un o'r rhai cryfaf o blaid y syniad. Cafodd ei bortreadu, a hynny braidd yn annheg, fel un a fynnai ymosod ar y drefn addoli yng nghapeli'r colegau ar wastad mwy cyffredinol ac o ganlyniad collodd ei swydd tiwtor yng Ngholeg y Drindod yn 1834. Bu'r digwyddiad yn un dadleuol iawn a chafodd Thirlwall gryn sylw. Erbyn hyn gallwn werthfawrogi pwysigrwydd y bennod hon yn hanes dwy brifysgol hynaf Lloegr. Yn ystod y degawdau nesaf dilynodd y ddwy y trywydd y bu Thirlwall yn ei argymell. Symudodd Thirlwall i blwyf bach gwledig ger Efrog a threuliodd y rhan fwyaf o'i amser ar ei waith academaidd gan ddod yn ysgolhaig uchel ei barch ledled Ewrop. Cyfrifir ei wyth cyfrol *History of Greece* yn gampwaith ac mae'n arwyddocaol mai Thirlwall, y clasurydd nodedig o'r bedwaredd ganrif ar bymtheg, sy'n denu sylw ysgolheigion heddiw.

Pan ddiswyddwyd ef o Gaer-grawnt, cafodd Thirlwall ei weld fel gŵr egwyddorol a rhyddfrydig a ddadleuai o blaid cydraddoldeb ym myd crefydd ac addysg. Denodd ei ysgolheictod, a'i farn wleidyddol, sylw'r prif weinidog Chwigaidd, yr Arglwydd Melbourne, a chredai ef y gallai Thirlwall fod yn gaffaeliad yn Nhŷ'r Arglwyddi. Fe'i henwebwyd ar gyfer esgobaeth Tyddewi ac ar ôl iddo dderbyn y swydd ni fynnai fygu ei lais a'i farn annibynnol; arweiniai hynny yn fynych at anghytundeb â'i gyd-esgobion. Yn 1845 cefnogodd gynnig y llywodraeth i ariannu'r coleg diwinyddol Catholig yn Maynooth gan ddadlau ei bod yn bwysig i glerigwyr Catholig dderbyn addysg well. Ac yn ei farn ef yr oedd y cyllid a ddyfarnwyd i Maynooth yn gwneud iawn am y cam a wnaed â'r Catholigion yn Iwerddon gan bobl Prydain. Yn y dull tawel a chytbwys sy'n nodweddu llawer o'i waith ysgrifenedig, nododd fod cyhuddo Eglwys Rhufain dro ar ôl tro o eilunaddoliaeth a chamsyniadau yn amhriodol; yr oedd Pabyddiaeth yn gyfundrefn gymhleth o athrawiaethau yr oedd ynddi wir a gau yn ymhlyg.[8] Yn 1848 dadleuodd y dylid caniatáu i Iddewon fod yn aelodau seneddol a datganodd yn Nhŷ'r Arglwyddi nad oedd sail ddigonol i honiad rhai esgobion eraill fod annog teimladau o wrthuni ac atgasedd tuag at berson Crist yn un o hanfodion y grefydd Iddewig.[9] Un o gryfderau Thirlwall oedd y modd y gallai ddefnyddio ei stôr ddofn o ysgolheictod i ystyried dwy ochr y ddadl.

Arweiniodd penodi Thirlwall ac Ollivant yn esgobion at gryn feirniadaeth a bu'r elyniaeth a fynegwyd at Thirlwall yn hynod o ddwys. Un o'r ymgyrchwyr mwyaf llafar yn erbyn ei benodi oedd David James 'Dewi o Ddyfed', ficer Kirkdale yn Lerpwl, a gŵr a oedd ar yr un donfedd â'r mudiad 'Association of Welsh Clergy in the West Riding of Yorkshire'.[10] Math o glwb cinio oedd y mudiad hwn yn wreiddiol pan sefydlwyd ef yn 1821, ond bu'r aelodau'n pwyso am benodi esgobion a oedd yn Gymry er pan basiwyd Deddf Lluosogrwydd 1838 a fynnai fod clerigwyr Cymraeg eu hiaith yn cael eu penodi i blwyfi Cymraeg; nid oedd sôn yn y ddeddf am esgobion.[11] Ysgrifennodd James lythyr agored at Thirlwall yn dweud wrtho ei fod yn gwbl anaddas ar gyfer y swydd, a phe derbyniai hi, byddai'n gwneud drwg i bobl Cymru. Mae cywair ei lythyr yn ymdebygu i'r math o sylwadau a rennir heddiw ar y cyfryngau cymdeithasol:

> It is to be hoped ... you fling back with high and dignified disdain the poor bishopric of St David, and demand a better one in England, where you may enjoy the emoluments of the See without inflicting present and eternal injury on the inhabitants.[12]

Dywedodd Thirlwall wrth ei gyfaill Thomas Carlyle iddo golli tair noson o gwsg wrth iddo bendroni a ddylai dderbyn y cynnig ai peidio.[13] Yr oedd y cyhuddiad mai dim ond y cyflog a'i denodd at y swydd yn arbennig o annheg. Yn wir, defnyddiodd Thirlwall lawer iawn o'i incwm—cyfanswm o tua £40,000—i ariannu prosiectau yn ei esgobaeth.

Yn ôl Roger Brown, llythyr David James a gymhellodd Thirlwall i ddysgu Cymraeg, ond ymddengys y byddai wedi dysgu'r iaith frodorol pe bai wedi ei benodi i unrhyw esgobaeth lle yr oedd iaith heblaw Saesneg yn cael ei defnyddio.[14] Cafodd gymorth gan Joshua Hughes, esgob Llanelwy wedi hynny, a oedd yn ficer Abergwili ar y pryd ac yn gaplan iddo. Gan ei fod yn amlieithog, gallai fod wedi meistroli'r Gymraeg yn gyflym trwy ddefnyddio llyfrau gramadeg. Cwta saith wythnos ar ôl ei gysegru, ar 26 Medi 1840, ysgrifennodd at ei gyfaill Richard Monckton Milnes gyda'r newyddion 'I am learning Welsh much faster than I had expected and can now read any common Welsh book with tolerable ease, i.e. requiring no help but the dictionary.'[15] Yn 1866 dywed fod ganddo destun llawysgrif o ramadeg a geiriadur Gambold, a dyma ei farn am y gramadeg:

> The most useful I know for the initial mutations. For a more advanced student, as a guide to the etymology and syntax, I should recommend Rowland's, of which I lately received a copy of the third edition from the author.[16]

Nid oes amheuaeth na ddysgodd ddarllen llyfrau Cymraeg o fewn dim o dro, deall gramadeg yr iaith, ac ysgrifennu'n gywir. Mae rhai pregethau Cymraeg wedi goroesi yn llawysgrifen ddestlus Thirlwall. Ond yr oedd siarad yr iaith yn fwy o her. Cyhoeddodd y fendith yn Gymraeg yn ystod ei Sul cyntaf yn Abergwili a rhai wythnosau'n ddiweddarach hysbyswyd y byddai'n pregethu yn Gymraeg yn Nanhyfer. Ond yr oedd pregethu yn Gymraeg mor fuan yn gam rhy uchelgeisiol, hyd yn oed i Thirlwall, yn enwedig am fod cynulleidfa dda wedi dod ynghyd i dystio i'w gamp. Yn ôl John Morgan, a oedd yn bresennol, yr oedd y brawddegau wedi eu llunio yn hynod o gaboledig ond ni lwyddodd y rhan fwyaf o'r gynulleidfa i ddeall gair. Bu Thirlwall yng Nghymru am un mlynedd ar hugain arall a dichon i'w ynganiad wella hyd yn oed os oedd yn dal i swnio braidd yn Seisnig. Ac ni fyddai'r ffaith ei fod braidd yn drwm ei glyw wedi ei helpu.[17] Serch hynny, bu pregeth Gymraeg gyntaf Thirlwall yn Nanhyfer yn rhybudd dwys yn erbyn dyrchafu dysgwyr Cymraeg i uchel swyddi. Tystiodd Morgan fod Thirlwall wedi ymroi i'r eithaf ond ni lwyddodd i feistroli'r iaith lafar er gwaethaf ei ddoniau a'i allu i gymathu.[18]

Efallai nad oedd hyn yn fawr o syndod o ystyried ei bersonoliaeth a'i amgylchiadau. Deallusyn ymneilltuedig oedd ef, yn ei elfen yng nghwmni ei lyfrau a'i anifeiliaid anwes, er bod cyfrifiad 1861 yn datgelu bod tri phlentyn o dan chwech oed ar ei aelwyd, dau or-nai a gor-nith. Daeth â'i weision i'w ganlyn o Swydd Efrog ond diau ei fod yn siarad Cymraeg â'r gweision a oedd yn byw yn lleol. Yn Saesneg y cyfathrebai â'r clerigwyr ac anodd ei ddychmygu yn byw a bod mewn plwyf Cymraeg ei iaith, fel Ollivant yn Llangeler. Yr oedd disgwyl iddo, fel ei gymheiriaid, gynnal urddas ei swydd yn Arglwydd Esgob Tyddewi. Bernid ei fod weithiau'n ddiserch a di-ddweud ond efallai mai arwydd o swildod oedd hynny, a'r ffaith fod ei feddwl hynod effro yn crwydro i gyfeiriadau eraill.

Thirlwall oedd esgob Tyddewi yn ystod un o'r cyfnodau mwyaf drwg-enwog yn hanes y Gymru fodern. Yn 1847 cyhoeddwyd Adroddiad y Llywodraeth ar Addysg Gymraeg, neu Frad y Llyfrau Gleision—'the Glencoe and Amritsar of Welsh history' yn ôl Kenneth Morgan. Fe'i gwelwyd ar y pryd, a byth oddi ar hynny, yn gynnyrch rhagfarn ac anwybodaeth Seisnig ac Anglicanaidd ac mae cynnwys yr adroddiad yn gyfarwydd iawn i bawb sy'n ymddiddori yn hanes Cymru. Rhan o'r ymdrech i gasglu ystadegau am ysgolion Cymru oedd yr adroddiad ond fel rhyw atodiad, gwahoddwyd y comisiynwyr i gynnig sylwadau ar gyflwr cyffredinol y gymdeithas a'i chynnydd moesol a chrefyddol gan ddefnyddio pa ffynonellau bynnag a allai fod ar gael. Mae ffrwyth llafur y comisiynwyr yn rhyfeddol: rhagor na 900 o dudalennau yn llawn manylion: ystadegau a hanesion sy'n aml yn elyniaethus blith draphlith. Yn hyn o beth nid yw'r adroddiad yn annhebyg i Gyfrifiad Crefyddol 1851. Y cylch gorchwyl y tro hwnnw oedd casglu data ar nifer y mannau addoli a nifer y mynychwyr. Yn ogystal â'r ystadegau cafwyd disgwrs estynedig ar hanes crefyddol Prydain ac ar athrawiaeth, gan arwain at fathu'r ymadrodd 'seciwlariaeth anymwybodol'. Yn union fel yr ystyrir weithiau fod Cyfrifiad Crefyddol 1851 yn nodi dechrau'r ddadl ar seciwlareiddio, yn yr un modd gwelir yr ymateb i'r adroddiad ar addysg fel man cychwyn persbectifau cenedlaetholgar modern ac o ganlyniad mae iddo arwyddocâd dirfawr a pharhaol o safbwynt hanesyddiaeth.[19] Bu'r ddau adroddiad yn hollbwysig hefyd am iddynt wneud Anghydffurfiaeth yng Nghymru a Lloegr yn fater gwleidyddol. Gwelwyd creu cynghrair glòs rhwng yr Annibynnwr o Sais Edward Miall a'r Annibynnwr o Gymro Henry Richard.[20]

Yr oedd ffyrnigrwydd Thirlwall wrth iddo wrthod casgliadau'r comisiynwyr yn wahanol iawn i'r ymateb a briodolir fel arfer i'r Anglicaniaid, yn enwedig y Saeson yn eu plith, er nad ef oedd yr unig un o blith rhengoedd yr Eglwys i feirniadu'r adroddiad.[21] Tynnodd Thirlwall sylw at wiriondeb llwyr llunio'r adroddiad yn y lle cyntaf a gwneud hynny yn ei ddull synhwyrol a rhesymegol dihafal. Yr oedd wedi dadlau yn y senedd rai misoedd ynghynt nad oedd angen adroddiad; yr hyn yr oedd ei angen oedd cyllid sylweddol gan y llywodraeth i ariannu ysgolion yng Nghymru.[22] Gresynai nid yn unig fod y comisiynwyr wedi eu gwahodd i fwrw llinyn mesur ar foesoldeb pobl Cymru, ond hefyd eu bod yn eu ffolineb wedi gwneud hynny:

> And where no authentic statistics could be obtained, I very much doubt whether either sweeping assertions on the morals of a district, or of the country at large, or particular instances of flagrant turpitude, were of value sufficient to counterbalance the mischief of the irritation they were likely to produce.[23]

Pa anfoesoldeb bynnag a allai fod yn bresennol yng Nghymru, afraid dweud, meddai, y gellid canfod enghreifftiau gwaeth mewn rhannau o Loegr.[24] Ymhellach, yr oedd yn ymddangos bod gwneud arolwg o'r moddion a roddwyd i'r dosbarthiadau gweithiol gaffael gwybodaeth o'r iaith Saesneg yn gymorth parod i'r rhai hynny a fynnai ddadlau mai amcan y comisiynwyr oedd amddifadu'r Cymry o'u hiaith hynafol a sawl nod anfad arall.[25] Ailadroddodd y farn a fynegwyd ganddo rai blynyddoedd ynghynt am le'r Gymraeg yn yr ysgolion: dylai'r siaradwyr Cymraeg gael eu dysgu i ysgrifennu'r iaith; dylid darparu llyfrau Cymraeg; dylid defnyddio'r iaith yn y dosbarthiadau a dylai'r athrawon ddefnyddio'r ddwy iaith er mwyn cyfathrebu â'u disgyblion yn y modd mwyaf effeithiol.

Sut y llwyddodd yr esgobion hyn i ddygymod ag Anghydffurfiaeth, sef un o nodweddion mwyaf pwerus bywyd Cymru yn y bedwaredd ganrif ar bymtheg? Credai Thirlwall mai diffygion esgobaeth Tyddewi a arweiniodd at ffyniant Anghydffurfiaeth.[26] Rhannai Ollivant yr un farn, a phe na buasai am ymdrechion yr Anghydffurfwyr, byddai pobl ei esgobaeth yn anwariaid yng ngwir ystyr y gair.[27] Darllenai gynnyrch y

Yr Esgob Connop Thirlwall:
Casgliad Portreadau Llyfrgell Genedlaethol Cymru

wasg Anghydffurfiol yn frwd ac yn fynych byddai'n crynhoi rhai o'r pynciau trafod allweddol pan fyddai'n annerch ei glerigwyr.[28] Yr oedd y ddarpariaeth yn y capeli cyfrwng Cymraeg yn Llundain yn destun boddhad iddo. Mewn pregeth yn 1856 ar y canfyddiad mai pobl ddigrefydd oedd Cymry Llundain, mynnai annerch pob un yng Nghymru a oedd yn ei alw ei hun yn Gristion, yn Eglwyswr neu yn Ymneilltuwr. Credai fod amrywiaeth crefyddol Cymru yn arwain at ddifaterwch crefyddol (am fod gormod o ddewisiadau yn ymgynnig) ac yn naturiol byddai wedi dewis gweld pawb yn Anglicaniaid, ond eto llwyddodd i osgoi mynd benben â'r prif enwadau Anghydffurfiol. Fodd bynnag, nid oedd ganddo ddim i'w ddweud wrth yr Undodiaid, y Mormoniaid a'r Catholigion. Yr hyn sydd fwyaf diddorol am ei bregeth ar y Cymry yn Llundain yw ei fod yn meddwl amdano ei hun fel Cymro yng Nghymru a oedd yn poeni am ymddygiad ei gyd-wladwyr yn y brifddinas.[29]

Yr oedd gan Thirlwall beth gwaed Cymreig ar ochr ei fam ac fe'i disgrifiodd ei hun yn gymysgryw, yn gyfuniad o Sacson a Chelt.[30] Beirniadwyd ef pan amlygodd ei dueddiadau 'Sacsonaidd' wrth iddo geisio atal cymanfaoedd pregethu ei glerigwyr gan ddadlau ei bod yn amhriodol fod gweinidogion yn cael eu cymell i wneud sioe ohonynt eu hunain a chystadlu â'u brodyr; yr oedd hyn hefyd yn debygol o arwain at orbrisio'r bregeth ar draul y ffurfwasanaeth yn ei gyfanrwydd.[31] Daeth ei ochr Geltaidd i'r amlwg wrth iddo gymeradwyo adfywiad yr Eisteddfod Genedlaethol, a derbyniwyd ef yn aelod o Orsedd y Beirdd yn 1864, awgrym o'r parch yn y cylchoedd Cymreig tuag ato. Yr oedd ei hen elyn Dewi o Ddyfed yn bresennol ac yn dyst i'r achlysur. Amlyga llythyrau Thirlwall ei ddiddordeb diffuant yng ngherddoriaeth, iaith a llên gwerin Cymru a mynnai eu deall yng nghyd-destun traddodiadau cyffelyb yn Ewrop. Yr oedd yn Ewropead amlwg.

Efallai nad oedd Thirlwall yn hoffi'r elfen o gystadlu yn gysylltiedig â phregethu ond nid yw'n syndod fod y ddau esgob yn credu yn effeithiolrwydd y bregeth. Byddai dadansoddi pregethau Thirlwall yn datgelu a oedd yn cyflwyno ei neges yn wahanol i gynulleidfaoedd Cymraeg a Saesneg ai peidio. Ar ei allu i draddodi, fel y nodwyd eisoes, byddai'n annheg ei gondemnio ar sail ei bregeth yn Nanhyfer, ac yntau ond wedi treulio rhai wythnosau yng Nghymru. Ar y llaw arall, dychwelodd Ollivant i Gymru yn siaradwr Cymraeg hyderus. Cofiai John Morgan i'r esgob ymddangos yn annisgwyl unwaith mewn gwasanaeth Cymraeg yr oedd yn ei gynnal. Wedi hynny, yn y festri holodd Morgan, a oedd ar y pryd yn gurad ifanc, am ei bregeth, gan amau, yn gywir, ei fod wedi ei chodi o gasgliad printiedig o bregethau Saesneg, a'i chyfieithu:

> He then took occasion, in a kind but earnest manner, to impress on me the duty of cultivating reality in my discourses, reality in sentiment as well as in speech.[32]

Pregeth Gymraeg wreiddiol a fynnai Ollivant ac nid ailbobiad o ddeunydd Saesneg.

Mae gwaddol Connop Thirlwall ac Alfred Ollivant yn sylweddol. Gosodasant seiliau ar gyfer adfywio'r Eglwys yn ail hanner y bedwaredd ganrif ar bymtheg. Thirlwall a sefydlodd Goleg y Drindod Caerfyrddin, ac yn ystod ei esgobaeth adnewyddwyd 183 o eglwysi, codwyd adeiladau o'r newydd, gan gynnwys llawer o bersondai, ac agorwyd llawer o ysgolion newydd. Bu Ollivant yn driw i Goleg Dewi Sant Llanbedr

Pont Steffan a hyfforddwyd llawer o'i glerigwyr yn y coleg hwnnw. Yn Llandaf ailadeiladwyd neu adnewyddwyd 170 o eglwysi ynghyd â'r eglwys gadeiriol. Ar ei anogaeth ef cafwyd rhaglen enfawr o adeiladu ysgolion. Yr oedd hyn oll yn gwbl angenrheidiol yn wyneb y twf cyflym yn y boblogaeth.

Dyma ddau o esgobion cenhedlaeth gyntaf oes o ddiwygio. Am fod cyflogau'r esgobion wedi eu cydraddoli, nid oedd dim i'w cymell i symud i esgobaeth yn Lloegr a fuasai ar un adeg yn llawer mwy proffidiol. Rhoddodd y ddau wasanaeth maith i'r Eglwys yng Nghymru. Bu Thirlwall yn Nhyddewi am 34 blynedd ac Ollivant yn Llandaf am 33 blynedd. Claddwyd Ollivant ar dir Eglwys Gadeiriol Llandaf dan groes Geltaidd anferth. Claddwyd Thirlwall yn Abaty Westminster—braint na châi pob esgob. Yn dilyn yr arysgrif Saesneg a Lladin daw'r Gymraeg 'Gwyn ei fyd'—y tro cyntaf i eiriau Cymraeg gael eu cerfio oddi mewn i'r abaty.

Parhaodd y dadleuon ynghylch penodi esgobion estron am rai degawdau, a phrin oedd y sylw a gafodd y nodweddion Cymreig a arddangoswyd gan Thirlwall ac Ollivant. Heddiw gellir dychmygu y byddai'r newyddion am benodi esgob a chanddo rhinweddau tebyg i rai Ollivant yn cael croeso twymgalon—siaradwr Cymraeg, cyfeillgar, yn frwd o blaid eciwmeniaeth, gweinidogaeth leyg ac efengylu, consyrn am dlodi, gweinyddwr galluog, a chanddo gefndir cadarn ar ôl bod yn addysgu mewn prifysgol. Gallaf ei ddychmygu ef, neu hi. Mae'n anos dychmygu Thirlwall yng ngwisg yr unfed ganrif ar hugain er ei fod yn ŵr disglair a diddorol. Dichon ei bod yn ddiogel honni na fyddai'n cael ei ordeinio. Ond gallaf ei weld yn deallusyn cyhoeddus, yn byw ar ei ben ei hun mewn rhyw lecyn gwledig anghysbell, yn cael ei weld ar faes yr Eisteddfod Genedlaethol, ac yn rhoi mewnbwn deallusol ar raglenni S4C a BBC Cymru; sylwebydd uchel ei barch ar ddiwylliant a gwleidyddiaeth Cymru, weithiau trwy ffenestr Ewrop neu'r byd y tu hwnt. Mae Thirlwall ac Ollivant ill dau yn haeddu cael eu cofio fel prototeipiau ffurf fodern o Gymreictod, nid fel creiriau o'r oes a fu.

DARLLEN PELLACH

J.W. Clark, revised by H.C.G. Matthew, 'Ollivant, Alfred (1798–1882), bishop of Llandaff', *Oxford Dictionary of National Biography* (2004).

E.T. Davies, *A New History of Wales: Religion and Society in the Nineteenth Century* (Llandybie: Christopher Davies, 1981).

O.W. Jones, 'Thirlwall, Connop (1797–1875), historian and bishop of St Davids', *Oxford Dictionary of National Biography* (2004).

Frances Knight, Part IV: 1850–1920, yn Glanmor Williams, William Jacob, Nigel Yates and Frances Knight, *The Welsh Church from Reformation to Disestablishment, 1603–1920* (Cardiff: University of Wales Press, 2007).

---

1 Diolch i'r Golygyddion am drosi'r bennod hon ac i Paula Yates a Christopher Cunliffe am eu sylwadau ar ddrafft cynharach.

2 John Connop Thirlwall, *Connop Thirlwall: Historian and Theologian* (London: SPCK, 1936), t. 16.

3 A.J.C. Hare, *Life of Baroness Bunsen*, Volume 1 (London and New York, 1879), tt. 138–41.

4 *Letters Literary and Theological of Connop Thirlwall*, ed. J.J.S. Perowne and Louis Stokes (London, 1881), t. 93.

5 Alfred Ollivant, *An Analysis of the Text of the History of Joseph, upon the Principles of Professor Lee's Hebrew Grammar, for the use of the students in St David's College, Lampeter* (3rd edition, London, 1836), t. viii.

6 John Morgan, *Four Biographical Sketches: Bishop Ollivant, Bishop Thirlwall, the Rev Griffith Jones, and Sir Thomas Phillips QC* (London, 1892), t. 17.

7 Ibid., t. 21.

8 Thirlwall, *A Charge delivered September 1845*, yn *Remains Literary and Theological of Connop Thirlwall*, Volume 1, ed. J.J.S. Perowne (London, 1877), t. 74.

9 *Hansard*, cyfres 3, 98, 25 Mai 1848, col. 1360.

10 Roger L. Brown, *"Welsh Patriotism" and "Justice to Wales": The Association of Welsh Clergy in the West Riding of Yorkshire* (Welshpool: Tair Eglwys Press, 2001).

11 Gweler https://www.legislation.gov.uk/ukpga/Vict/1-2/106/section/CIV/enacted.

12 Roger L. Brown, *In Pursuit of a Welsh Episcopate: Appointments to Welsh Sees 1840–1905* (Cardiff: University of Wales Press, 2005), t. 57.

13 J.A. Froude, *Thomas Carlyle: A History of his Life in London, 1834–1881*, Volume 1 (London, 1884), t. 185.

14 Brown, *In Pursuit of a Welsh Episcopate*, tt. 57, 59.

[15] Thirlwall, *Connop Thirlwall*, t. 122.

[16] *Letters to a Friend by Connop Thirlwall, late Lord Bishop of St David's*, ed. A.P. Stanley (London, 1882), t. 93.

[17] Ibid., tt. 93, 137.

[18] Morgan, *Four Biographical Sketches*, tt. 72, 73.

[19] Gweler Matthew Cragoe, 'A question of culture: The Welsh Church and the Bishopric of St Asaph, 1870', *Cylchgrawn Hanes Cymru*, 18 (1996–7), 239. Dyfynnir traddodiad o hanesyddiaeth sy'n dechrau gydag R.T. Jenkins, 'The development of nationalism in Wales', *Sociological Review*, 27 (1935).

[20] Ieuan Gwynedd Jones, *Mid-Victorian Wales: The Observers and the Observed* (Cardiff: University of Wales Press, 1992), tt. 163–5.

[21] Jones, *Mid-Victorian Wales*, t. 142. Rhestrir Thomas Price 'Carnhuanawc', y Deon Cotton o Fangor, Jane Williams 'Ysgafell' a Thomas Phillips ymhlith yr Anglicaniaid a fu'n feirniadol o'r adroddiad.

[22] Thirlwall, *Charge delivered September and October, 1848*, yn *Remains Literary and Theological*, Volume 1, tt. 129–40.

[23] Ibid., t. 132.

[24] Ibid., t. 133.

[25] Thirlwall, *Charge 1849*, yn ibid., tt. 134–5.

[26] Thirlwall, *Charge 1842*, yn ibid., t. 2.

[27] Alfred Ollivant, *A Charge delivered to the clergy of the diocese of Llandaff, at his primary visitation in September 1851* (London, 1851), t. 26.

[28] Alfred Ollivant, *A Charge delivered to the clergy of the diocese of Llandaff, at his second visitation in August 1854* (London, 1854), tt. 46, 55, 58–63.

[29] Alfred Ollivant, *The moral and spiritual condition of the Welsh families living in London, with suggestions as to the possible causes and remedy of the evil. A sermon preached at the reopening of the church of St Fagan's Aberdare, 26 August, 1856* (London, 1856).

[30] Stanley, *Letters to a Friend by Connop Thirlwall*, t. 26.

[31] Morgan, *Four Biographical Sketches*, tt. 104–5; Thirlwall, *Charge 1842*, t. 14.

[32] Morgan, *Four Biographical Sketches*, t. 56.

4

J. Wyn Evans

ISAAC WILLIAMS: CLERIGWR, DIWINYDD A BARDD

Mae casgliad arbennig o lyfrau yn Eglwys Gadeiriol Tyddewi ymhlith y cyfanswm o tua chwe mil o gyfrolau. Casgliad o 29 llyfr yw hwn, pob un gan yr un awdur, a phob cyfrol wedi ei rhwymo mewn lledr coch tywyll. Cyfrifir y llyfrau hyn ymhlith trysorau llyfrgell yr eglwys.[1] Llyfrau gan Gymro yw'r rhain er mai yn Saesneg yr ysgrifennwyd hwy. Dyma Gymro a dreuliodd y rhan fwyaf o'i fywyd yn Lloegr: Cardi o ran ogleddol Sir Aberteifi, er mai yn Llundain y'i magwyd. Clerigwr ydoedd, ond un na wasanaethodd yng Nghymru nac yn yr Eglwys Anglicanaidd yng Nghymru. Yr oedd yn fwy na chlerigwr; yr oedd yn ddiwinydd Anglicanaidd o bwys, a chyda'i enw ef y cysylltir y cysyniad o *reserve*, sef mai fesul tipyn yn unig y gellir dirnad ystyr aberth Crist; ni ddylid byth ruthro i'w ddeall ond agosáu ato yn araf, yn ddiymhongar ac yn ystyriol. Ymadrodd arall a ddefnyddiwyd yn y cyd-destun hwn oedd *Disciplina Arcani* ('Cyfarwyddyd Cudd'), sef y dylid cadw dirgelion yr efengyl i'r sawl a oedd yn gallu eu deall, a'u bod yn cael eu hidlo yn raddol i'r credadun yn ôl graddfa ei aeddfedrwydd ysbrydol ac wrth iddo groesi trothwy'r ffydd. Yr oedd hefyd yn emynydd, er nad oes llawer o'i emynau yn cael eu canu heddiw; nid oes cyfieithiad o'r un ohonynt yn *Caneuon Ffydd*. Bu'n fugail mewn plwyfi gwledig, er na ddaeth erioed yn ebrwyad. Gwasanaethodd yn gurad trwy gydol ei weinidogaeth. Yr oedd yn fardd er nad oes llawer o fynd ar ei farddoniaeth heddiw, yn wahanol efallai i Christina Rosetti, a oedd hefyd yn rhan o'r un mudiad o fewn yr Eglwys Anglicanaidd yn Oes Victoria. Mae'r crynodeb uchod yn rhoi rhagflas o natur buchedd a gwaith Isaac Williams (1802–65), y Tractariad Cymreig, gwrthrych y bennod hon, er na ellir ond cyffwrdd â'i waith yma.[2]

Ag enwau John Keble, J.H. Newman, R. Hurrell Froude ac Edward B. Pusey y cysylltir Mudiad Rhydychen ran fynychaf, y mudiad a fynnodd bwysleisio natur Gatholig Eglwys Loegr yn yr 1830au a'r 1840au ac adfer rhai o'r hen arferion a'r athrawiaethau a oedd yn ymestyn yn ôl at yr oes apostolaidd a chyfnod y Tadau Eglwysig cynnar. Trwy gyfrwng cyfres helaeth o draethodau, y *Tracts for the Times* (1833–41), y cyhoeddwyd agenda'r mudiad, rhai ohonynt yn fyr a phoblogaidd, eraill yn hir a dysgedig. Er nad yw enw Williams agos mor hysbys â'r enwau uchod, yr oedd yr un mor ganolog â hwy yn y mudiad ac ef a luniodd ddau o'r traethodau pwysicaf, Traethawd 80 ac 87, *On Reserve in Communicating Religious Knowledge*. Trwy waith ymchwil yr Archddiacon Owain W. Jones a Dr John Boneham ar ei ôl, gwyddom lawer mwy amdano na chynt, ac er y gellid trafod sawl agwedd ar ei waith, yn y bennod hon bwriedir canolbwyntio ar deulu Williams; ei gyswllt â Thyddewi ac yna â gogledd Sir Aberteifi; natur ei ddiwinyddiaeth; ei farddoniaeth a'i ddiddordeb mewn pensaernïaeth; ei dymor yn Rhydychen; ei waith yn noddi Eglwys Llangorwen, ac yna ei ddylanwad ar yr Eglwys yng Nghymru.

Yn ôl, felly, at y casgliad llyfrau yn Nhyddewi. Ym mhob llyfr bron mae'r geiriau *With the author's compliments* yn llawysgrifen Isaac Williams ei hun. Cafodd yr awdur y llyfrau gan yr argraffwyr a'u hanfon at ei frawd hŷn, Matthew Davies Williams (1800–60), sgweier Plas Cwmcynfelin yn Llangorwen yn nyffryn Afon Clarach. Ef a'u rhwymodd mor anrhydeddus a gosod y prif lythrennau M.D.W. ar y cloriau. Ond sut y daethant i lyfrgell yr eglwys gadeiriol yn y lle cyntaf? Hyd y gwyddys, unwaith yn unig y daeth Isaac Williams i Dyddewi, a hynny ar bererindod yng nghwmni Matthew ei frawd yn 1841. Fel yr ysgrifennodd mewn llythyr at E.B. Pusey, yr oedd yn ofynnol i bob Cymro bererindota i Dyddewi o leiaf unwaith yn ei oes. Mae'r gerdd faith 'The Baptistery' a gyhoeddwyd yn 1842 yn ddisgrifiad tra chywir o gyflwr Eglwys Gadeiriol Tyddewi ar y pryd. Mae'n debyg ar ryw wedd i'w gasgliad o gerddi *The Cathedral* (1838) sy'n ddarlun dychmygol o gadeirlan ddelfrydol, gyfriniol yn wir, a'i phensaernïaeth yn fynegiant o ddysgeidiaeth yr Eglwys Gatholig fel y gwelai Williams hi. Mae'r ddau waith, felly, yn fynegiant o feddylfryd a phryderon y bardd ar yr adeg honno. Mae geiriau agoriadol 'The Baptistery' yn disgrifio porth y tŵr, y brif fynedfa i'r clôs, a'r iet fechan sydd uwchben y deugain gris namyn un, sef y brif fynedfa o'r de-ddwyrain:

> I pass'd beneath a mouldering tower,
> When on me came a solemn hour
> Of feelings never known before,
> But which from me shall pass no more.
> A scene beneath the wicket gate,
> Most beautiful, most desolate!
> It was St David's ancient pile,
> Chancel, nave, tower, and windowed aisle
> And skirting all the Western side
> A palace fair in ruin'd pride
> With storied range in order set,

And portal, arch, and parapet.
There, hiding from the hearts of men
In hollow of the mountain glen,
Religion's venerable hold,
With wrecks and ruin manifold,
Burst full on the astonish'd eye,
Hoar to sublime antiquity ...

... O sight forlorn, and yet so fair
In ruin, that transfixèd there
I gaz'd, until I seem'd to stand
Upon a strange unearthly land,
Between the dying and the dead!
So many centuries o'er my head
Their solemn shade in silence spread;
So awful was the drear around,
The desolation so profound
While beauty and magnificence
Strove with a beam, calm but intense
To pierce the darkly-mantling gloom,
Like star-light through a broken tomb;
Or like the dimly-labouring Moon,
That now stood nigh on her white throne ...[3]

Mae'r geiriau yn cynnig golwg ddadlennol ar feddylfryd barddonol Williams ac yn adlewyrchu coethder ei ddychymyg. Mae geiriau fel *sublime* ac *awful* yn ein tywys i'r byd Gothig ac i'r mudiad Rhamantaidd. Caiff y bardd ei ddenu at y wlad yn hytrach na'r dref; mae'n ystyried natur yn ddatguddiad o greadigedd Duw ac mae naws gyfriniol yn rhedeg trwy'r cwbl. Mynegir yn glir gariad Williams at ei famwlad—ac yr wyf yn uniaethu *Menevia* â Chymru yn y cyswllt hwn, 'Ancient Menevia', meddai, 'I must love thee still'. Yn ôl Williams, mae natur yn safadwy a digyfnewid yng nghanol anwadalrwydd y bywyd cyfoes, yn enwedig ar ôl pasio Deddf Diwygio 1832 a Deddf Meddiannau Tymhorol yr Eglwys 1833 a ystyriwyd gan y Tractariaid yn ymosodiad agored gan y wladwriaeth ar hawliau cysefin Eglwys Loegr.

Ochr yn ochr â natur mae cyfeiriadau Williams at bensaernïaeth yn adlewyrchu'r un feddylfryd am ddatguddiad ac am Gatholigrwydd. Iddo ef ac eraill ym Mudiad Rhydychen, ac yn enwedig y pensaer Augustus Welby Pugin, yr unig fynegiant dilys o'r ffydd Gatholig oedd y Gothig.[4] Dyna'r unig arddull pensaernïol a oedd yn medru cyfleu dirgelwch y ffydd. Fel y cysyniad o *reserve*, nid oedd yn ddirnadwy ond i'r ychydig, sef y rhai a oedd wedi ymgyrraedd ato yn raddol trwy gael eu haraf drwytho yn y dirgelion. Yn ogystal â hynny, mae'r gerdd yn cyfleu diddordeb Williams yn y tirlun fel mynegiant o arfaeth Duw ac yn dangos ei ofid hefyd ynghylch cyflwr cyfoes yr Eglwys yn sgil y newidiadau a ddigwyddodd gyda buddugoliaeth y Chwigiaid dros y Torïaid o 1828 ymlaen.

Nid trosiad o gyflwr adfydus Eglwys Loegr ei ddydd yn unig yw disgrifiad Williams o gadeirlan adfeiliedig Tyddewi, ond disgrifiad llythrennol o gyflwr yr adeilad ar y pryd. Fel y digwyddodd, yr oedd y deon newydd, Llywelyn Lewellin, ar fin rhoi rhaglen helaeth o adferiad ar waith, ac yn yr un flwyddyn yr oedd W. Basil Jones, cymydog ieuanc Williams, a chyd-aelod o Goleg y Drindod, Rhydychen, ar y cyd ag E.A. Freeman, ar fin dechrau eu hastudiaeth drwyadl o adeilad ac amgylchedd yr Eglwys Gadeiriol. Arweiniodd hyn at gyfrol swmpus ar hanes a hynafiaethau Tyddewi a gyhoeddwyd yn 1856.[5] Dylanwadodd y gyfrol honno ar y pensaer Gilbert Scott pan aeth ati o 1865 ymlaen i adfer yr adeilad yn drwyadl.[6]

Ond nid yw hyn ychwaith yn ateb y cwestiynau: paham a sut y daeth llyfrau Isaac Williams i Dyddewi? Ni bu ef yn brebendari nac yn ganon Eglwys Gadeiriol Tyddewi, nac yn un o'r pedair eglwys gadeiriol arall yng Nghymru, nac yn Lloegr ychwaith. Yn y degawdau ar ôl y Rhyfel Mawr, bu ŵyr Matthew Davies Williams, y Capten George Checkland Williams, yn byw gyda'i wraig Jane, aeres Glan-paith, Llanfarian, yn y Trysordy yn y clos. Yn yr 1940au, ar ôl marwolaeth ei gŵr, dechreuodd Jane ddosbarthu ei lyfrau a'i bapurau teuluol rhwng y Llyfrgell Genedlaethol a llyfrgell yr Eglwys Gadeiriol. Yn ffodus i ni—er gwaethaf y weithred o fandaliaeth—cofnododd y Capten yn ei law flêr ar dudalennau gwag rhai o'r llyfrau yn y casgliad nid yn unig fanylion am y cyswllt achyddol rhyngddo ac Isaac Williams, ond hefyd wybodaeth am y modd y collwyd stad Cwmcynfelin oherwydd anghydfod rhwng mam Isaac Williams a'i chwaer.

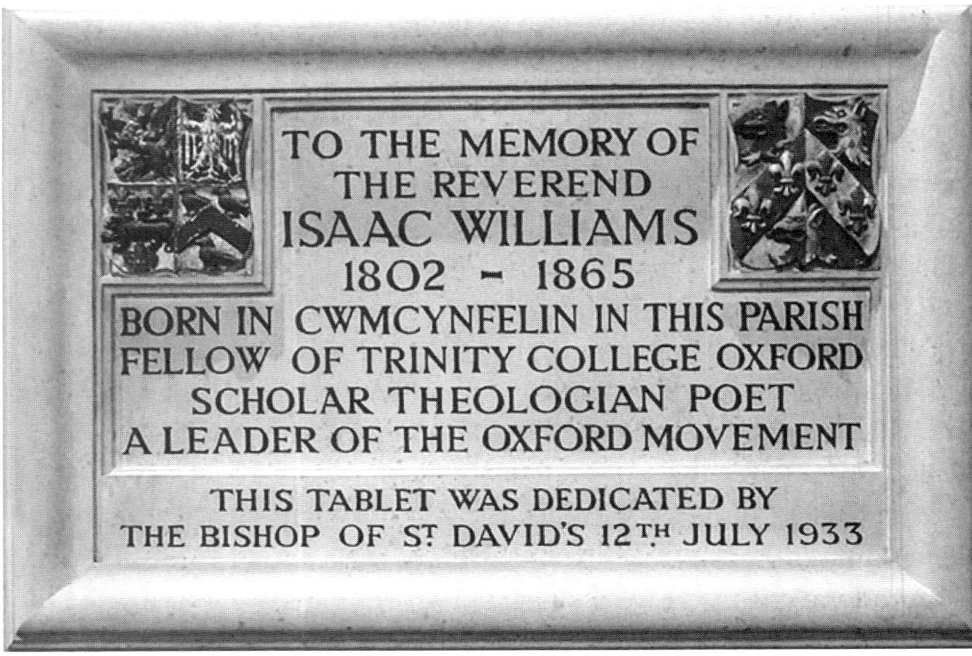

Cofeb Isaac Williams yn Eglwys yr Holl Saint, Llangorwen

Ganed Isaac Williams ar 19 Rhagfyr 1802 yng Nghwmcynfelin, plasty yn nyffryn Clarach i'r gogledd o Aberystwyth, a bedyddiwyd ef yno yn breifat ar 27 Rhagfyr; nodwyd hynny yng nghofrestr bedyddiadau Llanbadarn Fawr, y plwyf y perthynai Cwmcynfelin iddo ar y pryd. Ef oedd trydydd mab Isaac Lloyd Williams, bargyfreithiwr, aelod o Ysbyty Lincoln a mab Isaac Williams a fu'n ficer Llanrhystud ac yn ddeon gwlad yn y ddeunawfed ganrif. Yr oedd y teulu yn ymylu ar fod yn deulu bonedd. Er ei fod yn byw yn Llundain, cadwodd Isaac Lloyd Williams ei gysylltiad â Cheredigion trwy wasanaethu fel ustus yn y sir. Priododd dwy o'i chwiorydd aelodau o'r un math o deuluoedd clerigol lleol: y naill â William Cobb Gilbertson, Plas Cefn-gwyn, Elerch, a'r llall â Lewis Evans, ficer Llanfihangel Genau'r-glyn. Priododd Isaac Lloyd Williams ag Ann, merch hynaf Matthew Davies, cyn-uchelsiryf Ceredigion, a oedd wedi etifeddu Cwmcynfelin. Ef a ailgododd y plasty tua 1770. Erbyn hyn mae Cwmcynfelin, sydd ar y llethr serth goediog uwchben dyffryn Clarach, yn gartref gofal i'r henoed ac Amlosgfa Aberystwyth nesaf ato, ond ar ddechrau'r bedwaredd ganrif ar bymtheg yr oedd yn gartref i deulu Isaac Williams, y bardd. Fel hyn y mae'n disgrifio'r olygfa o'r cartref yn un o'i gerddi cynnar:

The sun was resting on the ocean wave,
Where, 'tween two winding hills that closed the vale,
The watery landscape lay, and seemed to join
The bending sky ...[7]

Ar ôl iddo dderbyn hyfforddiant yn Llundain dan diwtor preifat, anfonwyd Isaac a'i ddau frawd i Ysgol Harrow lle yr enillodd fri fel cricedwr; ymddiddorai hefyd yn y Clasuron, Lladin yn enwedig. Wrth edrych yn ôl, nododd nad oedd dylanwadau crefyddol yn gryf arno yn y cyfnod hwnnw. Yn 1821 matriciwleiddiodd yng Ngholeg y Drindod, Rhydychen, ond treuliodd gryn lawer o'i amser yng Ngholeg Oriel lle yr oedd un o'i ffrindiau ysgol yn fyfyriwr. Ymhen rhai blynyddoedd deuai Oriel, lle yr oedd John Keble eisoes yn gymrawd a lle yr ymunai John Henry Newman ag ef cyn hir, yn ganolfan i Fudiad Rhydychen. Serch hynny, nid yn Rhydychen ond yn Aberystwyth, yng nghartref y Parchg John Richards yn 1822, y cyfarfu Williams â Keble am y tro cyntaf. Byddai'n ymgynghori â Keble, a wasanaethodd hefyd fel Athro Barddoniaeth y brifysgol, ar ôl i Williams ennill Gwobr y Canghellor am ei gerdd Ladin, 'Ars Geologica'. Addawodd Keble ei pharatoi ar gyfer y wasg. Yna yn 1823, fe'i gwahoddwyd i ymuno â grŵp darllen yn Southrop nid nepell o Fairford, Swydd Gaerloyw, lle yr oedd Keble hefyd yn gwasanaethu fel ciwrad i'w dad. Ymhlith y rhai y cyfarfu â hwy yno yr oedd Richard Hurrell Froude a Robert Isaac Wilberforce; cyn hir Froude fyddai hyrwyddwr mwyaf ymfflamychol y mudiad. Yn ôl cyffes Williams, bu hyn yn drobwynt yn ei fywyd. Ymunodd â grŵp arall yno ymhen y flwyddyn gan gyfarfod â'r clerigwr a'r barwnig Syr George Prevost. Byddai Prevost yn priodi chwaer Williams, a deuai Williams yn gurad iddo maes o law.

Dyma ddwy ffrwd, felly, yn cydgyfarfod: yr Ucheleglwysyddiaeth fugeiliol draddodiadol a oedd yn rhan o'i gynhysgaeth wledig yng ngogledd Ceredigion, a'r radicaliaeth eirias newydd a fyddai'n cyniwair drwy Rydychen cyn hir o'i phencadlys yng Ngholeg Oriel ac ym mhulpud Eglwys y Santes Fair. Byddai'r cyfuniad hwn yn nodweddu'r math o Dractariaeth a fyddai'n nod amgen tystiolaeth Williams ar hyd ei yrfa: hen Ucheleglwysyddiaeth y ddeunawfed ganrif a'r symudiadau newydd yn tarddu o argyfwng gwleidyddol yr 1820au a'r 1830au, a'r ddeubeth yn adweithio yn erbyn efengyleiddiaeth boblogaidd ar y naill law a rhyddfrydiaeth ddiwinyddol ar y llall.

Yn ôl yn Rhydychen, yr oedd Williams wedi penderfynu ceisio efelychu Keble drwy anelu am radd ddosbarth cyntaf ddwbl yn y Clasuron a Mathemateg. Ond torrodd ei iechyd yn 1825 a bu'n rhaid iddo fodloni ar radd gyffredin. Methodd â sicrhau cymrodoriaeth yng Ngholeg Oriel yn 1829 ond fe'i hordeiniwyd yn ddiacon y flwyddyn honno a chymerodd guradaeth dan y Cymro James Davies, ficer Sherborne ger Fairford, plwyf John Keble. Yr oedd Bisley, plwyf Thomas Keble, brawd John, gerllaw, a chartref y Prevosts yn Chalford heb fod ymhell. Yr oedd yng nghanol cwmni cydnaws, a threuliodd y deunaw mis nesaf yn cynorthwyo yn y plwyf, yn ysgrifennu barddoniaeth ac yn astudio Hebraeg. Yno hefyd y gafaelodd yr asthma ynddo a fyddai'n ei ganlyn trwy weddill ei oes. Dychwelodd i Rydychen yn 1830 wedi ei ethol yn gymrawd yn Ngholeg y Drindod, a'i ordeinio'n offeiriad yr un flwyddyn. Yr oedd yn byw yn y coleg, ac aeth ati, ynghyd ag eraill o gyffelyb sêl, i geisio codi safonau crefyddol a moesol yr israddedigion. Gwasanaethodd yn ddiwyd fel tiwtor mewn Athroniaeth i ddechrau, fel deon o 1833 ymlaen, fel darlithydd mewn Rhethreg rhwng 1834 ac 1840, ac fel is-lywydd yn ystod y sesiwn 1841–2. Yn ôl rhai, yr oedd ei safonau yn rhy uchel a'i ddisgyblaeth yn llym ond bu'n esiampl ddyrchafol i ddyrnaid o wŷr ifainc a gyfrannodd yn helaeth i Eglwys Loegr yn ddiweddarach, yn eu plith William Basil Jones, E.A. Freeman a Frederick Meyrick (bu'r tri yn eu tro yn gysylltiedig ag esgobaeth Tyddewi), y cyfreithiwr Roundell Palmer, Iarll Selborne, a'r hanesydd Arthur Haddan. Ynghyd â'i ddyletswyddau academaidd, gwirfoddolodd yn 1832 fel curad i John Henry Newman a oedd, erbyn hynny, yn ficer plwyf y Santes Fair, sef eglwys y brifysgol. Cafodd ofal ardal Littlemore ar gyrion y ddinas, ac adeiladwyd eglwys fechan newydd yno yn 1835.

Trwy gydol y cyfnod hwn yr oedd Williams yn dal i farddoni, ac o 1833 ymlaen, ynghyd â Keble a Newman, cyfrannodd gerddi i'r cylchgrawn Ucheleglwysig *The British Magazine*. Y flwyddyn honno, yn ôl y dyb gyffredin, oedd man cychwyn Mudiad Rhydychen pan draethodd John Keble ar 'wrthgiliad cenedlaethol' gerbron ustusiaid y ddinas yn Eglwys y Santes Fair. Casglwyd ynghyd y cerddi hyn yn y gwaith cyfansawdd *The Cathedral* (1838). Mae dylanwad 'The Temple' George Herbert i'w weld ar y gwaith, 'The Excursion' gan Wordsworth a dylanwad William Cowper yn ogystal.[8] Mae'r cyfan yn archwilio strwythur cadeirlan yn y dull Gothig ac ar yr un pryd yn dathlu'r athrawiaethau Catholig a amlygir yn y gwahanol rannau o'r adeilad. Dyma a ddywed am y sgrin, rhwng y gangell a chorff yr eglwys lle y ceid gynt ddelwedd o'r grog:

Nature withdraws from human sight
The treasures of her light;
In earth's deep mines, or ocean's cells,
Her secret glory dwells.
'Tis darkly through Night's veil on high
She shews the starry sky;
And where of beauty aught is found,
She draws a shade around;
Nor full e'er unveils to sense
Steps of bright Providence.

When out of Sion God appear'd
For perfect beauty fear'd,
The darkness was his chariot,
And cloud were all about.
Hiding his dread sublimity,
When Jesus walked nigh,
He threw around His works of good
A holier solitude;
Ris'n from the grave appear'd to view
But to a faithful few.

Alone e'er now, as then of old,
The pure of heart behold
The soul-restoring miracles
Wherein his mercy dwells;
New marvels unto them reveal'd
But from the world conceal'd
Then pause, and fear, —when thus allow'd
We enter the dark cloud,
Lord, keep our hearts, that soul and eye
Unharm'd may Thee descry.[9]

Deus absconditus a revelatus 'y Duw cudd a datguddiedig', yn arbennig mewn natur; y *Disciplina Arcani* 'Cyfarwyddyd Cudd', a dyna bennawd y rhan hon o'r dilyniant cerddi; cyfriniaeth, yn wir—dim ond y pur o galon a all amgyffred y dirgeleddau cudd; *reserve*, tawedogrwydd ac ymatalrwydd, y gwirionedd ynghudd mewn cerdd a phensaernïaeth i'w datgelu'n raddol ac yn gynyddol i'r sawl a oedd wedi ymbaratoi yn drwyadl i dderbyn yr athrawiaethau hyn.

Yn ogystal â barddoni, cyfrannodd yn uniongyrchol at ymgyrchoedd cyhoeddus Mudiad Rhydychen trwy lunio tri o'r *Tracts for the Times*, dau ar y cysyniad o *reserve* yn 1837 ac 1840, ac un, Traethawd 86 (1839), ar natur a chynnwys y Llyfr Gweddi Gyffredin. Gan fod y rhain, fel gweddill traethodau'r mudiad, yn ddadleuol, fforffedodd Williams y cyfle i olynu John Keble yn Athro Barddoniaeth yn 1841. Ef, ym marn llawer, oedd yr olynydd delfrydol ond yn sgil yr ymryson a gododd am y swydd adeg yr etholiad, tynnodd ei gais yn ôl. Oherwydd y tensiynau parhaus, ymddiswyddodd o'i gymrodoriaeth yn 1842, rhoddodd y gorau i'w guradaeth a gadawodd y ddinas. Y flwyddyn honno priododd Caroline Champernowne yn Bisley ac aeth yno i fyw. Yn 1846 bu'n ddifrifol wael gyda'r ddarfodedigaeth, ond gwellodd, er bod ei iechyd yn dal yn fregus, yn 1848 symudodd i Stinchcombe lle y gwasanaethodd yn gurad i George Prevost, ei frawd yng nghyfraith. Yno y magodd ef a Caroline deulu o chwe mab ac un ferch, a daliai ati i ysgrifennu.

Efe oedd y ddolen gyswllt rhwng Rhydychen a'r wlad. Mae'n amlwg fod Williams yn tueddu mwy at yr hen Ucheleglwyswyr nag at radicaliaeth eirias rhai o'r Tractariaid penboeth fel Hurrell Froude. Er yn gatholig ei gred, fel y dosbarth hwnnw yr oedd yn wrth-Babyddol ac yn cymeradwyo'r Diwygiad Protestannaidd am iddo buro Eglwys Loegr oddi wrth rai o lygriadau yr Oesoedd Canol. I Williams y delfryd oedd cyfnod y Tadau Eglwysig cynnar, rhwng yr oes apostolaidd a'r bumed ganrif. Cyfeiliornus, yn ei farn, oedd dyfarniadau athrawiaethol Eglwys Rufain erbyn Cyngor Trent. Hyd yn oed pan oedd yn gurad iddo, bu'n anhapus â thuedd gynyddol Newman i wyro at Rufain. Yn ôl Williams, yr oedd y duedd hon i'w gweld fwy yn y clerigwyr hynny—fel Newman—a fu gynt yn efengylwyr nag yn y rhai a oedd wedi eu magu ym mhrif ffrwd yr hen Ucheleglwysyddiaeth ganol y ffordd. Yn ôl y dosbarth hwn, sefydliad catholig fu Eglwys Loegr erioed, a'i ffydd feiblaidd yn gyson ag argyhoeddiadau uniongred yr oes apostolaidd a'r Tadau cynnar.

Erbyn 1842, pan ymddiswyddodd Newman o fod yn ficer Eglwys y Santes Fair ac encilio i bentref Littlemore, dechreuasai'r mudiad ymddatod. Fel llawer a ddaeth dan gyfaredd ei bersonoliaeth rymus ac a gafodd ei swyno gan ei ddawn, siomwyd Williams pan gefnodd Newman ar Eglwys Loegr yn 1845 ac throi'n Babydd. Serch hynny, cadwodd y ddau mewn cyswllt â'i gilydd ac ymhen rhai blynyddoedd, ac yntau erbyn hynny'n offeiriad Catholig yn Birmingham, ymwelodd Newman â Williams yn Stinchcombe ac aros ar ei aelwyd am dridiau. Ond fel gwas teyrngar i Eglwys Loegr yr ystyriai Williams ei hun, a gyda hynny cafodd gyfle i hyrwyddo'i argyhoeddiadau neilltuol nid yn Lloegr ond yng ngwlad ei enedigaeth.

Yr allor yn Eglwys yr Holl Saint, Llangorwen

Ac yntau'n gweld adeilad eglwys yn fynegiant o sylweddau ysbrydol, aeth ati yng Nghwmcynfelin i droi ei ddelfryd yn ffaith. Fel y nodwyd mewn pennod arall, ef, ynghyd â Matthew ei frawd, a noddodd yr eglwys newydd a godwyd yn Llangorwen. Yr oedd y cynlluniau'n drawiadol a'r gost, £3,000, yn sylweddol. Er na wyddom lawer amdano, H.J. Underwood, y pensaer, a gynlluniodd Eglwys Littlemore i J.H. Newman yn 1835. Dechreuwyd ar y gwaith yn 1839 a chysegru'r adeilad ym mis Rhagfyr 1841. Mae Eglwys yr Holl Saint yn Llangorwen yn ymgorfforiad mewn carreg o'r egwyddorion Tractaraidd. Mae'r gangell un ris yn uwch na chorff yr eglwys ac mae sgrin isel yn gwahanu'r ddau. Mae'r allor, sydd dri gris yn uwch na'r gangell, yn symboleiddio'r Drindod Sanctaidd a'r allor—nid Bwrdd yr Arglwydd—wedi ei llunio o garreg, yr un gyntaf yng Nghymru ers y Diwygiad Protestannaidd. Mae croes o garreg ar y reredos y tu ôl i'r allor. Yn ei bregeth ar achlysur y cysegru, pwysleisiodd Williams arwyddocâd yr adeilad:

> But although it be of the Catholic and Apostolic Church throughout the world that this solemn description is given, yet I trust we may venture, without irreverence ... to apply them ... even to this place in which we are met on this day. For by faith even of this 'House of Prayer,' we may hear a great voice out of heaven saying, 'Behold, the tabernacle of God is with men, and He will dwell with them'.[10]

Nid pawb a gymeradwyai'r symudiad hwn, nid lleiaf John Hughes, ficer efengylaidd Llanbadarn Fawr, a chyfeiriwyd ym mhennod 2 at ei bregeth ar achlysur y cysegru pan fynegodd ei anghymeradwyaeth chwyrn o'r Puseaid.[11] Ond yr oedd eraill yn yr ardal a oedd wedi yfed o'r ffynnon Dractaraidd. Yr oedd dau ohonynt yn perthyn i Williams: Lewis Gilbertson, Plas Cefn-gwyn, Elerch, cymrawd o Goleg Iesu, Rhydychen, ac is-brifathro'r coleg hwnnw a churad cyntaf eglwys Llangorwen,[12] a Lewis Evans, mab Lewis Evans arall, offeiriad Llanfihangel Genau'r-glyn. (Yr oedd Evans yr hynaf yn ewythr i Isaac Williams.) Bu Evans yr ieuaf yn fyfyriwr yng Ngholeg Oriel yn 1829–32 dan gyfarwyddyd Newman a daeth yn drwm o dan ei ddylanwad. Ar ôl dilyn ei dad yn ebrwyad Llandre, bu'n ficer Llanfihangel-y-Creuddyn ac yn brifathro Ysgol Ystradmeurig lle y trwythodd y myfyrwyr yn egwyddorion Mudiad Rhydychen.[13]

Eglwys Gadeiriol Tyddewi yn W.B. Jones and E.A. Freeman, The History and Antiquities of St David's (London, 1856)

Un arall a oedd yn gysylltiedig ag Ucheleglwyswyr gogledd Sir Aberteifi oedd William Basil Jones (1822–97), mab y Gwynfryn, Llangynfelyn, cyd-awdur *The History and Antiquities of St David's*; byddai'n cael ei benodi yn 1874 yn esgob Tyddewi. Fel y gwelsom, yr oedd yn aelod o Goleg y Drindod ac fel Williams yn aelod o Gymdeithas Bensaernïol Rhydychen. Ar y dechrau yr oedd yn gefnogol i egwyddorion Mudiad Rhydychen, ond ymbellhau a wnaeth yntau a throi yn ôl at ei efengyleiddiaeth gynnar. Cadwodd gysylltiad ag Isaac Williams, fodd bynnag, gan drafod gydag ef y posibilrwydd o sefydlu coleg gwirfoddol yn yr esgobaeth i hyfforddi clerigwyr a chan awgrymu y byddai Williams yn brifathro delfrydol arno. Nid oedd yr Esgob Connop Thirlwall, ac yntau'n ymwelydd Coleg Dewi Sant, Llanbedr Pont Steffan, yn cymeradwyo'r syniad ac ni ddaeth dim o'r bwriad. A bu farw Williams yn 1865 yn 63 oed.

Am yn hir enw yn unig oedd Isaac Williams, a'i gyfraniad ynghudd y tu ôl i enwogrwydd llachar Newman, Keble ac arweinwyr amlycaf Mudiad Rhydychen. Aeth ei farddoniaeth allan o ffasiwn, a throes egwyddorion esthetaidd Rhamantiaeth Oes Victoria ymhlith y pethau a fu. Ac yntau i bob pwrpas yn ddi-Gymraeg ac wedi treulio'i yrfa yn Lloegr, ni wyddai Eglwyswyr Cymru amdano ychwaith. Ond yr oedd ei lyfrau a'i farddoniaeth yn dra phoblogaidd ar un adeg, ac fel y dywed Owain W. Jones, cawsant ddylanwad eang nid yn unig ym Mhrydain ond ym mannau pellennig yr ymerodraeth pan oedd Victoria yn ei hanterth. Rhwng popeth, felly, mae'n haeddu ei le nid yn unig yn hanes Eglwys Loegr ond fel un o warcheidwaid y winllan yng Nghymru yn ogystal.

DARLLEN PELLACH

John Boneham, 'Isaac Williams and the Oxford Movement: The importance of Reserve in his poetry and scriptural commentaries', *Cylchgrawn Hanes Crefydd Cymru*, 4 (2009), 84–100.

John Boneham, 'Reserve and physical imagery in the Tractarian poetry of Isaac Williams', yn *The Church as Literature: Studies in Church History*, 48, ed. P. Clarke and Charlotte Methuen (Woodbridge: The Boydell Press, 2012), tt. 246–58.

John Boneham, 'Isaac Williams and Welsh Tractarian theology', yn S.J. Brown and P.B. Nockles, *The Oxford Movement, Europe and the World 1830–1930* (Cambridge: Cambridge University Press, 2012), tt. 37–55.

D. Eifion Evans, 'Mudiad Rhydychen yng ngogledd Sir Aberteifi', *Cylchgrawn Cymdeithas Hanes yr Eglwys yng Nghymru*, 4/9 (1954), 435–57.

D. Eifion Evans, 'Dylanwad Mudiad Rhydychen yng Nghymru', *Cylchgrawn Cymdeithas Hanes yr Eglwys yng Nghymru*, 6/11 (1956), 92–104; 7/12 (1957), 92–100; 8/13 (1958), 82–92; 10/15 (1960), 66–82.

D.P. Freeman, 'The influence of the Oxford Movement on Welsh Anglicanism and Welsh Nonconformity in the 1840's and 1850's' (Traethawd PhD Prifysgol Cymru [Abertawe], 1999).

O.W. Jones, *Isaac Williams and his Circle* (London: SPCK, 1971).

K. Mary Williams, *The Doctrine of the Church in the Writings of Isaac Williams 1802–1865* (St Albans: yr awdur, 1983).

---

1 Llyfrgell Eglwys Gadeiriol Tyddewi, C3. Yr wyf yn dra diolchgar i Ms Mari James, Swyddog Datblygu Llyfrgell Eglwys Gadeiriol Tyddewi, am ei hynawsedd a'i chymorth yn y mater hwn.

2 Gweler S.A. Skinner, 'Williams, Isaac (1802–5), poet and theologian', *Oxford Dictionary of National Biography* (2004). Gwaith allweddol er mwyn deall Williams yw ei hunangofiant, *The Autobiography of Isaac Williams*, ed. G. Prevost (London, 1892).

3 Isaac Williams, *The Baptistery, Or the Way of Eternal Life* (Oxford, 1842), t. 193.

4 Am drafodaeth ar yr egwyddorion hyn, gweler Augustus Welby Pugin, *Contrasts, or a parallel between the noble edifices of the Middle Ages and corresponding buildings of the present day* (London, 1841).

5 W.B. Jones and E.A. Freeman, *The History and Antiquities of St David's* (London, 1856).

6 Gweler J. Wyn Evans, 'Llewelyn Lewellin and the condition of St Davids',

yn *The Condition of Menevia*, rhifyn arbennig o'r *Journal of Religious History, Literature and Culture*, ed. Jonathan Wooding and J. Wyn Evans, 9 (2023), 111–30.

7 'The Mountain Home' (1826); dyfynnwyd yn Owain W. Jones, *Isaac Williams and his Circle* (London: SPCK, 1971), t. 5.

8 Gweler Kirstie Blair, *Form and Faith in Victorian Poetry and Religion* (Oxford: Oxford University Press, 2012), tt. 73–80.

9 Isaac Williams, *The Cathedral, or the Catholic and Apostolic Church in England* (Oxford, 1838), tt. 210–11.

10 Isaac Williams, *A Sermon Preached at the Consecration of the Church of Llangorwen in the Diocese of St Davids* (Aberystwyth, 1841), t. 9.

11 Gweler pennod 2 uchod, tt. 21-36.

12 Adeiladodd Eglwys Pedr Sant, Elerch, yn nes ymlaen, ac yno y claddwyd ef. Cymraeg oedd iaith y gwasanaethau yn y ddwy eglwys. Mynnodd fod y dynion yn eistedd ar un ochr a'r merched ar yr ochr arall, a dysgodd y gynulleidfa i lafarganu tonau Gregoraidd. Bu fy nhad yn ficer Elerch yn yr 1950au, a'r un oedd y drefn y pryd hynny.

13 Gweler Gerald Morgan, 'Gweision eglwysig distadl: Y ddau Lewis Evans', *Y Traethodydd*, 742 (2024), 226–32.

5

E. Wyn James

DEWI O DDYFED A CHLERIGWYR SWYDD EFROG

Datblygiad hynod bwysig yn hanes y Gymraeg a'i diwylliant oedd ymddangosiad cnwd o glerigwyr gwlatgar yn hanner cyntaf y bedwaredd ganrif ar bymtheg, y rhoddodd R.T. Jenkins yr enw 'yr hen bersoniaid llengar' arnynt. 'Amhosibl rhoi gormod pwys ar y gwaith a wnaeth yr ysgol hon', meddai.[1] Yr oedd iddynt ran allweddol yn y deffroad cenedlaethol a diwylliannol a oedd ar droed yng Nghymru o tua 1818 ymlaen.[2] Gweithient yn galed i hybu diddordeb yn hanes Cymru ac mewn hynafiaethau ac i hyrwyddo'r mudiad eisteddfodol a'r bywyd diwylliannol Cymraeg yn gyffredinol, gan geisio eu gorau hefyd i Gymreigio'r Eglwys Sefydledig yng Nghymru.

Rhai o'r enwau amlycaf ymhlith y to cyntaf ohonynt yw Thomas Richards, Darowen; Walter Davies 'Gwallter Mechain'; John Jenkins 'Ifor Ceri'; W.J. Rees, Casgob; a Thomas Price 'Carnhuanawc' y rhoddwyd sylw iddynt eisoes yn y gyfres o sgyrsiau ac yng nghyfrolau *Gofal ein Gwinllan*. Ond cyfrannodd nifer o hen bersoniaid llengar eraill yn arwyddocaol i ddiwylliant Cymru ymhell i mewn i'r bedwaredd ganrif ar bymtheg. Fel y dywedodd R.T. Jenkins yn 1933, 'Yr offeiriaid [llengar] hyn sy'n pontio rhwng Morusiaid Môn a Gwyneddigion Llundain ar y naill law, ac ysgolheictod Rhydychen a Phrifysgol Cymru yn ein hoes ni. Bu Daniel Silvan Evans (1818–1903), y diwethaf ohonynt, fyw i dderbyn Doethuraeth gan Brifysgol Cymru, a'r areithiwr ar ddydd ei urddo oedd John Rhys (1840–1915), [Athro Celteg cyntaf Prifysgol Rhydychen], blaenor yr ysgol newydd.'[3]

Yn annisgwyl, braidd, bu nifer o'r rhai y gellid eu hystyried yn ail do'r hen bersoniaid llengar yn byw yn lled agos at ei gilydd yn Swydd Efrog, gan ymffurfio'n gymdeithas a elwid yn Gymdeithas y Clerigwyr o Gymru yng Ngorllewin Swydd Efrog ('The Association of Welsh Clergy in the West Riding of the County of York'). Datblygodd y gymdeithas honno allan o gyfarfodydd blynyddol y dechreuwyd eu cynnal yn 1821 i ddathlu Gŵyl Ddewi, ond fel y gwelwn, tyfodd y gymdeithas maes o law yn grŵp pwyso egnïol a geisiai hyrwyddo'r Gymraeg ym mhob agwedd ar fywyd Cymru, ac yn arbennig yn yr Eglwys Wladol.

Mae dod ynghyd i ddathlu Gŵyl Ddewi yn arfer cyffredin iawn ar draws y canrifoedd, wrth gwrs, a hynny nid yn unig yng Nghymru ond gan Gymry alltud ymhell ac agos.[4] Cynhaliodd y clerigwyr o Gymru yn Swydd Efrog y cyntaf o'u dathliadau Gŵyl Ddewi blynyddol yn Bramley ym mhlwyf Leeds, yn y persondy yr oedd Robert Humphreys

(1777–1830), ieithydd a hynafiaethydd a oedd yn frodor o Lanbeblig yn Sir Gaernarfon ac yn raddedig o Brifysgol Caer-grawnt, newydd ei godi yno. Yr un a awgrymodd gynnal y dathliad cychwynnol hwnnw yn 1821 oedd William Morgan (1782–1858), a oedd yn enedigol o Grucadarn (rhwng Talgarth a Llanfair-ym-Muallt yn Sir Frycheiniog). Ar ôl bod yn gurad ym Mochrwyd yn Sir Faesyfed ac yn Wellington yn Swydd Amwythig (lle y cyfarfu â Patrick Brontë, a oedd hefyd yn gurad yno ar y pryd), daeth i Swydd Efrog yn 1812, i Bierley, ychydig i'r de o Bradford, gan symud i Bradford yn 1815. Cynhaliwyd dathliad Gŵyl Ddewi nesaf y clerigwyr yn 1822 yng nghartref William Morgan yn Bradford.

Charlotte Brontë (1816-1855)

William Morgan yw'r mwyaf adnabyddus o blith y clerigwyr hyn erbyn heddiw oherwydd ei gysylltiad agos â theulu Brontë. Yr oedd yn perthyn iddynt trwy briodas. Ef a fedyddiodd y tair chwaer enwog, Charlotte, Emily ac Anne Brontë. Ef hefyd a weinyddodd ym mhriodas eu rhieni, Patrick Brontë a Maria Branwell, ar 29 Rhagfyr 1812 yn Guiseley, ger Bradford; a Patrick Brontë a weinyddodd ym mhriodas William Morgan a Jane Fennell, cyfnither Maria Branwell, yn yr un gwasanaeth priodas.[5] Yn wladgarwr Cymreig brwd a gredai fod 'British Church and British Bishops long before Pope Gregory sent his Monks to convert the Anglo-Saxons', perthynai William Morgan i adain efengylaidd yr Eglwys Anglicanaidd, ac er yn geidwadol ei wleidyddiaeth, cefnogai'r mudiad i ddiwygio amodau'r gweithwyr yn y ffatrïoedd.[6]

Ond un a oedd yn bwysicach na William Morgan yng nghyd-destun y gymdeithas oedd Lewis Jones (1793–1866), brodor o Lanfihangel Genau'r-glyn (Llandre) yng ngogledd Sir Aberteifi, a addysgwyd yn Ysgol Ystradmeurig. Wedi cyfnod yn athro mewn ysgol ramadeg yn Clitheroe yn Swydd Gaerhirfryn, aeth yn gurad i Almondbury, ychydig i'r de o Huddersfield, yn 1822, gan aros yno (yn ficer o 1823 ymlaen) hyd ei farw. Yr oedd Almondbury yn blwyf eang iawn (tua 30,000 erw o ran maint) ac yr oedd ei boblogaeth yn cynyddu'n gyflym oherwydd twf diwydiant, a'r melinau gwlân a chotwm yn fwyaf arbennig. Yn 1822, pan aeth Lewis Jones yno, 24,000 oedd poblogaeth y plwyf, ond cododd i 30,000 erbyn 1831, ac i 37,000 yn 1841. Perthyn i adain efengylaidd yr Eglwys Wladol yr oedd Lewis Jones, yntau, ac aeth ati'n selog i godi eglwysi a sefydlu ysgolion yn ei blwyf. Yn ystod ei gyfnod yno codwyd pymtheg o eglwysi newydd at y pedair a oedd yn y plwyf yn barod ac agorwyd ugain o ysgoldai.[7] Nid rhyfedd iddo gael ei lysenwi'n 'Church-Building Parson'!

Yr oedd Lewis Jones, yntau, yn wladgarwr twymgalon. Ef, i raddau, oedd angor y gymdeithas o'r dechreuadau yn yr 1820au hyd at ddiwedd y gymdeithas i bob pwrpas yn yr 1850au. Ac ef, yn sicr, oedd yn uniongyrchol gyfrifol fod cynifer o glerigwyr o Gymru yn y rhan hon o Swydd Efrog yn y cyfnod dan sylw, oherwydd yr oedd ganddo'r hawl i benodi clerigwyr i wasanaethu yn yr eglwysi a godwyd ganddo, a byddai'n penodi clerigwyr o Gymru i'r bywoliaethau newydd hynny, a'r rheini hefyd, fel ef ei hun, yn perthyn i adain efengylaidd yr Eglwys Wladol. A dyna oedd yn wir yn gyffredinol am aelodau'r gymdeithas, ac nid yn unig y rhai a benodwyd gan Lewis Jones, sef eu bod yn wladgarwyr pybyr a oedd hefyd yn efengylaidd eu hargyhoeddiadau.

Yr oedd nifer o'r clerigwyr hyn yn dod o Sir Aberteifi a gogledd Sir Benfro, ardaloedd lle yr oedd nifer arwyddocaol o glerigwyr Methodistaidd eu hysbryd wedi aros yn driw i'r Eglwys Wladol wedi i'r Methodistiaid Calfinaidd ordeinio eu gweinidogion eu hunain yn 1811. Ar lawer cyfrif, byddai'n iawn ystyried clerigwyr Swydd Efrog yn etifeddion i'r traddodiad Methodistaidd oddi mewn i'r Eglwys Sefydledig, yn ogystal â bod yn rhyw fath o ail do o'r hen bersoniaid llengar.[8] Enghraifft dda o hyn yw David Jenkins (1787–1854). Ganed ef yn fferm Pencastell, sydd yn agos i gapel Llwynpiod ym mhlwyf Llanbadarn Odwyn. Yr oedd ei dad yn un o wrandawyr cyson y pregethwr grymus Daniel Rowland, prif arweinydd y genhedlaeth gyntaf o Fethodistiaid Cymru. Bu Jenkins yn ddisgybl yn Ysgol Ystradmeurig ac am rai blynyddoedd yn diwtor yn y Clasuron mewn ysgol yn Chelsea, cyn symud i Swydd Efrog yn 1810. Bu'n gurad yn Dewsbury, i'r de o Leeds, rhwng 1810 ac 1812, gan gydweithio'n agos tra oedd yno â Patrick Brontë, cyn symud i Pudsey (rhwng Leeds a Bradford) yn 1812, lle yr arhosodd weddill ei fywyd.

Yr oedd David Jenkins yn bresennol yn y dathliad Gŵyl Ddewi cyntaf un yn Bramley yn 1821, a byddai'n aelod ffyddlon o'r gymdeithas hyd ei fedd. Yr oedd ganddo frawd iau o'r enw Evan, a fu hefyd yn glerigwr, ond ym Mrwsel yn ei achos ef. Aeth Evan Jenkins (1794–1849) i Ysgol Ystradmeurig. Graddiodd o Brifysgol Caer-grawnt yn 1822, gan fynd yn fuan wedyn i Frwsel, lle y daeth yn 1835 yn gaplan i'r Brenin Leopold I, ewythr hoff y Frenhines Victoria a'i gŵr, Albert. Fel ei frawd David, daeth Evan yn gyfeillgar â theulu Brontë, ac ymddengys i gymeriadau yn nofel Charlotte Brontë, *Villette* (1853), gael eu seilio arno ef a'i fab, Edward.[9]

Wrth adrodd am farwolaeth David Jenkins wrth y cwmni o glerigwyr a ddaeth ynghyd i gartref William Hughes (1801/2–1858), Popeley House yn Liversedge (rhwng Huddersfield a Leeds), adeg Gŵyl Ddewi 1855, nodwyd iddo ddweud wrth un o aelodau'r pwyllgor ar ei ymweliad olaf ag ef: 'Christ is my Saviour, the atonement made is inconceivable – I depend upon His righteousness, His robe alone can cover me – His atonement is ample to satisfy my sins.' Ac yna, wrth droi i sôn am Gymru, dywedodd y byddai'n hoffi ei gweld unwaith yn rhagor. 'My heart is there', meddai; 'I should like to die in my own country, and there to be buried.' Ac wedi dweud hynny, meddai'r adroddiad, fe'i trechwyd gan ei deimladau.

Os Lewis Jones oedd angor y gymdeithas, a hynny dros gyfnod o tua deugain mlynedd, mae rhywun yn synhwyro mai'r 'arian byw' uwchlaw neb, efallai, oedd David James 'Dewi o Ddyfed' (1803–71)—'un o wladgarwyr gorau'r ganrif', chwedl R.T. Jenkins—er mai mynd a dod fu ei hanes, gan iddo dreulio cyfnodau yng Nghymru a Lerpwl yn ogystal ag yn Swydd Efrog yn ystod ei fywyd. Yr oedd hynny'n wir hefyd am nifer o aelodau eraill y gymdeithas oherwydd er i rai ohonynt aros yn Swydd Efrog am gyfnod hir—eu holl oes bron yn achos rhai fel Lewis Jones a David Jenkins—yno am gyfnodau byrrach fu hanes sawl un ohonynt, gan dreulio cyfnodau yn ôl yng Nghymru neu mewn mannau eraill yn Lloegr.

Mae'n werth pwysleisio hefyd fod nifer o'r clerigwyr hyn yn ymweld yn gyson â Chymru. Yr oedd sawl eisteddfodwr pybyr yn eu plith a deuent i Gymru i fynychu eisteddfodau. Yr oedd hynny'n wir am Ddewi o Ddyfed, ac yr oedd yn wir hefyd am ei frawd iau, Thomas James 'Llallawg' (1817–79),[10] a gyflwynwyd gan Lewis Jones i fywoliaeth Netherlong yn

Almondbury yn 1846 ac a arhosodd yno hyd ei farw. Yr oedd Llallawg yn eisteddfodwr selog iawn, a bu ganddo ran amlwg yn yr eisteddfod hynod honno a gynhaliwyd yn Llangollen yn 1858—eisteddfod yr arweiniodd yr adwaith yn erbyn rhai agweddau arni at sefydlu trefn a phatrwm yr Eisteddfod Genedlaethol fodern a gynhaliwyd am y tro cyntaf yn Aberdâr yn 1861. Yn Eisteddfod Fawr Llangollen yn 1858 y gwelwyd aelodau Gorsedd Beirdd Ynys Prydain mewn gwisgoedd derwyddol gwyn, glas a gwyrdd am y tro cyntaf, a hynny ar argymhelliad yr Ucheleglwyswr, John Williams 'Ab Ithel', rheithor Llanymawddwy.

Eisteddfodwr pybyr arall, ac un a fu hefyd yn amlwg iawn yn Eisteddfod Fawr Llangollen—yn gyd-drefnydd gydag Ab Ithel—oedd Joseph Hughes 'Carn Ingli' (1803–63), a fu'n offeiriad yn Lockwood rhwng 1830 ac 1837 ac yna (wedi ysbaid fer yn Lerpwl) yn Meltham rhwng 1838 ac 1863, dwy eglwys dan nawdd Lewis Jones, Almondbury.[11] Fel yr awgryma ei enw barddol, un o Sir Benfro oedd Carn Ingli (fel Llallawg, yntau), a bu'n ysgrifennydd ac yn fardd swyddogol cymdeithas clerigwyr Swydd Efrog am flynyddoedd lawer. Urddwyd Carn Ingli a Llallawg i Orsedd y Beirdd yn Aberffraw yn 1849 mewn seremoni a arweiniwyd gan frawd Llallawg, Dewi o Ddyfed, a weithredai fel y bardd gweinyddol.[12]

Ficerdy Almondbury tua 1870

Ganed Dewi a'i frawd Llallawg ym Maenordeifi yng ngogledd Sir Benfro, plwyf y bu dau amlwg o blith yr hen bersoniaid llengar yn gwasanaethu ynddo yn eu tro, sef Ifor Ceri yn 1806–7 a John Blackwell 'Alun' rhwng 1833 ac 1840. Bu Dewi o Ddyfed a'i gyfaill, Carn Ingli, yn gyd-ddisgyblion yn Ysgol Ramadeg Aberteifi ac yna yn Ysgol Ystradmeurig. Wedyn, ar ôl cyfnod yn gurad yn Sir Benfro rhwng 1826 ac 1829, aeth Dewi yn gurad at Lewis Jones i Almondbury, gan symud yn 1836 i fod yn offeiriad yn Kirkdale, Lerpwl. Y flwyddyn wedyn yr oedd Dewi ymhlith sefydlwyr y 'Society for the Publication of Ancient Welsh Manuscripts', sy'n tanlinellu'r ffaith ei fod yn symud yng nghylchoedd Arglwyddes Llanofer a Chymreigyddion Y Fenni.

Penodwyd Dewi yn brifathro Coleg Llanymddyfri yn 1853. Yr oedd dau arall yn y ras, a'r ddau yn raddedigion o Brifysgol Rhydychen. Yr oedd y panel penodi yn rhanedig, a dywedir i Ddewi gael ei ddewis trwy bleidlais Arglwyddes Llanofer. Er iddo gael ei ethol yn gymrawd o'r 'Society of Antiquaries', a derbyn graddau MA gan archesgob Caer-gaint yn 1849 a PhD o Brifysgol Heidelberg yn 1853, bu cwestiynu cyhoeddus ynghylch ei gymhwyster ar gyfer y swydd, gyda rhai'n dadlau iddo gael ei benodi oherwydd ei frwdfrydedd dros y Gymraeg yn hytrach nag am resymau academaidd. O'i ochr ef, daeth Dewi i'r casgliad mai bod yn offeiriad plwyf oedd ei wir alwedigaeth a'i ddymuniad. Yn ganlyniad, ymddiswyddodd yn 1854 a dychwelyd i Swydd Efrog, i Marsden (rhwng Huddersfield ac Oldham), cyn symud yn 1856 i Bant-teg, ger Pont-y-pŵl yn Sir Fynwy, lle yr arhosodd hyd ei farw yn 1871. Er mor amlwg oedd Dewi fel ffigur cyhoeddus yn ystod ei fywyd, ni chyhoeddodd lawer, ac yn rhannol oherwydd hynny, mae wedi mynd yn angof i raddau helaeth (fel gweddill ei gyd-glerigwyr yn Swydd Efrog o ran hynny). Ond yn ei ddydd yr oedd Dewi o Ddyfed yn areithiwr grymus, angerddol a diflewyn-ar-dafod, ac yn ddylanwadwr ac yn ysbrydolwr o bwys, nid yn annhebyg mewn llawer ffordd i Garnhuanawc o'i flaen.[13]

O 1821 hyd at ganol yr 1830au, rhyw fath o glwb cinio oedd dathliadau Gŵyl Ddewi'r clerigwyr hyn i bob diben, ond o 1835 ymlaen daeth yn fwy o grŵp pwyso, a gellid tybio mai'r un a fu'n fwy cyfrifol na neb am y datblygiad hwnnw oedd Dewi o Ddyfed. Ar 1 Mawrth 1835 drafftiodd Dewi ddeiseb hir ar ran ei gyd-glerigwyr i'w hanfon at Robert Peel, y prif weinidog, yn gofyn am benodi esgobion yng Nghymru a oedd yn medru'r Gymraeg. Ynddi, mae'n olrhain hanes

Cristnogaeth yng Nghymru dros y canrifoedd o'r cyfnod cynharaf, cyn bod y Saeson yn cyrraedd, gan gwyno bod y 'just and patriotic Policy' a fabwysiadwyd gan y Frenhines Elizabeth I, 'to the incalculable benefit of the Country [...] of giving to Wales Welsh Diocesans', wedi ei ddisodli o gyfnod y Frenhines Anne ymlaen gan yr arfer cyffredinol o benodi esgobion di-Gymraeg i esgobaethau yng Nghymru. A fyddai pobl Lloegr wedi bod yn barod i ddioddef sefyllfa lle y penodid pobl anghyfiaith yn esgobion yno, gofynnodd? Ond dyna'r sefyllfa yr oedd y Cymry wedi gorfod ei dioddef bellach ers 130 o flynyddoedd. Dadleuodd hefyd fod yr arfer hwnnw wedi cyfrannu'n sylweddol at dwf Ymneilltuaeth yng Nghymru. Yr oedd mesurau i ddiwygio Eglwys Loegr wrthi'n cael eu hystyried gan y Senedd ar y pryd, ac mae Dewi yn gorffen y ddeiseb trwy apelio i ddarpariaeth gael ei chynnwys yn y mesurau hynny 'to secure in future the appointment of pious and approved Welsh Scholars to each of the Welsh Bishoprics'.

O hynny hyd at ganol yr 1850au byddai'r gymdeithas yn anfon yn rheolaidd ddeisebau di-rif ar y pwnc hwnnw a materion cysylltiedig at yr awdurdodau—at y prif weinidog, at Dŷ'r Cyffredin a Thŷ'r Arglwyddi, at archesgob Caer-gaint, ac yn y blaen—nes i'r awdurdodau hen flino, mae'n siŵr, ar eu derbyn. Symudodd Dewi o Ddyfed i Kirkdale, Lerpwl, yn 1836, ond daliodd i ymgyrchu'n frwd dros yr un materion a pharhau i fynychu'r cyfarfodydd blynyddol yn Swydd Efrog. Yn ystod ei gyfnod yn Lerpwl, gwelwn Dewi'n ymgyrchu yn erbyn uno esgobaethau Bangor a Llanelwy er mwyn creu esgobaeth newydd ar gyfer Manceinion.[14] Soniodd mewn cinio yn Lerpwl i ddathlu Gŵyl Ddewi 1840 ei fod yn ystyried llunio deiseb yn gofyn am sefydlu cadeiriau Cymraeg ym Mhrifysgolion Rhydychen a Chaergrawnt, gan enwi'r naill ar ôl y Frenhines Victoria a'r llall ar ôl ei gŵr, Albert; anfonodd ddeiseb o'r fath yn enw Cymry Lerpwl at y Tywysog Albert yn niwedd 1841. Yn Awst 1840, wedyn, ysgrifennodd lythyr at Connop Thirlwall, a oedd wedi ei enwi'n ddarpar esgob Tyddewi, yn gofyn iddo beidio â derbyn y swydd am na fedrai'r Gymraeg. Dywed Dewi fod hanes y Pentecost yn Llyfr yr Actau yn dangos yn glir fod Duw am i bobl glywed yr efengyl yn eu hieithoedd hwy eu hunain, ac meddai, 'You, Sir, [should you accept a Welsh bishopric, would] contribute to perpetuate one of the grossest and most deadly abuses that ever a country endured.' Derbyn y swydd a wnaeth Thirlwall, ond aeth ati i ddysgu'r Gymraeg, a Dewi o Ddyfed a'i derbyniodd i'r Orsedd yn Abertawe yn 1863.

Mae'n werth ychwanegu fod Dewi o Ddyfed wedi ei daflu ei hun i mewn i fywyd diwylliannol Cymraeg Lerpwl yn ystod ei gyfnod yn Kirkdale (a Gymreigiwyd ganddo'n 'Llangwm'), a hynny ar draws ffiniau enwadol. Ef, er enghraifft, oedd un o drefnwyr Eisteddfod Gadeiriol y Gordofigion, eisteddfod fawreddog a gynhaliwyd yn y Royal Amphitheatre yn Lerpwl ym Mehefin 1840 pan enillodd Eben Fardd y gadair am ei awdl 'Cystuddiau, Amynedd, ac Adferiad Job'. Urddwyd Eben yn dderwydd ac yn fardd gan Ieuan Glan Geirionydd yn yr eisteddfod honno, ac urddwyd Dewi, yntau, yn yr un seremoni. Un arall a gystadlodd ar destun y gadair yn yr eisteddfod oedd y Methodist Calfinaidd a'r emynydd mawr, Pedr Fardd. Yr oedd yntau yn amlwg ym mywyd diwylliannol Cymraeg Lerpwl, a Dewi o Ddyfed a weinyddodd yn ei angladd yn 1845.[15]

Cododd ton o gydymdeimlad ymhlith pobl Cymru o blaid yr Hwngariaid yn eu gwrthryfel yn erbyn Ymerodraeth Awstria yn 1848. Yr oedd yr ymgyrchu hwn o blaid yr Hwngariaid yn garreg filltir arwyddocaol yn nhwf radicaliaeth a gwladgarwch ymhlith y Cymry hwythau. Un o arweinwyr amlycaf yr ymgyrchu o blaid Hwngari oedd Gwilym Hiraethog, a oedd er 1843 yn weinidog yn un o eglwysi'r Annibynwyr yn Lerpwl. Traddododd ef araith o blaid Hwngari mewn cyfarfod yn Nhachwedd 1849 a ddisgrifiwyd fel 'un o rai hynotaf Lerpwl', a diddorol gweld bod Dewi o Ddyfed, a oedd ar y llwyfan, wedi cynnig yn yr un cyfarfod 'ddiolch i Twrci am wrthod rhoi alltudion Hungary i fyny i Rwsia ac Awstria; ac eiliwyd gan y Parch. John Hughes, awdwr *Methodistiaeth Cymru*'.[16]

Dychwelodd Dewi i'r West Riding yn 1854, ac er ei fod wedi cadw cysylltiad agos â'r gymdeithas yno yn ystod blynyddoedd ei absenoldeb, fe'i gwelid yn awr yn ymdaflu o'r newydd i weithgareddau'r gymdeithas. Un datblygiad newydd rhwng 1852 ac 1856 oedd cyhoeddi adroddiadau swmpus o'r cyfarfodydd blynyddol. Symudodd Dewi i Sir Fynwy yn 1856, a thybed ai cyd-ddigwyddiad ydyw mai yn y flwyddyn honno y cyhoeddwyd yr olaf o'r adroddiadau hynny?

Yn Saesneg y lluniwyd yr adroddiadau cyhoeddedig, ac eithrio nifer o'r cerddi a gynhwyswyd ynddynt. Yr un patrwm oedd i weithgareddau eu cyfarfodydd blynyddol, ac felly i'r adroddiadau. Maent yn agor â rhagymadrodd yn dyrchafu gwladgarwch ac yn mynegi hiraeth am

Gymru. Yna ceir adroddiad sylweddol gan Garn Ingli, ysgrifennydd a bardd y gymdeithas, yn amlinellu'r hyn a oedd wedi digwydd yn ystod y flwyddyn a aeth heibio, a'r adroddiad hwnnw'n cael ei ragflaenu gan gerdd newydd ganddo. Yna troir at y cynigion ar gyfer deisebau. Cynhwysir areithiau'r cynigydd a'r eilydd o blaid eu deiseb, a nodir hefyd ymateb

Y Parchg David James 'Dewi o Ddyfed'

y gwrandawyr i'r areithiau hynny—sylwadau fel 'Laughter', 'Applause', ac yn y blaen. Yn dilyn hynny, mae pawb yn mynd i giniawa, ac yn yr adroddiadau manylir ar y llwncdestunau a gynigid yn ystod y gwledda.

Trafodwyd amrywiaeth o bynciau yn y cyfarfyddiadau. Er enghraifft, bu dadlau o blaid defnyddio'r Gymraeg mewn llysoedd barn; ond mae tri phrif bwnc yn cael sylw dro ar ôl tro—hyd at syrffed yn wir. Y cyntaf yw'r angen i'r esgobion yng Nghymru fedru'r Gymraeg, a'r angen hefyd i benodi siaradwyr Cymraeg i'r swyddi oddi tanynt, ac yn y trafodaethau nodir nifer o enghreifftiau, doniol o drist, o offeiriaid a oedd ymhell o fod yn rhugl eu Cymraeg yn ceisio darllen Cymraeg. Mewn un achos, yn lle 'Henffych well, Brenin yr Iddewon' (Marc 15:18), yr hyn a gafwyd oedd 'Hen fuwch wellt, Brenin yr Iwerddon'; a thro arall, yr hyn a glywyd yn hytrach na 'daear ac wybren hefyd' yn yr ymadrodd 'Ymddyrcha, O! Dduw'r nef, uwchben daear ac wybren hefyd', oedd 'dau iâr ac wŷ'r brân hefyd'. Pwysleisiai'r clerigwyr yn gyson hawl y Cymry i dderbyn y weinidogaeth yn eu hiaith eu hunain. Yr oedd llawer o sôn gan radicaliaid y cyfnod am 'inalienable rights' yr unigolyn, ond yn ddiddorol iawn, gwelwn Llallawg yng nghyfarfod blynyddol y clerigwyr yn 1854 yn sôn am 'hawliau diymwad' cenedl. Gofynnodd, 'How long was the existence of the Welsh language to be ignored by the English government, the inalienable rights of the Welsh nation disregarded?' 'Cultural nationalism was now developing a political cutting edge', meddai R. Tudur Jones am sylwadau o'r fath. Ym marn clerigwyr Swydd Efrog, 'patriotism is a Christian duty', a seiliwyd eu cred ynghylch 'the inalienable rights of the Welsh nation' ar y ffaith mai creadigaeth Duw yw cenhedloedd; neu, yng ngeiriau'r adroddiad o gyfarfod 1856, '[It is the] Most High, who has divided to the nations their inheritance, and given to each its own language. [Consequently] a difference of language will remain an essential in the Divine administration of human affairs, until the close of the Gospel dispensation.'[17]

Yr ail bwnc a gafodd sylw cyson oedd cyflwr truenus yr adeiladau eglwysig, am fod yr esgobion yn penodi cyfeillion a pherthnasau i swyddi a bywoliaethau, a'r rheini'n cadw'r incwm yn lle ei fuddsoddi yn y plwyfi. Meddai Llallawg yn 1852: 'Anglo-Welsh bishops disposed of the best benefices in their patronage [to friends and relatives], with Welsh clergy treated as a set of "cart horses", to do the work, whilst aliens received their revenues, and did nothing.' Ac yn yr eglwysi cadeiriol yr oedd pethau ar eu gwaethaf, meddid. Dywed adroddiad 1854, er enghraifft, fod y 'cathedral institutions' yn 'nurseries of a cold and formal religion [and] the "feather beds" of the privileged and indolent'.

Y trydydd pwnc sy'n cael sylw cyson oedd yr angen am wella addysg yng Nghymru yn gyffredinol, o ran cynyddu nifer yr ysgolion ac o ran y defnydd o'r Gymraeg ynddynt. Dadleuwyd yn frwd dros sefydlu prifysgol i Gymru, a honno'n un ffederal, gan ddefnyddio Coleg Llanbedr Pont Steffan, Coleg Llanymddyfri, Coleg Crist Aberhonddu a'r ysgolion gramadeg gwaddoledig yn sefydliadau ar gyfer cyfrannu'r addysg uwch honno, fel bod pawb ar hyd a lled y wlad yn medru fforddio addysg brifysgol, yn lle gorfod talu costau preswyl. Dadleuwyd hefyd y dylid cynnig addysg brifysgol 'on broad and liberal principles', hynny yw (ac yn wahanol i brifysgolion Rhydychen, Caer-grawnt a Durham ar y pryd) darparu addysg ar gyfer pawb, gan gynnwys Anghydffurfwyr. Ac mae hynny'n cyd-fynd ag agweddau cadarnhaol cyffredinol y clerigwyr alltud hyn tuag at Anghydffurfwyr, a thuag at y Methodistiaid yn enwedig, oherwydd er eu bod yn gresynu at dwf Anghydffurfiaeth ac at ymadawiad y Methodistiaid i ffurfio enwad ar wahân, fe'u cawn yn dweud yn gyson eu bod yn deall paham yr oedd serch y Cymry tuag at yr Hen Fam wedi oeri, a beient yr awdurdodau eglwysig estron am hynny. Yr oedd y Methodistiaid a drowyd allan gan yr awdurdodau eglwysig yn y ddeunawfed ganrif yn 'zealous champions of the truth', a dyna paham, meddent, y trowyd hwy allan o'r Eglwys.

Dylid ychwanegu un peth arall. Yr hyn a welwn yn gyson yn eu deisebau, eu hadroddiadau a'u cyhoeddiadau eraill, yw fod y clerigwyr hyn yn cofleidio'n frwdfrydig y gred y gwelwn ei mynegi yn neiseb Dewi o Ddyfed at Robert Peel yn 1835, sef fod yr Eglwys yng Nghymru yn un Brotestannaidd bur a Chymraeg yn ei gwreiddiau, fod y Goncwest Normanaidd wedi gorfodi eglwys Seisnig, Babyddol ar y Cymry, a hynny wedi arwain at ganrifoedd o dywyllwch ysbrydol cymharol nes i deulu o dras Cymreig, y Tuduriaid, feddiannu coron Llundain, prif goron Ynys Prydain, ac yn enwedig wedi i oes aur wawrio o dan y Frenhines Elizabeth, pan welwyd nid yn unig adfer Protestaniaeth, ond hefyd gyfieithu'r Beibl a'r Llyfr Gweddi Gyffredin i'r Gymraeg a gwneud y Gymraeg yn iaith swyddogol addoliad yn y llannau. Dyna'r sefyllfa euraid a fyddai'n parhau hyd at gyfnod y Frenhines Anne a'r dirywiad mawr a welwyd wedyn yn ystod teyrnasiad yr Hanoferiaid. Ond y gobaith yn awr oedd eu bod ar drothwy oes aur newydd yn ystod teyrnasiad y Frenhines Victoria, oherwydd, meddai Lewis Jones yn ei lwncdestun iddi adeg Gŵyl Ddewi 1853, 'the blood of [the] Welsh princes [flows] copiously and warmly in the veins of our gracious Queen'.

Bu'r clerigwyr o Gymru yn y West Riding wrthi am ddegawdau yn siarad yn blaen iawn, ac yn angerddol iawn, o blaid Cymru ac yn erbyn y sefydliad Eglwysig, a hynny'n rhannol am eu bod y tu allan i Gymru a heb fod yn atebol i esgobion Cymru. Cawsant eu beirniadu'n llym gan rai am yr ymosodiadau a ddeuai o bellteroedd Swydd Efrog, a'u beirniadu hefyd am fod mor ymosodol ac mor bersonol, gan eu bod yn barod i enwi unigolion a sefyllfaoedd penodol. Ond ymateb y clerigwyr oedd fod ffeithiau'n bwysig, ac er nad oeddynt yn byw yng Nghymru, eu bod yn byw yn hen diriogaethau'r Cymry yng ngogledd Lloegr.

Buont yn hynod ddiwyd a llafar. Mae 'dyfal donc' yn ymadrodd sy'n dod i'r meddwl. Ond anodd yw dweud faint yn union o effaith a gafodd eu hymgyrchu brwd ac angerddol. Ymddengys mai anwybyddu eu deisebu cyson a wnaeth yr awdurdodau ac enynnodd eu beirniadu diflewyn ymateb chwyrn o sawl cyfeiriad, gan greu tipyn o begynu barn. Fe'u galwyd, er enghraifft, yn 'Yorkshire Welsh College of Censors' ac yn 'Yorkshire Welsh Inquisition', a'u cymharu â'r 'many Welsh hares who ran mad in March'.[18] Eto, gallwn eu hystyried yn rhai a fraenarodd y tir ar gyfer newidiadau er gwell. Er na ddigwyddodd hynny yn ystod eu cyfnod hwy, ymhen ychydig wedyn penodwyd esgob Cymraeg yn 1870, am y tro cyntaf er 1715; gwelwyd sefydlu coleg yn Aberystwyth yn 1872 a Phrifysgol Cymru ffederal cyn diwedd y ganrif. Trwy'r cyfan, arhosent yn ddiwyro yn eu teyrngarwch i'r Eglwys Anglicanaidd, a'u gobaith oedd y byddai'r Anghydffurfwyr a'r Methodistiaid yn dychwelyd at yr Hen Fam yn sgil y diwygiadau yr ymgyrchent mor egnïol drostynt. Yr eironi yw fod eu beirniadaethau wedi darparu bwledi ar gyfer y rheini a oedd am bortreadu'r Eglwys fel 'Hen Estrones' yn y gwrthdaro a fyddai'n arwain yn y pen draw at ddatgysylltu'r Eglwys yng Nghymru yn 1920. Ond yn hytrach na gorffen ar nodyn negyddol, mwy priodol terfynu gyda'r datganiad hwn gan yr hanesydd blaenllaw a'r Annibynnwr cadarn ei argyhoeddiadau, R. Tudur Jones, na fyddai am eiliad wedi cytuno ag eglwysyddiaeth Anglicanaidd clerigwyr y West Riding: 'Y mae angen rhoi lle anrhydeddus [...] i Glerigwyr Cymraeg Sir Gaerefrog yn nhyfiant yr ymwybod cenedlaethol modern yng Nghymru.'[19]

DARLLEN PELLACH

Joseph Bradney, 'The Association of Welsh Clergy in the West Riding of the County of York', *The Journal of the Welsh Bibliographical Society*, 3 (1925–31), 243–53.

Roger L. Brown, *'Welsh Patriotism' and 'Justice to Wales': The Association of Welsh Clergy in the West Riding of Yorkshire* (Welshpool: Tair Eglwys Press, 2001).

Matthew C. Jones, ' "A true and patriotic band!": Welsh Anglican resistance to a colonial Victorian Church', *Church History*, 88:4 (December 2019), 953–77.

Joseph Morgan, *A Biography of the Reverend David James, M.A., Ph.D., F.S.A. (Dewi o Ddyfed)* (Pontypool: Hughes and Son, The Griffin Press, 1925).

O. Llew Owain, 'Cymdeithas Swydd Efrog ganrif yn ôl', *Y Traethodydd*, Ebrill 1950, 67–74.

O. Llew Owain, 'Carn Ingli a Thirlwall', *Y Traethodydd*, Hydref 1951, 175–84.

Gweler hefyd adroddiadau'r 'Association of Welsh Clergy' a gyhoeddwyd rhwng 1852 ac 1856. Ceir manylion amdanynt yn Huw Walters, *Llyfryddiaeth Cylchgronau Cymreig 1851–1900* (Aberystwyth: Llyfrgell Genedlaethol Cymru, 2003), tt. 24–5. Fe'u hargraffwyd gan James Rees, Castle Street, Caernarfon, cyhoeddwr y papurau rhyddfrydol, y *Carnarvon and Denbigh Herald* a'r *Herald Cymraeg*.

---

1 R.T. Jenkins, *Hanes Cymru yn y Bedwaredd Ganrif ar Bymtheg*: *Y Gyfrol Gyntaf (1789–1843)* (Caerdydd: Gwasg Prifysgol Cymru, 1933), t. 115.

2 Ar y deffroad hwn a rhan yr hen bersoniaid ynddo, gweler E. Wyn James, 'Calfin, Cymreigyddion a Brycheiniog', *Llên Cymru*, 38 (2015–16), 39–43.

3 Jenkins, *Hanes Cymru yn y Bedwaredd Ganrif ar Bymtheg*, t. 116.

4 Ar hyn, gweler Glanmor Williams, *Religion, Language, and Nationality in Wales* (Cardiff: University of Wales Press, 1979), pennod 5 ('The Tradition of St. David in Wales').

5 Gweler https://www.annebronte.org/2017/08/20/william-morgan-christenings-funerals-and-more/.

6 Gweler ei bamffledyn, *Remarks on a Tract* (Bradford, [1836]), t. 9, a'r cofnod 'William Morgan (1782–1858)' ar Wikipedia.

7 Gweler Charles Augustus Hulbert, *Annals of the Church and Parish of Almondbury, Yorkshire* (London, 1882). Ceir fersiwn electronig o'r gyfrol ar wefan 'Huddersfield Exposed' https://huddersfield.exposed/book/2203. Yn ogystal â chyfeiriadau niferus at Lewis Jones, ceir yn y gyfrol hon gyfeiriadau at nifer o'r clerigwyr eraill o Gymru a fu'n gwasanaethu yn y

cylch. Brodor o Swydd Amwythig oedd Charles A. Hulbert (1804–88), a byddai'n mynychu cyfarfodydd y gymdeithas [t. 75]. Gweler hefyd Edward Royle, 'Religion and philanthropy', yn *Power in the Land: The Ramsdens and their Huddersfield Estate, 1542–1920*, ed. Edward Royle (Huddersfield: University of Huddersfield Press, 2020), tt. 127, 142; *idem*, 'Occupational structure and literacy in Almondbury in 1866', *Yorkshire Archaeological Journal*, 94:1 (2022), 167–180.

8 Gweler D. Eifion Evans, 'Yr Eglwys Wladol', yn *Gwŷr Llên y Bedwaredd Ganrif ar Bymtheg a'u Cefndir*, gol. Dyfnallt Morgan (Llandybïe: Llyfrau'r Dryw, 1968), tt. 130–3.

9 Ar y ddau frawd, gweler Monica Kendall, *Lies and the Brontës: The Quest for the Jenkins Family* (Bristol: SilverWood Books, 2021). Yn wahanol i David ac Evan, arhosodd eu chwaer, Mary, yn fferm Pencastell, gan briodi Moses Roderick, a ddaeth yn flaenor gyda'r Methodistiaid Calfinaidd yng nghapel Llwynpiod.

10 Yn ôl *Geiriadur Prifysgol Cymru*, gall 'llallog' olygu 'brawd, cyfaill, arglwydd (fel cyfarchiad)', 'anrhydedd, urddas', neu 'gefell; tebyg i efeilliad'. Credai rhai fel Carnhuanawc mai enw arall ar Fyrddin Wyllt oedd 'Llallog(an)'; gweler ei *Hanes Cymru* (1842), tt. 208–9.

11 Ar Garn Ingli a'r byd eisteddfodol, gweler Daniel Williams, *Hen Arweinwyr Eisteddfodau* (Dinbych: Llyfrau Pawb, 1944), tt. 16–18.

12 Yn 1836, pan oedd yn gurad yn Almondbury, cyhoeddodd Dewi o Ddyfed gyfrol yn dwyn y teitl *The Patriarchal Religion of Britain; or a Complete Manual of Ancient British Druidism*. Ynddi, mae'n dadlau (ar sail Genesis 10:1–5) fod Derwyddon Prydain, hynafiaid y Cymry, am eu bod yn disgyn oddi wrth Ascenas, mab Gomer, mab Jaffeth, mab Noa, wedi etifeddu ffurf ar y credoau crefyddol 'patriarchaidd' a arddelai Noa, ac felly, 'There being nothing in Druidism fundamentally opposed to Christianity, but every thing rather anticipative of it, the Druids who had hitherto sacrificed fowls and beasts to prefigure the Saviour's death and atonement, now laid aside these rites, embraced the Christian religion, and became its ministers' [t. 99]. Cyflwynodd Dewi y gyfrol i'r 'Ancient Order of Druids, in the West-Riding of the County of York', sef y clerigwyr Cymreig!

13 Gweler E. Wyn James, 'Thomas Price "Carnhuanawc": Cymreigydd, Celt, Cristion', yn *Gofal ein Gwinllan*, Cyfrol 2, gol. A. Cynfael Lake a D. Densil Morgan (Talybont: Y Lolfa, 2024), tt. 87–102.

14 Gweler, er enghraifft, *A Report of the Speeches Delivered at the Public Meeting of the Natives and Friends of the Principality of Wales, held at the Large Room, Welsh School, Russell Street, [Liverpool,] on Tuesday 2nd March, 1841* (Liverpool, 1841). Dewi o Ddyfed oedd yr areithiwr olaf yn y cyfarfod

protest hwnnw. Dywedir mai clerigwyr Swydd Efrog oedd y rhai cyntaf i godi eu llais yn erbyn y cynllun i uno esgobaethau Bangor a Llanelwy.

15 E. Wyn James, ' "Llawn llafur yw Llynlleifiad": Cyfrolau Pedr Fardd a'u hargraffwyr', yn *Dyddiau o Lawen Chwedl*, gol. John Gwynfor Jones (Lerpwl: Cyhoeddiadau Modern Cymreig, 2014), tt. 144, 152.

16 William Rees ('Gwilym Hiraethog'), *The State of Wales and Cydymdeimlad a'r Hungariaid*, ed. D.E. Jenkins (Denbigh: Llewelyn Jenkins, [1932]), t. 22. Gweler hefyd Marian Henry Jones, 'Wales and Hungary', *Trafodion Anrhydeddus Gymdeithas y Cymmrodorion*, Sesiwn 1968: Rhan 1 (1969), 7–27.

17 Robert Tudur Jones, 'Religion, nationality and state in Wales, 1840–90', yn *Religion, State and Ethnic Groups*, ed. Donal A. Kerr (Aldershot: Dartmouth Publishing Company, 1992), t. 270.

18 Roger L. Brown, *'Welsh Patriotism' and 'Justice to Wales': The Association of Welsh Clergy in the West Riding of Yorkshire* (Welshpool: Tair Eglwys Press, 2001), tt. 37, 43.

19 R. Tudur Jones, 'Yr eglwysi a'r iaith yn Oes Victoria', *Llên Cymru*, 19 (1996), 155. Gweler hefyd ei drafodaeth ar y clerigwyr hyn yn ei bennod 'Yr eglwysi a'r iaith Gymraeg yn y bedwaredd ganrif ar bymtheg', yn *'Gwnewch Bopeth yn Gymraeg': Yr Iaith Gymraeg a'i Pheuoedd 1801–1911*, gol. Geraint H. Jenkins (Caerdydd: Gwasg Prifysgol Cymru, 1999), tt. 217–19.

6

Jane Aaron

BRADWYR NEU ARWYR? JANE WILLIAMS 'YSGAFELL' A'R EGLWYS WLADOL YN OES Y LLYFRAU GLEISION

Un o'r rhai cyntaf i gyhoeddi beirniadaeth ar yr Adroddiad ar Addysg yng Nghymru (1847) oedd Jane Williams (1806–85) gyda'i phamffled *Artegall; or Remarks on the Reports of the Commissioners of Inquiry into the State of Education in Wales* (1848). Cyfleir ysbryd ymosodol y gwaith o'r cychwyn cyntaf trwy gyfrwng ei deitl. Enw arwr cerdd epig Edmund Spenser *The Faerie Queene* (1590–6) oedd 'Artegall'; portreadir ef yn y gerdd fel ymladdwr grymus dros gyfiawnder. Fel arysgrif ar dudalen blaen ei phamffled, dyfynnodd Jane Williams gwpled o bumed gyfrol y gerdd:

> 'Now take the right likewise,' said Artegall,
> 'And counterpoise the same with so much wrong.'[1]

Nid y tri dirprwywr, Jelinger C. Symons, R.R.W. Lingen a H.R. Vaughan Johnson, yn unig a aeth ati i gasglu tystiolaeth am ysgolion Cymru a chyflwyno 'cymaint o anwiredd' yn eu hadroddiad, yn ôl Jane Williams; cafwyd cymorth llawer o dystion a nifer o offeiriaid yr Eglwys Wladol yn eu plith. Ond eto, yn annhebyg i eraill a gododd eu llais ar y pryd yn erbyn casgliadau'r adroddiad, megis Ieuan Gwynedd yn ei *Vindication of the Educational and Moral Condition of Wales* (1848) neu R.J. Derfel, awdur y ddrama *Brad y Llyfrau Gleision* (1854), nid un o'r Anghydffurfwyr oedd Jane. Magwyd hi'n Eglwyswraig ac arhosodd yn driw i'r Eglwys Wladol trwy gydol ei hoes, ymhell ar ôl argyfwng Brad y Llyfrau Gleision. Nod y bennod hon yw trafod agwedd Jane Williams at ei heglwys a'i hoffeiriaid, nid yn unig yn *Artegall* ond hefyd yn rhai o'i gweithiau llai adnabyddus, megis y stori gyfres *Cambrian Tales* a gyhoeddodd mewn cylchgrawn Saesneg, *Ainsworth's Magazine*, yn 1849–50.

Ond pwy oedd Jane Williams? Er mwyn cael ateb llawn i'r cwestiwn hwnnw, rhaid troi at gyhoeddiadau Gwyneth Tyson Roberts (1943–2022), a dreuliodd ddegawdau olaf ei hoes yn ymchwilio'n ddiwyd i'w bywyd a'i gwaith. Y gyfrol gyntaf sy'n berthnasol i'r pwnc yw ei hastudiaeth o iaith ac effeithiau adroddiad 1847, sef *The Language of the Blue Books: The Perfect Instrument of Empire* (1998), cyfrol a ailargraffwyd yn 2011 o dan y teitl *The Language of the Blue Books: Wales and Colonial Prejudice*. Wrth iddi baratoi'r llyfr hwnnw, daeth Gwyneth yn ymwybodol iawn o ymateb pwysig Jane Williams i'r adroddiad. Aeth ymlaen i gyhoeddi nifer o erthyglau arni ynghyd â'r cofiant *Jane Williams, Ysgafell* (2020). Yna, ychydig wythnosau cyn iddi farw, danfonodd Gwyneth at Wasg Honno destun llawn a rhagymadrodd i gasgliad o ysgrifau gan Jane Williams, sy'n cynnwys *Artegall*, *Cambrian Tales*, a rhai o'i cherddi. Cyhoeddwyd y gyfrol *Cambrian Tales and Other Selected Writings* yn 2023. Ychydig iawn o sôn a fu am gyfraniad pwysig Jane Williams i ddiwylliant Cymru ganol y bedwaredd ganrif ar bymtheg cyn i Gwyneth ddechrau ar ei gwaith, ond erbyn heddiw mae gennym stôr gyfoethog o wybodaeth amdani, ac mae'r bennod hon yn ddibynnol iawn ar ei hymchwil.

Cafodd Jane Williams ei geni yn 1806, yn Chelsea yn Llundain, i Gymro Cymraeg o'r enw David Williams a briododd Eleanor Unwin, Saesnes o deulu cefnog. Clerc neu was sifil yn swyddfa'r Llynges oedd David Williams. Un o'i gyndeidiau oedd Henry Williams, perchennog fferm o'r enw Ysgafell yn Sir Drefaldwyn yn yr ail ganrif ar bymtheg. Bedyddiwr oedd ef a gwrthsafodd erledigaeth milwyr y Goron am flynyddoedd yn dilyn y Rhyfel Cartref, ond aelodau o'r Eglwys Wladol oedd teulu Jane Williams erbyn iddi hi gael ei geni, yr ail o wyth o blant. Cafodd addysg dda, ond yna ar ddechrau'r 1820au, a hithau erbyn hyn yn ei harddegau, collwyd etifeddiaeth ei mam yn dilyn argyfwng ariannol cyffredinol, a ffodd y teulu rhag eu dyledion yn waglaw yn ôl i Gymru, lle y bu rhaid i Jane chwilio am waith. Cafodd swydd fel nyrs plant gyda theulu ym mhentref Y Clas-ar-Wy ym Maesyfed. Ac yno, yn ddeunaw oed, cyhoeddodd ei chyfrol gyntaf, *Miscellaneous Poems*, wedi ei hariannu trwy gasglu tanysgrifwyr. Yr oedd hyn yn dipyn o gamp yn 1824—bod morwyn plant nid yn unig yn ymdopi â chwymp sydyn ei theulu o'r dosbarth canol i'r dosbarth gweithiol heb golli hyder, ond ei bod hefyd yn torri trwy ragfarnau ei hoes yn erbyn awduron benywaidd, a rhoi ei henw'n llawn ar dudalen blaen y gyfrol, heb guddio ei rhyw trwy ddefnyddio ffugenw na blaenlythrennau'n unig. Serch hynny, mae naws bruddglwyfus i rai o gerddi hunangyfeiriol y casgliad. '[H]ope of the world's happiness has flown', meddai yn y gerdd 'Sink Not, My Soul': 'Poverty appears / And want stands ready with her frightful train'. Ond mae'n cynnal ei hysbryd trwy roi ei ffydd yn y byd a ddaw:

> Yet sink not, the phantoms of to-day
> Shall never press the immortal spirit down;
> Remember this world's sorrows pass away
> And only make more bright thy Heavenly crown.[2]

Ni wyddom lawer amdani yn y blynyddoedd nesaf ond erbyn ail hanner yr 1830au yr oedd yn gweithio fel cymdeithes ('lady's companion') i foneddiges o'r enw Isabella Hughes yn Y Clas-ar-Wy. Yno daeth trobwynt arall pwysig yn ei hanes. Pan fu farw ei meistres yn 1845, gadawodd i Jane Williams yn ei hewyllys swm o ganpunt y flwyddyn—digon i fenyw sengl fyw arno'n annibynnol yr adeg honno. Yn ogystal, yn ystod yr amser y bu gydag Isabella, cyfarfu ag Augusta Hall 'Gwenynen Gwent', a thynnwyd hi i mewn i gylch Llanofer. Augusta Hall a dalodd am gyhoeddi cyfrolau nesaf Jane Williams, sef *Artegall*, ei hymateb i'r Llyfrau Gleision, a *The Literary Remains of the Reverend Thomas Price, Carnhuanawc* mewn dwy gyfrol (1854–5). A chylch Llanofer, y gymdeithas honno o feirdd, cerddorion, offeiriaid ac ysgolheigion a gasglodd Augusta Hall o'i chwmpas yn Llanofer, yw cyd-destun y stori gyfres *Cambrian Tales*.

Yn 1855, wedi marwolaeth ei rhieni, symudodd Jane yn ôl i Lundain, ac ni bu'n byw'n barhaol yng Nghymru wedyn, er y byddai'n ddychwelyd yn aml ac yn ymweld â Llanofer, ac yn parhau i ysgrifennu ar byncíau Cymreig. Cyhoeddodd *The Autobiography of Elizabeth Davis*, sef hanes bywyd y nyrs Betsi Cadwaladr, yn 1857; ei hail gasgliad o farddoniaeth, *Celtic Fables*, yn 1862; a *History of Wales Derived from Authentic Sources* yn 1869, cyfrol a ganmolwyd yn 1900 gan yr ynad heddwch Syr Daniel Lleufer Thomas, 'even to this day the best history of Wales in English'.[3]

Yn y bennod hon, fodd bynnag, canolbwyntir ar ymateb Jane Williams i'r Llyfrau Gleision fel yr amlygir ef yn *Artegall*, *Cambrian Tales*, a'i chofiant i Garnhuanawc. Yr oedd agwedd ei noddwraig, Augusta Hall, at yr iaith Gymraeg a phwysigrwydd ei chadw wedi ei amlygu cyn dyddiau'r Brad oherwydd enillodd 'Gwenynen Gwent' gystadleuaeth eisteddfodol gyda'i thraethawd 'Y Buddioldeb a Ddeillia oddiwrth Gadwedigaeth y Iaith Gymraeg a Dullwisgoedd Cymru' yn 1834. Dadl yr erthygl arobryn yw bod yr iaith Gymraeg yn fodd i gynnal gwladgarwch, moesoldeb a chrefydd ymhlith y Cymry, ac felly bod 'cadwedigaeth y Iaith honno yn galw am gydweithiad pob ewyllysiwr da idd ei wlad'.[4] Hawdd dirnad, felly, beth oedd ymateb cyffredinol cylch Llanofer i'r Llyfrau Gleision, a geisiai ddwyn perswâd ar y Cymry i gefnu ar eu hiaith trwy eu cyhuddo o bob anwareidd-dra: yn ôl awduron yr adroddiad—ac yn gwbl groes i syniadau Arglwyddes Llanofer—dim ond trwy ddysgu Saesneg ac anghofio'r famiaith y gallai'r Cymry ymuno â'r byd gwaraidd.

Jane Williams 'Ysgafell', tua 1870
Casgliad Portreadau Llyfrgell Genedlaethol Cymru

Gwnaethpwyd anghyfiawnder mawr â'r Cymry gan yr adroddiad, meddai Jane yn *Artegall*, a hynny o fwriad. Dadleuai mai'r nod a osodwyd o'r cychwyn i'r tri dirprwywr a luniodd yr adroddiad oedd nid creu darlun diduedd o'r sefyllfa yn ysgolion Cymru, ond dangos bod yn rhaid i bob plentyn yng Nghymru ddysgu Saesneg ar fyrder ac anghofio'r Gymraeg os am fyw'n waraidd. 'The Commissioners', meddai, 'were sent forth with instructions to make out a case, and they have diligently and faithfully laboured to accomplish it.'[5] Eu 'hachos', yn ôl *Artegall*, oedd helpu'r llywodraeth yn San Steffan i gael gwared â'r iaith Gymraeg, a oedd erbyn hyn, o'u safbwynt hwy, yn gwneud y Cymry'n anos i'w rheoli. Beiwyd terfysgoedd Beca, er enghraifft, ar yr iaith ac o'r herwydd ni allai'r milwyr a'r heddlu di-Gymraeg reoli'r sefyllfa. Yn adroddiad 1847, meddai, 'After multiplying and magnifying the mis-doings of the Welsh, the whole aggregate of imputed enormities is traced to one origin, their ignorance of the English language.'

Nid oedd y dirprwywyr yn ddiduedd, felly; yn hytrach, wrth ymweld ag ysgolion aethant ati yn fwriadol i holi cwestiynau dyrys iawn i'r plant: 'Some of the questions posed were certainly very puzzling. It is complained that "The children were very ignorant, and could not say what an angel is" (I. 363). Who can?'[6] Beiir hwy hefyd yn *Artegall* am y ffordd y bu iddynt drefnu'r dystiolaeth a gasglwyd gan greu camargraff trwy orbwysleisio yn eu prif benodau unrhyw dystiolaeth anffafriol yn erbyn y Cymry, a gwthio unrhyw farn ffafriol i'r atodiadau: 'they fictitiously theorize a national character out of the refuse dregs that have filtered through from its higher and better state. Every beautiful picture that intrudes is unfavourably hung in the sub-gallery of an Appendix ... Nothing bad is omitted.'[7]

Offeiriaid yr Eglwys Wladol oedd nifer o'r tystion, llawer ohonynt, yn ôl *Artegall*, yn dwyn camdystiolaeth yn erbyn y Cymry a mynnu bod canran uchel ohonynt yn anwybodus ac anfoesol. Caiff yr offeiriaid hynny eu beirniadu'n hallt. Cydweithiasant â'r dirprwywyr i ategu'r neges am safonau isel ysgolion Cymru am resymau hunanol, meddir; eu gobaith oedd y byddai adroddiad anffafriol yn gorfodi'r llywodraeth i gymryd cyfrifoldeb dros ysgolion Cymru gan arbed arian ac egni plwyfi Cymru a'u heglwysi:

> The majority of the witnesses had a direct personal interest in furthering the plan of the Commissioners. The landowners hoped to save their money, and the clergy and ministers their care and toil, by commending the schools to the proffered charge of the Executive Government, and therefore they endeavoured to give the worst possible account of the moral necessities of the people.[8]

Ond wrth ddisgrifio a beirniadu'r offeiriaid bradwrus, mae Jane yn rhoi pwyslais arbennig ar y ffaith nad Cymry oedd y clerigwyr a gafodd brif sylw'r dirprwywyr wrth iddynt lunio eu hadroddiad. Er enghraifft, 'Great importance is attached in this Report to the evidence of the Rev. R.H. Harrison of Builth':

> The closing sentence of his deposition is the following: "The above remarks on the intemperance of the people, and the number of the injurious effects of the public houses, apply to the Principality also" (II. 88). Mr Harrison is an Englishman; he was presented to the Perpetual Curacy of Builth in 26 September 1844, and consequently had resided there about two years at the period of his giving evidence (II. 87). He had no previous acquaintance with Wales ... His whole deposition, therefore, is impeachable on the grounds of his personal want of "knowledge and intelligence", and all consequences deduced from it by the Commissioner are nought.[9]

Wrth fanylu yn y modd hwn ar anwybodaeth y clerigwyr estron o'r wlad a'u hanallu, felly, i roi barn gywir, mae Jane Williams hefyd yn tynnu sylw at gasineb trefedigaethol rhai ohonynt at yr iaith Gymraeg. Mae'n dwrdio Jelinger G. Symons am roi cymaint o sylw yn ei adroddiad i'r sefyllfa yn Sir Frycheiniog i dystiolaeth un o erlidwyr mwyaf brwd yr iaith, 'the Rev. James Denning, Curate of St Mary's Brecknock':

> Mr. Denning exclaims: "I cannot too strongly express my opinion about the necessity of getting rid of the Welsh language. Banish the Welsh language, and Englishmen will come and reside here, and thus a healthy tone will be given to society" ... Mr Denning is an Anglo-Irishman, and has fully manifested his perfect incapability of "knowing and representing the feelings and circumstances of the people". Yet this man's deposition is a high authority, a treasury of citation, to Commissioner Symons![10]

Beio'r offeiriaid estron yng Nghymru am y brad y mae Jane yn *Artegall*; honna fod tystiolaeth y Cymry Cymraeg yn fwy ffafriol ond wedi ei halltudio a'i chuddio rhag y darllenwyr yn atodiadau'r adroddiad.

Hugh Hughes (1790–1863), 'Artegall, or the Whipping' 1848
Trwy ganiatâd Llyfrgell Genedlaethol Cymru

Un o nodweddion mwyaf trawiadol, a difyr, *Artegall* yw'r modd y mae Jane Williams hefyd yn beirniadu iaith ac arddull yr adroddiad. Er bod y dirprwywyr mor uchel eu cloch ynghylch Saesneg gwael plant ysgol Cymru, mae eu hiaith hwy eu hunain yn llawn gwallau, meddai. Wrth fanylu ar eu harddull lletchwith a chlogyrnaidd, mae Jane Williams yn ddidrugaredd; caiff ei phortreadu fel ysgolfeistres lem yn cosbi'r tri dirprwywr bach cyfeiliornus yng nghartŵn Hugh Hughes. Ond mynnir ymhellach fod yna reswm dros Saesneg gwael y dirprwywyr:

> One allowance, however, may be made for the faults of their style, apart from their want of taste and natural incapacity for literary composition. He who being thoroughly possessed of a truth gives it utterance in lively earnest, is always eloquent, always effective ... But he who has already determined to adopt a certain set of notions, and is really endeavouring at once to uphold the belief of his instructors and to establish his own belief in those notions, while ... he delivers them as absolute certainties to the people, cannot fail to betray by some doubtful gesture, some verbal hesitation, some equivocative or evasive expression, the natural feebleness and half-conscious imbecility of error.[11]

Mae'r dirprwywyr, felly, yn ôl y dyfarniad hwn, yn gwybod yn iawn eu bod yn creu adroddiad nad yw'n ddiduedd ond yn un sy'n fwriadol gamarweiniol er mwyn ateb dibenion eu meistri yn San Steffan, ac amlygir hynny yn lletchwithdod eu harddull.

Yn ddiddorol, cawn enghraifft o'r hunanfradychiad hwn yn nhystiolaeth un a oedd yn bresennol mewn dosbarth pan oedd un o'r comisiynwyr wrthi'n holi'r plant. Yng nghyfrol nesaf Jane Williams, sef *The Literary Remains of the Reverend Thomas Price, Carnhuanawc*, dyfynnir llythyr a ddanfonodd Carnhuanawc at y *Times* ym mis Chwefror 1848 ar ôl iddo yntau ddarllen adroddiad y comisiynwyr. Ym mis Ionawr 1847 aeth Jelinger Symons i ysgol Llanfihangel Cwm-du, a oedd o dan ofal Carnhuanawc, i gasglu tystiolaeth. Yn yr adroddiad, beirniadodd y disgyblion yn llym am eu hanwybodaeth, yn enwedig ynghylch ystyr gwyrthiau. Meddai Carnhuanawc: 'In speaking of the parish school under my superintendence, Mr Symons gives instances ... of the extreme ignorance of the children with regard to questions he put to them, especially as to the meaning of miracles.' Ond yr oedd Carnhuanawc yn bresennol yn y dosbarth ar y pryd, a dyma'i adroddiad ef o'r hyn a ddigwyddodd:

> When Mr Symons had put the question, 'What is a miracle?' and found that none of the children could answer it, he commenced a lecture upon their ignorance in a strain of severity which I considered not only out of his provision as a Commissioner, but rather more harsh than the case required; and I observed that I was not sure that I could answer that question myself. I then made an attempt, and said something about 'violating the laws of nature'. But, being conscious it was not the proper answer, I asked Mr Symons how he would explain it. He was silent for some time, and then, with much hesitation, and in an under tone, he assented, 'Yes', and repeated my words, 'violating the laws of nature', which, after all, was not the right definition. So that the question was not answered at all, either by the children, or by me, or by Mr Symons himself. Now I ask, is this a case to justify so prominent a charge of ignorance as that which appears in the report?[12]

Hynny yw, yr oedd y comisiynwyr yn gwybod yn iawn ei bod yn amhosibl rhoi ateb syml i gwestiynau fel 'Beth yw angel?' neu 'Beth yw gwyrth?' ond eto yn eu gofyn er mwyn gallu tystio wedyn bod y plant yn anwybodus.

Daw'r dyfyniad hwn o ail gyfrol y cofiant maith i Garnhuanawc. Er mai hi oedd awdur y cofiant, nid yw enw Jane Williams ar y clawr ond ar ddiwedd ei rhagair i'r gwaith rhoddir yr enw 'Jane Williams, Ysgafell'. Hwn oedd y tro cyntaf iddi ddefnyddio'r enw 'Ysgafell', ond mae'n ei gynnwys ar ôl ei henw bedydd ar ddalen blaen pob cyhoeddiad o hynny ymlaen. Yng nghyswllt ei pherthynas â'r Eglwys Wladol mae ei phenderfyniad yn yr 1850au i'w fabwysiadu yn un diddorol. Cofier mai Anghydffurfiwr brwd oedd ei hendad Henry Williams, perchennog Ysgafell, a phregethwr lleol y dylanwadwyd arno gan Vavasor Powell. Yn 1654, ef oedd un o lofnodwyr yr ysgrif 'A Word for God, or a Testimony on Truth's behalf', sef datganiad Powell yn erbyn gweithred Oliver Cromwell yn ei ddyrchafu ei hun yn Arglwydd Amddiffynnydd y Werinlywodraeth. Parhaodd Henry Williams i bregethu gyda'r Bedyddwyr a'r Annibynwyr ar ôl yr Adferiad ond erlidiwyd ef yn chwyrn am wneud, a dioddefodd sawl blwyddyn mewn carchar. Gellir meddwl ar ôl darllen *Artegall* bod Jane Williams, wrth fabwysiadu'r enw 'Ysgafell', am gyfleu agwedd negyddol tuag at yr Eglwys Wladol. Ond o ddarllen ei gwaith ar Garnhuanawc, daw'n amlwg fod ei safiad ef o blaid y Gymraeg yn yr Eglwys wedi gwneud argraff ddofn arni. Yn ei chofiant iddo mae'n cynnwys cerdd o'i gwaith ei hun, 'Lines on the Welsh Harp: "*Iaith enaid ar ei thannau*" ', sy'n frwd o blaid yr iaith a'r hunaniaeth Gymreig. Yr oedd Jane Williams wedi dysgu siarad a darllen yr iaith ar ôl iddi symud i Gymru gyda'i theulu yn yr 1820au, er na chyhoeddodd destun yn y Gymraeg erioed. Yn yr 1850au, wrth ychwanegu 'Ysgafell' at ei henw awdurol, mae'n tynnu sylw at ei thras a'i hunaniaeth ac yn tanlinellu'r ffaith ei bod yn dal i'w harddel er iddi symud yn ôl i Loegr i fyw. Arhosodd yn ffyddlon hefyd i'w heglwys er gwaethaf Brad y Llyfrau Gleision. Brwydro dros yr iaith y tu mewn i'r Eglwys a oedd yn bwysig iddi, fel i'w harwr Carnhuanawc, y dywedodd E. Wyn James amdano ei fod wedi aros 'yn deyrngar i'r Eglwys Wladol ar hyd ei oes, er gwaethaf y Seisnigrwydd a nodweddai'r Eglwys honno ar y pryd, yn enwedig ymhlith yr haenau uwch—yr esgyb Eingl a'u tylwyth.'[13]

Os am fwy o dystiolaeth ynghylch ymateb cadarnhaol Jane Williams i'r offeiriaid Cymraeg a'u safiad o blaid yr iaith a'r hunaniaeth Gymreig, nid oes ond eisiau troi at y gyfres ffuglennol a gyhoeddwyd ganddi yn *Ainsworth's Magazine* yn 1849, deunydd sydd newydd ei gyhoeddi fel nofel am y tro cyntaf yn y gyfrol *Cambrian Tales*. Nod y ffuglen yma hefyd yw amddiffyn y Cymry Cymraeg. Ynddi cyflwynir ni i griw o ymwelwyr o Loegr sydd wedi ymgasglu yn barti o westeion yng nghartref Lady Jefferys (hynny yw, Arglwyddes Llanofer), ym mhlasty dychmygol Nantmawr ym Mrycheiniog. Er mwyn iddynt ddod i ddeall mwy am Gymru a'i hanes, mae'r arglwyddes yn sicrhau eu bod yn cyfarfod â nifer o'i chyfeillion lleol, yn feirdd, haneswyr ac offeiriaid. Un noson cânt eu diddanu gan y Parchg Hugh Evans, dyn diymhongar o dras gwerinol sy'n sôn am ei gariad at ei wlad a'i iaith. Ar ôl iddo eu gadael, ceir y sgwrs ddilynol:

> "That parson seems to be a good-hearted fellow enough," said Captain Harold [Sais] to Miss Fitzaymon [Saesnes], "but a little self-conceited and opinionated as those underbred people are so apt to be ... He is

> a true Welshman: he is tedious, and talks skimble skamble stuff. Do not you think so?"
> "Indeed, indeed," interposed Lady Jefferys, earnestly and somewhat peevishly, "I think he is a very good and sensible man."
> "What a horrid provincial accent he has," said Mrs Brown [Saesnes], "and how very oddly and ignorantly he pronounces many easy words."
> "Pray, Mrs Brown," said Mrs Tudor [Cymraes], "spare criticism on the Welsh accent. We are all sensitive on that point, for that accent invariably adheres to those native of every class whose first words were uttered in their dear mother tongue."
> "His voice," said Lady Edith [Saesnes, ond un fwy hynaws na'r lleill], "is finely modulated, and rich in various intonations of strength and sweetness. Feeling thrills its every tone and lights his every feature. I am sure he is a good man. Why has he not the living of this Welsh place?"
> "Because it is mine," replied the English Archdeacon of Llandim with a sour smile, as he bowed a frigid good-night and made his exit.[14]

Dyma godi pwnc o bwys mawr i'r Eglwys yng Nghymru yn y bedwaredd ganrif ar bymtheg, sef nad oedd offeiriaid Cymraeg eu hiaith yn cael swyddi haeddiannol. Mae Lady Jefferys yn rhoi ei barn hi ar y mater yn syth ar ôl i'r archddiacon o Sais adael y cwmni:

> "Ah!" groaned Lady Jefferys, "it is the ill bestowment of Church patronage from the bishoprics down to the perpetual curacies which is cankering and destroying our Welsh Establishment!"
> "May we," inquired Mr Willoughby, "consider Mr Evans as a specimen of the Welsh clergy in general?"
> "Yes," answered Arthur Tudor, "of the working clergy, certainly. Manly energy, devoted piety, kindly sympathies, indefatigable industry and contented

> penury are their ordinary characteristics. Sagacity and learning are common among them, and talents for music and poetry are by no means rare, while the elegant tastes and accomplishments of some individuals would confer honour upon any country or station. Such was the lamented Carnhuanawc, the unambitious yet immortal Thomas Price of Cwmdu."

Bu farw Carnhuanawc yn 1848, yn fuan wedi iddo anfon ei lythyr ynghylch adroddiad 1847 at y *Times*.

Ond ef, neu yn hytrach, ei gynrychiolydd ffuglennol, y Parchg Hugh Evans, yw arwr *Cambrian Tales*, fel y dengys y dyfyniad nesaf, sy'n digwydd yn nes ymlaen yn y stori pan yw'r parti o westeion yn marchogaeth i gopa un o'r mynyddoedd cyfagos. Mae ceffyl Mabella Fitzaymon, un o'r ymwelwyr o Loegr sydd wedi bod fwyaf sarhaus ynghylch y Cymry, yn afreolus, ac er mwyn ceisio ei ddofi mae hi'n ei chwipio'n dost. Yn y diwedd mae'r ceffyl yn carlamu i ffwrdd gan adael gweddill y cwmni ymhell o'i hôl:

> The furious horse galloped up hill ... keeping his ride [Mabella Fitzaymon] in momentary expectation of an overthrow ... she was approaching the brink of a frightful chasm ... Two or three feet short of that precipice where she must have perished, a man suddenly appeared on foot ... At the instant of the frantic animal's approach, he darted forward right in front, and, with both hands seizing him by the bridle, at the risk of his own life, stopped Miss Fitzaymon's course, and saved hers. The sudden shock threw her to the earth. Mr Evans [y Parchg Hugh Evans] ... hastened to raise her ... With a brother's kindness and words of gentle encouragement, the Welsh parson soothed the agitated young woman, told her that no doubt he was sent on purpose, directed by a premonition to that desolate place to help her, for, after a long journey that day to tend his scattered flock ... he had debated with himself whether or not he should come on to visit a sick woman, the wife of a

> shepherd whose cot was yonder, and he had come on, though he was tired and the hour was late, and he was returning, and had met her just in time to save her. Sitting on a rocky crag in that mountain wilderness, with the shade of evening spread around and no one near her but that lately despised stranger, the forlorn Miss Fitzaymon learned one of her first and most effective lessons in the directing care of a beneficent Providence and in the worth of human sympathy – the precious reality of human brotherhood.[15]

Nid yr un fenyw yw Mabella Fitzaymon wedi hynny; mae'n newid ei hagwedd at y Cymry'n llwyr, ac yn dechrau eu parchu. Mae *Cambrian Tales* ar ei hyd yn mynnu parch at offeiriaid Cymraeg eu hiaith. Dim ond yr esgobion estron anghyfiaith, sy'n rhoi swyddi i Saeson yn hytrach nag i'r Cymry Cymraeg, sy'n peryglu ac amharchu'r Eglwys Wladol yng Nghymru, fel y dywedodd Lady Jefferys, a byddai Carnhuanawc, mae'n siŵr, wedi cytuno â hi. Felly, wrth gloi, gellir dweud â sicrwydd mai arwyr yw offeiriaid Cymraeg yr Eglwys i Jane Williams; yr offeiriaid a'r esgobion anghyfiaith yw'r bradwyr.

DARLLEN PELLACH

Deirdre Beddoe, 'Introduction', yn Jane Williams (Ysgafell) ed., *Betsy Cadwaladyr, A Balaclava Nurse: An Autobiography of Elizabeth Davis* (Aberystwyth: Gwasg Honno, 1987; ailargraffiad, 2015), tt. 1–15.

Maxwell Fraser, 'Jane Williams (Ysgafell) 1805–1885', *Brycheiniog*, vii (1961), 95–114.

Gwyneth Tyson Roberts, *The Language of the Blue Books: The Perfect Instrument of Empire* (Cardiff: University of Wales Press, 1998); ailargraffiad, *The Language of the Blue Books: Wales and Colonial Prejudice* (Cardiff: University of Wales Press, 2011).

Gwyneth Tyson Roberts, ' "Winding silkworms' cocoons without a reel": Betsy Cadwaladyr, Jane Williams (Ysgafell) and the writing of *The Autobiography of Elizabeth Davis*', *Almanac: Yearbook of Welsh Writing in English*, xiv (2010), 36–64.

Gwyneth Tyson Roberts, ' "An account obtained from authentic documents": Jane Williams (Ysgafell) as a Historian', yn *Writing a Small Nation's Past: Wales in Comparative Perspective, 1850–1950*, ed. Neil Evans and Huw Pryce (Farnham: Ashgate, 2013) tt. 83–96.

Gwyneth Tyson Roberts, ' "The fair sequester'd vale": two early poems of place by Jane Williams (Ysgafell)', *International Journal of Welsh Writing in English*, ii (2014), 30–53.

Gwyneth Tyson Roberts, *Jane Williams, Ysgafell* (Cardiff: University of Wales Press, 2020).

Gwyneth Tyson Roberts, 'Introduction', yn Jane Williams (Ysgafell), *Cambrian Tales and Other Selected Writings*, ed. Gwyneth Tyson Roberts (Aberystwyth: Gwasg Honno, 2023), tt. 5–17.

---

1 Edmund Spenser, *The Faerie Queene*, V, xlvi (1596).

2 Jane Williams, *Miscellaneous Poems* (Brecknock, 1824), tt. 31–2.

3 *Dictionary of National Biography*, LXI (1900), t. 411.

4 Gwenynen Gwent, *Eisteddfod Gwent a Dyfed, 1834: Y Traethawd Buddugol ar y Buddioldeb a Ddeillia oddiwrth Gadwedigaeth y Iaith Gymraeg a Dullwisgoedd Cymru* (Caerdydd, 1836), t. 5.

5 *Artegall*, 1848; Jane Williams (Ysgafell), *Cambrian Tales and Other Selected Writings*, ed. Gwyneth Tyson Roberts (Aberystwyth: Gwasg Honno, 2023), t. 21.

6 Ibid., t. 56.

7 Ibid., tt. 22–3.

8 Ibid., tt. 30–1.

9 Ibid., tt. 25–6.

10 Ibid., t. 30.

11 Ibid., t. 64.

12 Carnhuanawc mewn llythyr yn y *Times*, 7 Chwefror 1848; dyfynnwyd yn Jane Williams, Ysgafell, *The Literary Remains of the Rev. Thomas Price*, Volume ii (Crucywel, 1855) tt. 337–8.

13 Gweler E. Wyn James, 'Thomas Price 'Carnhuanawc': Cymreigydd, Celt, Cristion', yn *Gofal ein Gwinllan: Ysgrifau ar Gyfraniad yr Eglwys yng Nghymru i'n llên a'n hanes a'n diwylliant*, Cyfrol 2, gol. A. Cynfael Lake a D. Densil Morgan (Talybont: Y Lolfa, 2023), t. 93.

14 [Jane Williams], 'Cambrian Tales', *Ainsworth's Magazine,* 1849*; Cambrian Tales and Other Selected Writings*, tt. 105–6.

15 Ibid., tt. 209–10.

7

Robert Rhys

MORRIS WILLIAMS 'NICANDER'

Y ffugenw a ddefnyddiodd Morris Williams (1809–74) wrth gystadlu yn Eisteddfod Aberffraw yn 1849 oedd 'Nicander', enw un o hen feirdd gwlad Groeg. Wedi ennill yno parhaodd i'w arddel, ond gan ysgrifennu, fel y gwelwn yn y man, dan gochl clwstwr o ffugenwau eraill hefyd. Gwnaeth Morris Williams, a anwyd ym mhlwyf Llangybi yn Eifionydd yn 1809, gyfraniadau sylweddol ac amrywiol i weinidogaeth yr Eglwys Sefydledig ac i lenyddiaeth a diwylliant ein gwlad. Byddai ceisio llunio cronicl amseryddol o'i fywyd a'i waith gydag unrhyw fanylder ystyrlon yn gofyn am fwy o ofod nag y mae un bennod yn ei chaniatáu. Sôn am rai o'r penawdau a'r uchafbwyntiau yn hanes Morris Williams a wneir yn y fan hon.

Cyhoeddwyd tair cyfrol o weithiau barddol Morris Williams: dwy yn ystod ei fywyd ac un ar ôl ei farw. Mae'r ddwy gyfrol gyntaf yn codi o'i alwedigaeth fel offeiriad. Pan gyhoeddodd y gyntaf, *Y Flwyddyn Eglwysig* (1843), yr oedd yn 34 oed ac yn gurad ym Mangor a Phentir, wedi bod cyn hynny yn Nhreffynnon ar ôl gyrfa mewn ysgol yng Nghaer ac yn Rhydychen, gan dalu ei ffordd ei hun yn ddi-nawdd drwy ysgol a choleg. Ymddengys mai Morris ei hun a gyhoeddodd y gyfrol hon, a dywed mewn llythyr at Ellis Owen o Gefnymeysydd yn Eifionydd ym mis Medi 1844 iddo werthu bron y cwbl o'r argraffiad cyntaf, 'a gwneuthum dippyn o arian yn lled ddel'.[1] Mae hon yn gyfrol o 92 o gerddi yn cyfateb i galendr yr Eglwys. Angerdd un a ysbrydolwyd gan Fudiad Rhydychen a oedd yn ei gymell. Mae'n cydnabod yn ei ragymadrodd ei fod yn llunio cyfrol ar sail gwaith eithriadol boblogaidd John Keble, *The Christian Year* (1827), ac un o'r amcanion yw profi rhagoriaeth trefn yr Eglwys o addoli. Wedi rhoi crynodeb o batrwm y calendr eglwysig, dyma ddweud hyn:

> Gwelwn, ynte, fod yr Eglwys yn dwyn corph cyflawn o Dduwinyddiaeth ger bron ei aelodau o flwyddyn i flwyddyn yn ei Gwasanaeth, a hynny, sylwer, yn hollol anymddibynnol ar bregethau ei Gweinidogion. Gwyddai'r Eglwys yn dda, pe gadawsai beth mor bwysig a hyn i ddamwain, neu i ewyllys neu fympwy y Gweinidog, mai'r canlyniad yn aml fuasai, (yr hyn sy'n digwydd mewn cynnulleidfaoedd ag sydd wedi gwrthod y drefn hon) gadael rhai athrawiaethau heb eu crybwyll byth, neu o leiaf ond yn dra anfynych, a

> gadael llawer dyledswydd heb ond yn anaml, os byth, ei phwyso at y gwrandawŷr. Ac am hynny, yn ei gofal am ei phlant, mae'n rhwymo ei Gweinidogion i rannu iddynt *eu bwyd yn ei bryd*, nid yn gymmaint yn ôl eu golygiadau ammherffaith eu hunain, ond yn ol ei threfn ddoethach a mwy anffaeledig a phrofiadol ei hun.[2]

Mae'r ergyd a anelir at yr enwadau Anghydffurfiol yn amlwg; nid oes neb taerach nag ef yn ei bleidgarwch selog dros yr Eglwys. Yn wir, mynnodd Bedwyr Lewis Jones fod ambell un o'i emynau yn afiach o sectyddol.[3] Ni wn pa mor gynnar yn ei yrfa y ffurfiwyd yr argyhoeddiadau hyn. Nid gŵr o gefndir eglwysig ydoedd; i achos enwog y Methodistiaid Calfinaidd ym Mrynengan y byddai'r teulu'n cyrchu. Pan gyhoeddodd Morris ei gyfrol swmpus ar ysbrydoliaeth proffwydoliaethau'r Hen Destament, *Y Dwyfol Oraclau* (1861), fe'i cyflwynodd i'w annwyl dad, William Morris, Bryn March, Llangybi, 'canys chwi a'm dysgasoch i wybod yr Ysgrythur Lân er yn fachgen', ac mae'n gofyn i'w dad dderbyn yr arwydd cyhoeddus hwn o'i ddyled i'w rieni. Troes at eglwys y plwyf yn Llanystumdwy yn fuan iawn, a hynny yn sgil cyfeillgarwch a chysylltiadau personol mae'n debyg. Ond ni allai ddianc, ac ni fynnai ychwaith, rhag dylanwadau cynnar y diwylliant llenyddol Methodistaidd. Yr hyn sy'n gwbl amlwg o edrych ar fesurau *Y Flwyddyn Eglwysig*, ac ar ei salmau mydryddol diweddarach, oedd ei fod wedi ei drwytho'n llwyr yn emynyddiaeth y ddeunawfed ganrif a dechrau'r ganrif wedyn. Fe'i magwyd mewn amgylchfyd a roddai fanteision diwylliannol amlwg iddo. Yr oedd Pedr Fardd yn ewythr iddo, ac yr oedd yn gyfarwydd â Robert ap Gwilym Ddu. Mae'r *Flwyddyn Eglwysig* yn defnyddio'r hen fesur salm, yn ogystal ag elwa ar ryddid penillion wyth llinell yr emynwyr mawr.

Edrychwn ar un enghraifft yn unig: yr emyn cyntaf 'Y Sul Cyntaf yn Advent', 'Wele fi yn Dyfod' (gyda Rhufeiniaid 13:11 yn destun). Tri phennill ar y mesur 9898 dwbl a geir a dyma'r cyntaf:

> O! Henffych foreuddydd gogoned,
> Mae'n hoff gennym weled dy wawr
> Yn coffa dyfodiad ein Ceidwad

O'i nefol oleu-wlad i lawr,
Fel seren ddisgleirwedd y dwyrain
Oleugain i'n harwain yn hawdd
At breseb ein Prynwr Cyssegr-lân,
Y Baban anniddan di nawdd.

Wedi cydnabod dylanwad yr emynwyr, mae'n wahanol iddynt hefyd. Mae ei eirfa a'i gyfansoddeiriau'n fwy llenyddol, a gellid dyfalu mai yn 'Cywydd y Drindod' Dafydd Ionawr y cafodd 'gogoned'. Wrth drafod y gyfrol yn *Y Traethodydd*, tynnodd Morris Davies sylw at wendid y llinell olaf uchod. Mewn adolygiad trylwyr sy'n ceisio bod yn gytbwys ond sy'n tystio mai cyfrol ddadleuol oedd hon yn ei dydd, canmolir llawer o'r cynnwys, y caniadau 'yn cynnwys golygiadau ysgrythyrol wedi eu gosod allan mewn dull goleu a grymus' ond gan resynu 'bod nifer mawr o'i ganiadau yn cynnwys syniadau cyfeiliornus, anysgrythyrol, ac yn sawru yn drwm o surdoes Rhydychen', yn eu plith y pwyslais ar yr olyniaeth apostolaidd a'r golygiadau 'cymysglyd Puseyaidd' ar y cymun. 'Pe dilynasai fwy ar yr Ysgrythurau, a llai ar Mr Keble', meddai'r adolygydd mewn diweddglo deifiol, 'gallasai fod o fuddioldeb cyffredinol i Gristionogion Cymru'.[4]

Yn 1850 cyhoeddwyd *Y Psallwyr*, mydryddiad Morris Williams o lyfr y Salmau. Mynnodd Thomas Parry mewn darlith ar emynwyr Eifionydd yn 1975 ei bod hi'n 'syn na fuasai wedi cael mwy o sylw' gan ddadlau yn wir fod *Y Psallwyr* 'yn un o gynhyrchion mwyaf llwyddiannus' y bedwaredd ganrif ar bymtheg, a rhai o'r salmau 'cystal, a dweud y lleiaf, â rhai Edmwnd Prys'.[5] Yr oedd hwn yn gyhoeddiad enwadol 'swyddogol'. Derbyniodd y gyfrol sêl bendith esgobion Cymru adeg ei chyhoeddi—yr oedd yr awdur erbyn hynny'n beriglor Amlwch—gan ddangos mai'r bwriad oedd gwneud defnydd helaeth ohoni yng ngwasanaethau'r Eglwys. Yn sicr, nid ymarferiad llenyddol oedd hwn i Morris Williams, er bod crefft a dirnadaeth artistig amlwg ar waith. Bod yn 'gydymaith' i Salmau Cân Edmwnd Prys oedd y nod, nid disodli'r casgliad hwnnw. Pam fod angen y cydymaith hwn? Yn ôl rhagymadrodd yr awdur, yr oedd gofid fod y 'diffyg amrywiaeth mesurau' yng ngwaith Prys 'yn rhwystr mawr i ganiadaeth Psalmau mewn cynulleidfaoedd'. Mae hefyd yn ehangu ar ei ddulliau a'i bolisi yn y rhagymadrodd, a dyma grynhoi ei brif bwyntiau:

1. Mae ffyddlondeb i'r gwreiddiol yn flaenoriaeth; yr oedd o blaid cadw mor ofalus ag y gellid 'at ystyr yr iaith wreiddiol'.
2. Mae'n ymwrthod yn llwyr ac yn ymwybodol â dull Isaac Watts a'i addaswr Cymraeg, Dafydd Jones o Gaeo, o ddiwygio salmau trwy atodi penillion sy'n cyfeirio'n benodol at ddatguddiad y Testament Newydd: 'ni chynnygiais wneuthur dim o'r hyn a elwir *ysprydoli* neu *efangyleiddio* Psalmau Peraidd Ganiedydd Israel; oblegid y maent yn ddigon ysprydol, efengylaidd, a Christionogol fel y maent'. Ym marn Morris Williams, cyfyngu ar gyfoeth ystyr y testun gwreiddiol a wnâi 'cyfansoddiad esboniadol' yn null Watts. Ac mae'n pwysleisio ei fod yn dal at y farn draddodiadol fod Salmau Dafydd i'w harfer yn yr Eglwys yng ngoruchwyliaeth y Testament Newydd.
3. Myn y dylid ystyried y gynulleidfa, a hwylustod ymarferol canu salmau. Felly, gellir rhannu salmau hir yn rhannau llai, gan newid y mesur o fewn yr un salm weithiau er mwyn cyfleu newid cywair.

Defnyddiodd y mesurau mwyaf cyffredin a chyfarwydd i gynulleidfa'r cyfnod, tua deuddeg ohonynt yn ôl Thomas Parry. Gellid ychwanegu bod amcan eglwysig y cyhoeddiad yn amlwg yn y tabl a geir ar ddechrau'r gyfrol o ddyddiau gŵyl a gwasanaethau eglwysig gyda salmau priodol ar gyfer yr achlysuron hynny.

Beth am ddyfarniad Thomas Parry fod yma un o berlau'r ganrif? Gallwn ddeall pam y byddai taclusrwydd crefft Salmau Cân Nicander yn apelio o'u cyferbynnu â llawer o ganu'r cyfnod. Ond a yw'r *Psallwyr* yn ganadwy heddiw? A yw'n werth ystyried eu gwneud yn rhan eto o'r addoliad cyhoeddus? Nid oes rhwystr ymarferol wedi'r cyfan, gan eu bod yno yn eu crynswth ar wefan 'bible.com' a'r ap 'YouVersion'. Yn sicr, nid anodd fyddai cynnig enghreifftiau a fyddai'n cymell ateb cadarnhaol. Mae'r amrywiaeth mesurau, yn enwedig y llinellau hwy yn y mesurau 8787 dwbl a 9898 dwbl yn agor cyfleoedd newydd a chyffrous i fawl sy'n seiliedig ar y salmau. Mae un elfen yn ei waith, serch hynny, sydd i'm tyb i yn chwithig, sef y defnydd cyson a wneir o eiriau i gyfleu

Arglwyddiaeth Duw: *Iôn*, *Iôr*, *Nêr* (*Duw Nêr*), *Naf* (*Arglwydd Naf*), *Rhi* (*Duw Rhi*, *Arglwydd Rhi*). Nid oes dim o'i le ar y geiriau unigol. Dyma ran o eirfa'r beirdd—hyd yn oed os ydynt yn anghyfarwydd i lawer heddiw—ond ceir argraff o'u gorddefnyddio ac weithiau o'u defnyddio yn eiriau llanw neu'n eiriau cyfleus ar gyfer odl: *Rhi* a 'mi' a 'ni', er enghraifft.

Morris Williams 'Nicander'
Casgliad Portreadau Llyfrgell Genedlaethol Cymru

Ond i gael enghraifft o'i ddawn ddeheuig, mae'n werth troi at fydryddiad *Y Psallwyr* o'r salm enwocaf un, salm 23, ar y mesur hir. Er mor gyfarwydd yw mydryddiad Edmwnd Prys, mae defnydd sicr y bardd o'r mesur yn gweddu'n gymwys i sicrwydd tawel, tangnefeddus y salmydd:

Arlwyi 'm bwrdd â gwledd dy ras
Yngŵydd fy holl elynion cas;
Enneini 'm pen â'th olew gwiw,
A'm phïol, llawn o fendith yw.

Gras a daioni, (Duw a'u rhoes,)
A'm dilyn holl flynyddau f 'oes;
Preswyliaf finnau tra bwyf byw,
I ddïolch, ynghynteddau 'm Duw.

O droi at ran gyntaf salm 25 wedyn, cawn enghraifft o'r bardd, wrth fydryddu adnodau 6–7, yn defnyddio ffurfiau sy'n dwyn i gof y darllenydd cyfarwydd naws ac ymchwydd emynau Williams Pantycelyn, rhai a fyddai wedi gadael eu hôl yn ddwfn ar ddychymyg llenyddol Morris Williams:

Cofia 'th hen dosturi, Arglwydd,
Cofia drugareddau 'th rad;
Maent eriôed o fewn dy fynwes,
Nac anghofia 'th gariad mad:
O na chofia feiau 'm hie'ngctid,
Llwyr ddilea 'm beiau 'n awr;
Meddwl yn dy ras am danaf
Er daioni, Arglwydd mawr.

(Mae hyn yn ei dro yn ein dwyn yn ôl i ystyried perthynas Williams â'r Salmau.)

Yn ei ddarlith ar Morris Williams cyfeiriodd Bedwyr Lewis Jones ato fel 'emynydd enwad', un y cyfyngid y gwerthfawrogiad a'r defnydd o'i waith i'r Eglwys Wladol a'i llyfrau emynau hi. Yng ngwaith Bedwyr y gwelais ei ddisgrifio fel 'Pêr Ganiedydd yr Eglwys yng Nghymru', er nad ef a'i defnyddiodd am y tro cyntaf.

Yn *Y Traethodydd* yn Ebrill 1853 dechreuodd 'Nicander' gyhoeddi cyfres o gerddi'n seiliedig ar ddamhegion Esop. Fe'i cyflwynodd i'w gyfaill, Ellis Owen, Cefnymeysydd, llywydd Cymdeithas Lenyddol Eifionydd. 'Cymerais fy nifyrrwch', meddai, 'i droi rhai o ddamhegion Esop, ar fath o fesur cerdd benrhydd, yn Gymraeg, yn debyg fel y gwnaeth John Gay yn y Saesoneg, a La Fontaine yn iaith y Ffrangcod.' Fe'u cyhoeddwyd eto yng nghylchgrawn *Yr Haul* yn ystod ei fywyd ac yna yn 1901 wedi eu golygu gan ei fab, W. Glynn Williams, prifathro Ysgol Friars, Bangor. 'Mae yn y cyfaddasiadau Cymraeg ar eu gorau', meddai Bedwyr Lewis Jones, 'ysgafnder swynol ar amrywiaeth o fesurau.'[6] Un gerdd, serch hynny, 'Y Morgrug a Sioncyn y Gwair' a gynhwysywyd ym mlodeugerdd gynnil Bedwyr. Ym mlodeugerdd helaethach o lawer R.M. Jones cynhwyswyd 11 o gerddi Esop ynghyd ag un emyn.[7] Dyfynnir pennill neu ddau i gadarnhau barn Bedwyr. Yn 'Y Ci a'r Cysgod' y ceir y rhain:

Lladratodd ci amaethydd
Ryw fore teg neu gilydd
Ddryll o gig oddi ar ystôl
Oedd o'r tu ôl i'r cigydd.

Myn'd dros afonig lyfnwedd
A'r derbyn rhwng ei ddanedd,
A gweld ei gysgod yn y lli,
Y cig a'r ci'n gyfunwedd.

Meddyliodd yn ei galon
Mai sylwedd oedd e'n union,
Ac at y cysgod rhuthrai'n ddig,
A chollai'r cig i'r afon.

Rhwng y tair cyfrol hyn ceir dros dri chant o gerddi. Dyma gorff o ganu sy'n gymen a destlus bron yn ddieithriad, ac yn aml yn gywrain, yn ddyfeisgar ac yn drawiadol iawn. Pe na bai Morris Williams wedi gwneud dim arall, byddai'r corff hwn o ganu yn gyfraniad sylweddol i lenyddiaeth y ganrif, a byddai hen ddigon o dystiolaeth gennym i gyfiawnhau ei gynnwys yng nghyfres 'Gofal ein Gwinllan'. Ond o fynd ati i gloriannu ei gyfraniad, prin ein bod wedi crafu'r wyneb. Yn wir, nid ar gyfrif y tair cyfrol a nodwyd y byddai llawer o'i gyfoedion yn meddwl amdano fel bardd; crybwyllwyd eisoes un o'i fuddugoliaethau eisteddfodol, ac yr oedd mwy. Enillodd yn Eisteddfod Llangollen yn 1858 gyda phryddest a oedd, meddai E.G. Millward, 'yn gais amlwg i anrhydeddu Cymru ag arwrgerdd genedlaethol, hanesyddol'. Daeth i'r brig eto yn Eisteddfod Dinbych 1860 gyda'i bryddest 'Yr Enneiniog', cerdd yn dwyn ôl dylanwad Milton yn ôl yr un beirniad. Dwy flynedd wedyn yn Eisteddfod Caernarfon, enillodd ar y testun 'Moses: Gwaredigaeth yr Israeliaid o'r Aipht'. Trafodwyd ei arwyddocâd yn y maes eisteddfodol gan E.G. Millward yn *Yr Arwrgerdd Gymraeg*.[8]

Ei ddoniau fel bardd yn y mesurau caeth yn fachgen ifanc a ddaethai ag ef i sylw cenedlaethol gyntaf. Yn *Y Gwyliedydd* yn 1827 ymddangosodd 'Awdl ar y 24 mesur yn cynganeddu enwau priod y Beibl', gan 'nai i Pedr Fardd', ac yn y gymdeithas honno a gynhwysai Dewi Wyn, Robert ap Gwilym Ddu, ei ewythr Peter Jones 'Pedr Fardd', Ellis Owen, Cefnymeysydd, ac eraill y dechreuodd Morris Williams ganu a meistroli'r mesurau caeth. Dwy flynedd yn ddiweddarach, ac yntau wedi dilyn ei grefft fel saer coed i ardal Dolgellau, cyhoeddodd ei 'Anerchiad i feirdd Meirion' cerdd o ugain englyn yn yr un cylchgrawn:

Gwiw addas gu arwyddion,—gwiw gynnydd,
A gogoniant Meirion;
Hafal am feirdd heirdd yw hon
I'm difyr gwmwd Eifion.

Yn sech bo'r afon y sydd—yn rhengddwr
Rhyngddynt hwy a'u gilydd;
A'r ddwy elo'n un rhyw ddydd,
Enwer yn FEIREIFIONYDD ...

Hyn a ddelir yn ddilys,—o'm hanes
Fy mhin a'i harddengys,
Mai mal gwron llon mewn llys
Ym Meirion y mae - MORYS.

A dyma agoriad awdl fuddugol Aberffraw 1849, 'Awdl y Greadigaeth':

Disgyn, Awen, gymmen, goeth
A'th eiriau yn ffrydiau ffraeth,
O'r nef, a chan erddygan ddoeth
Y dwthwn hwn i'r Duw a'i wnaeth ...

Cyn llenwi llynn, cyn llunio lloer,
Cyn ewybr haf, cyn bore a hwyr,
Cyn tân a mellt, cyn tonnau mawr,
Cyn gwellt a gwŷdd, cyn gwyllt a gwâr ...

Prin y gallwn ymatal rhag gweld yma adlais neu deyrnged i un o emynau mwyaf ei ewythr Pedr Fardd, 'Cyn llunio'r byd, / Cyn lledu'r nefoedd wen'.

Wrth orffen ailadeiladu Plas Wynnstay yn Rhiwabon a ddifrodasid gan dân yn 1858, gofynnodd Syr Watkin Williams Wynn i Nicander lunio *mottoes* i'w cerfio ar yr 'Entrance Hall' a'r llyfrgell, a diau fod y comisiwn hwn yn dweud rhywbeth wrthym am ei statws cymdeithasol bellach. Anfonodd gynigion ato, a chael llythyr yn ôl gan Syr Watkin yn dweud y byddai'r 'arwydd-eiriau cywyddol' a ganlyn yn cael eu cerfio: uwchben yr 'Entrance Hall'—'Wyf adfail a gyfodwyd / O'r ulw a'r lludw llwyd'. Ac uwchben y llyfrgell—'Ar osteg wrth yr astud / Llefaru mae llyfrau mud'.[9]

Ond ni roddwyd eto argraff ddigonol o helaethrwydd gweithgarwch Morris Williams. Un ffordd o wneud hynny fyddai nodi mai un ffugenw ymhlith llawer oedd Nicander. Cyfrannai'n gyson i'r *Haul* dan olygyddiaeth Brutus yn ei enw ei hun, ond dro arall fel 'Y Brawd Cwartus', 'Antipas', 'Agrippa', 'Clement', 'Barnabas' a mwy; yn *Y Cymro*, *Cronicl Cymru* a'r *Dywysogaeth* wedyn gwisgai wahanol fygydau: 'Colman', 'Aspel', 'Critias'; ef, yn ôl D. Eifion Evans, oedd 'Meurig' *Y Brython* a 'Hirgaer' *Y Sylwedydd*. Yr oedd yn feirniad eisteddfodol uchel ei fri. Lluniodd ysgrifau beirniadol craff, a diarbed o ddeifiol weithiau, ar rai o feirdd Cymru, Dewi Wyn o Eifion yn eu plith. Bu'n gyfrifol am golofn farddol *Y Dywysogaeth*, yr wythnosolyn eglwysig, ceidwadol y cyfrannai Morris Williams ei golofn farddol iddo, a *Cronicl Cymru*, gan roi adborth i'r beirdd ar gerddi a anfonwyd ato; mae'n ysgrifennu ar bynciau athrawiaethol a diwinyddol, ac mae ganddo gyfres o ysgrifau ar orgraff yr iaith Gymraeg.

Mae'r llyfryddiaeth a luniodd D. Eifion Evans yn cynnwys bron i gant o gerddi (heb gyfrif y cerddi yn y cyfrolau a gyhoeddwyd); 75 eitem o feirniadaeth lenyddol, tua hanner cant o ysgrifau ar yr iaith Gymraeg, ei horgraff a'i geirfa; a dros ddau gant o ysgrifau ar yr Eglwys a chrefydd, y rhan fwyaf yn *Yr Haul*, a rhai erthyglau amrywiol hefyd. Hyn i gyd heb sôn am y llythyrau o'i eiddo a gadwyd, gohebiaethau sy'n ddadlennol iawn o ran llawenydd a hoen ei fywyd teuluol a'i safbwyniau llenyddol a'i etifeddiaeth ddiwylliannol. Cyhoeddwyd detholiad o'r rhai a anfonodd at Eben Fardd gan Myrddin Fardd yn *Adgof uwch Anghof*, ac o blith y lleill mae'r deugain llythyr at Ellis Owen, Cefnymeysydd, yn arbennig o werthfawr.[10] Dyma flas o'i ohebiaethau, rhan yn gyntaf o lythyr at Ellis Owen o Amlwch ar 19 Hydref 1858 sy'n crybwyll llwyddiant eisteddfodol a dyrchafiad eglwysig:

> Wel, mi welsoch, debyg gen i, fy mod wedi ennill y tlws arian a'r £20 yn Llangollen ar "Capture of Rome by Brennus, 390 ml cyn Crist". Yr wyf yn awr yn rhedeg attoch â'm gwynt yn fy nyrnau i hysbysu i chwi wobr fwy na hon. Mae'r Esgob newydd roi i mi Fywioliaeth Llanrhyddlad, Môn, gwerth, eb efe ei hun, o bump i chwe chant o bunnau yn y flwyddyn. Mae yno Bersondy lled newydd a hynod o gyffyrddus a boneddigaidd – llawer o erwau o dir (glebe) ac Eglwys newydd ei chyssegru bythefnos yn ol ... Dyma ddarpariaeth werthfawr ar gyfer fy mhlant lliosog, ac esmwythâd balmiog i'm hyspryd innau ar y cownt ... Hyspyswch y newydd i aelodau'r Gymdeithas [Lenyddol Eifionydd]; a gadewch i mi gael gobeithio y caf finnau barhau yn aelod. Mae Amlwch 15 milltir oddi wrth y Railway. Ond 8 yw Llanrhyddlad. Bydd felly'n haws i mi gael dyfod i Eifionydd i edrych am danoch.[11]

Ond gresynu at ddyfodiad y rheilffordd i'w hen gynefin a wna mewn llythyr diweddarach at yr un gŵr, 19 Rhagfyr 1864: 'Mae agos yn bechod i beth fel rheilffordd ddyfod trwy Eifionydd. Buaswn i yn maddeu iddi agos cyn gynted fyned trwy Ardd Eden. Ond oes felly yw yr oes hon; oes fydol, galed, aflednais, vulgar, Americanaidd.'[12]

Paratôdd Morris Williams olygiad newydd o *Lyfr yr Homiliau*, cyfieithodd lyfrau defosiynol, llunio catecism, a rhoddwyd iddo'r cyfrifoldeb i ddwyn allan argraffiadau newydd o'r Beibl a'r Llyfr Gweddi Gyffredin. O ran ei yrfa glerigol, yr uchafbwynt oedd ei godi yn rheithor Llanrhuddlad yn Sir Fôn yn 1859, ac yno y bu tan ei farwolaeth ddechrau Ionawr 1874 yn 64 oed.

Wrth ymateb i'r newyddion trist am ei golli, cyfeiriodd colofn olygyddol *Y Dywysogaeth* ato fel 'y cadeirfardd enwog, y gwladgarwr twymgalon, yr ysgolhaig rhagorol, Y Cristion disglaer, a'r cyfaill didwyll'.[13] Dywedwyd ymhellach: 'Bydd marwolaeth Nicander yn golled anadferadwy, nid yn unig i'r Eglwys yng Nghymru, ond i Lenyddiaeth Gymreig yn gyffredinol; yn fwy felly na'r un dyn y gwyddom yn bresennol amdano. Bydd enw yr anfarwol Nicander yn adnabyddus i genedlaethau ydynt eto heb eu geni.' Cafwyd teyrngedau yn ôl y disgwyl gan Eglwyswyr, ond gan gylch ehangach hefyd. Ni chafodd y bardd enwog William Thomas 'Islwyn' o Sir Fynwy gyfle i'w gyfarfod yn y cnawd erioed, ond canodd gerdd goffa iddo a gyhoeddwyd yn *Y Dywysogaeth*, a'r ddau newydd fod yn cydfeirniadu trwy lythyru:

> Disgynai dy onestrwydd arnaf fi
> Fel esmwyth aden angel, Feirniad pur! ...
> Farewell, Nicander hoff! Cawn gwrdd y'nghyd
> Mi wn, o gylch y bwrdd mewn gloewach byd.

Dyna Robert Jones, Llanllyfni, wedyn, Bedyddiwr a Rhyddfrydwr, yn *Baner ac Amserau Cymru* yn rhoi teyrnged hael iddo fel bardd ac ysgolhaig ac i'w gymeriad yn ei ymwneud ag eraill.[14] Barnai fod *Y Flwyddyn Eglwysig* 'yn cynnwys darnau barddonol tra godidog', bod 'ei gyfansoddiad ar Lyfr y Salmau ar amrywiol fesurau yn odidog iawn' a'i 'gyfansoddiadau o chwedlau Aesop ar gân yn waith mawr, ac yn dangos llawer o dalent a medr'. Yn wir, credai 'fod rhai o gynhyrchion Nicander bron yn llawn cystal â'r hymnau goreu sydd yn ein hiaith'. Helaetha hefyd ar rai o'i gyfraniadau eraill, ac addas cynnwys dyfyniad sy'n tanlinellu mor ddyfal a diwyro y llafuriodd yn y winllan a roddwyd i'w ofal:

> Rhoddwyd ef ar waith gan y prif awdurdodau Eglwysig i adolygu yr hen Feibl mawr Cymraeg a ddarllenid mewn eglwysi. Bu hwn yn llafur dybryd iddo am flynyddoedd meithion, a chafodd fyw i'w weled wedi ei orphen a'i gyhoeddi.

Cyflwyniad gwerthfawrogol ond annigonol o reidrwydd yw hwn i offeiriad a oedd yn fardd, yn feirniad ac yn ysgolhaig amrywiol ac anferthol ei gynnyrch. Mae'n haeddu astudiaethau pellach a chofiant llawn ac nid oes prinder deunyddiau. Byddai gorchest ymchwil D. Eifion Evans dri chwarter canrif yn ôl yn sylfaen anhepgor i weithiau o'r fath. [15]

DARLLEN PELLACH

'Viator', 'Nicander', *Yr Haul*, Chwefror 1874, 65–8; Mawrth 1874, 84–8; Ebrill 1874, 126–30.

Elis Wyn o Wyrfai, 'Cofiant Nicander (y Parch Morris Williams A. C.)', *Y Geninen*, Ebrill 1884, 91–5; Hydref 1884, 252–4.

Hwfa Môn, 'Nicander', *Y Geninen*, Ionawr 1906, 35–8.

Gweler hefyd yr ysgrif ar Morris Williams yn *Y Gwyddoniadur Cymreig* (1879), Cyfrol X, 217–21.

---

1 Mewn llythyr at Ellis Owen, 6 Medi 1844, gweler David Eifion Evans, 'Braslun o fywyd a gwaith Nicander gydag ymdriniaeth arbennig ar ei farddoniaeth a'i feirniadaeth lenyddol' (Traethawd MA Prifysgol Cymru [Aberystwyth], 1951), 441.

2 Noder iddo fanylu'n helaethach ar y pwnc mewn cyfres o ysgrifau yn *Yr Haul* dan olygyddiaeth Brutus cyn hyn.

3 Bedwyr Lewis Jones, 'Nicander yr emynydd', *Bwletin Cymdeithas Emynau Cymru*, Cyfrol 1, rhif 7, Gorffennaf 1974, 196–201.

4 Morris Davies, 'Adolygiad ar "Y Flwyddyn Eglwysig" ', *Y Traethodydd*, Ebrill 1846, 182–197.

5 Thomas Parry, 'Emynwyr Eifionydd', *Bwletin Cymdeithas Emynau Cymru*, Cyfrol 1, rhif 9, Gorffennaf 1976, 245–57.

6 Bedwyr Lewis Jones, *Blodeugerdd o'r XIX Ganrif* (Llandysul: Cymdeithas Lyfrau Ceredigion, ail argraffiad, 1978), t. 99.

7 *Blodeugerdd Barddas o'r Bedwaredd Ganrif ar Bymtheg*, gol. R.M. Jones (Llandybïe: Cyhoeddiadau Barddas, 1988).

8 E.G. Millward, *Yr Arwrgerdd Gymraeg* (Caerdydd: Gwasg Prifysgol Cymru, 1998), tt. 136–46.

9 Evans, 'Braslun o fywyd a gwaith Nicander', 459 (mewn llythyr at Ellis Owen).

10 *"Adgof Uwch Anghof" Llythyrau Lluaws o Brif Enwogion Cymru, Hen a Diweddar*, Casgledig gan Myrddin Fardd (Caernarfon, d.d.), tt. 228–59.

11 Evans, 'Braslun o fywyd a gwaith Nicander', 450.

12 Ibid., 467.

13 *Y Dywysogaeth*, 10 Ionawr 1874.

14 R. Jones, 'Byrgofion am Nicander', *Baner ac Amserau Cymru*, 20 Mai 1874, 13.

15 Afraid dweud bod fy nyled i'r Archddiacon D. Eifion Evans, yr ysgolhaig o Eglwyswr a wnaeth ymchwil mor ardderchog o drylwyr ar Nicander, yn fawr. Gweler yn benodol 'Braslun o fywyd a gwaith Nicander'. Cyhoeddodd ffrwyth ei ymchwil mewn cyfres o erthyglau yn *Yr Haul* rhwng Haf 1955 a Gaeaf 1956–7.

8

Huw Pryce

JOHN WILIAMS 'AB ITHEL', HARRY LONGUEVILLE JONES A GORFFENNOL CYMRU

Amcan y bennod hon yw cyflwyno dau Eglwyswr o'r bedwaredd ganrif ar bymtheg, sef John Williams 'Ab Ithel' (1811–62) a Harry Longueville Jones (1806–70), gan ganolbwyntio'n arbennig ar eu cyfraniadau i'r astudiaeth o orffennol Cymru.[1] Rhaid pwysleisio o'r cychwyn fod y ddau gyfoeswr yn bur wahanol i'w gilydd er gwaethaf nifer o nodweddion cyffredin. Byddaf yn dechrau drwy gynnig brasolwg o'u hanes cyn symud ymlaen i drafod rhai agweddau ar eu hymdriniaeth â'r gorffennol.

Ganed John Williams yn 1811 yn Llangynhafal, Sir Ddinbych, a'i addysgu yn Ysgol Ramadeg Rhuthun a Choleg Iesu, Rhydychen (1832–5) cyn ei ordeinio'n offeiriad yn 1836. (Seiliwyd ei enw barddol Ab Ithel ar gyfenw ei dad-cu William Bethell.) Fe'i penodwyd yn gurad Llanfor, lle y priododd nith ei ficer, Elizabeth Lloyd Williams, ac aros yno hyd 1843, pan gafodd guradaeth barhaol Nercwys, Sir y Fflint, a dyna pryd y daeth i gysylltiad â Harry Longueville Jones. Fe'i penodwyd yn rheithor Llanymawddwy yn 1849, a bu farw'n fuan ar ôl iddo symud i reithoriaeth Llanenddwyn (Sir Feirionnydd) yn 1862. Yn ogystal ag ymroi'n selog i'w ddyletswyddau bugeiliol, bu'n awdur a golygydd egnïol iawn, gan gyhoeddi llyfrau ar amryw o bynciau llenyddol a hynafiaethol, ac ysgrifau niferus a fu'n drwm dan ddylanwad syniadau rhamantaidd Iolo Morganwg. Yn wir, daethpwyd i'w ystyried, o tua chanol yr 1840au ymlaen, yn ysgolhaig o bwys er gwaethaf (neu yn achos nifer o'i gyd-Gymry, oherwydd) ei agwedd anfeirniadol o wladgarol at lenyddiaeth a hanes Cymru, pwnc y dychwelaf ato.[2]

Cymro Cymraeg a dreuliodd ei holl yrfa yng Nghymru yn offeiriad yn yr Eglwys Sefydledig oedd Ab Ithel. Er ei fod yn rhannol o dras Gymreig, ac er iddo yntau gael ei ordeinio'n offeiriad yn Eglwys Loegr, Llundeiniwr oedd Harry Longueville Jones a ddilynodd sawl galwedigaeth seciwlar fel newyddiadurwr, athro ysgol ac arolygydd ysgolion. Fe'i ganed yn Piccadilly a'i addysgu yng Nghaer-grawnt, ac ar ôl graddio arhosodd yno fel cymrawd yng Ngholeg Magdalene rhwng 1828 ac 1835. Eto, yr oedd ei ddiddordeb yng Nghymru eisoes i'w weld yn y cyfnod hwn gan iddo gyhoeddi cyfrol hardd y llwyddodd i gael aelodau o'r teulu brenhinol a boneddigion i danysgrifio iddi, sef *Illustrations of the Natural Scenery of the Snowdonian Mountains: Accompanied by A Description, Topographical and Historical, of the County of Caernarvon* (1829). Mae'r gyfrol yn adlewyrchu diddordebau hynafiaethol a thopograffaidd Jones ac yn brawf hefyd o'i fedruswydd fel arlunydd yn y pymtheg engrafiad o'i ddarluniau o olygfeydd gwahanol.

Agwedd drawiadol arall ar y gwaith yw ei gydymdeimlad amlwg â'r Gymraeg. Mae'n ansicr a ddysgodd siarad Cymraeg yn rhugl erioed, ond awgryma ei fod yn gallu ei darllen wrth ddatgan: 'A knowledge of the Welsh tongue is desirable, and may be acquired without much difficulty by the use of a few books, especially Owen's Grammar and Dictionary [gwaith William Owen-Pughe] ... That the simple language of our British forefathers ... has not obtained its due degree of cultivation, is not its fault but its misfortune, arising from the political depression of the people.'[3]

Daeth ei gyfnod yng Nghaer-grawnt i ben yn 1835 ar ôl iddo briodi Frances Weston, merch o deulu bonheddig yn Swydd Amwythig, gan fod rhaid iddo roi'r gorau i'w gymrodoriaeth yn unol â rheolau colegau Caer-grawnt a Rhydychen ar y pryd. Symudodd y pâr priod i Baris, efallai oherwydd bod costau byw'n is yno, a gweithiodd Jones i'r papur newydd *Galignani's Messenger* (yr oedd y nofelydd William Thackeray ymhlith ei gyd-weithwyr) a helpu diweddaru'r teithlyfr cyntaf i'r ddinas, *Galignani's Paris Guide*.[4] Eto, yr oedd ganddo ddigon o amser i ddilyn diddordebau eraill. Mae'n amlwg i faterion cyfoes ddenu ei sylw: cyhoeddodd lyfryn o blaid sefydlu prifysgol ym Manceinion yn 1836 a daeth yn aelod gohebol o Gymdeithasau Ystadegol Manceinion a Llundain yn 1838, dwy gymdeithas a archwiliai broblemau cymdeithasol. Cyfrannodd wybodaeth am system addysg Ffrainc, er enghraifft. Yn Dori o argyhoeddiad, dechreuodd Jones gyfrannu erthyglau hefyd ar amryw o bynciau i'r cyfnodolyn ceidwadol *Blackwood's Edinburgh Magazine*; cyhoeddodd 26 erthygl yma rhwng 1840 ac 1849. Yn anad dim, fodd bynnag, manteisiodd ar y cyfle i ddatblygu ei ddiddordebau hynafiaethol yn yr hinsawdd ffafriol a grëwyd gan ymdrechion llywodraeth y Brenin Louis-Philippe (1830–48) i gofnodi ac atgyweirio eglwysi canoloesol Paris a mannau eraill yn Ffrainc, profiad a fu'n ddylanwad pwysig ar y modd yr aeth Jones ati'n ddiweddarach i astudio a threfnu archaeoleg Cymru, yn arbennig henebion canoloesol. Daeth i gysylltiad swyddogol â'r ymdrechion hyn yn Ffrainc drwy gael ei dderbyn yn un o'r wyth aelod gohebol dros Loegr ar Bwyllgor Hanesyddol y Celfyddydau a Henebion (*Comité historique des arts et monuments*), corff ymgynghorol a gyflwynai adroddiadau i'r llywodraeth ar gyflwr henebion y wlad. Yn eu plith yr oedd adroddiad yn Ffrangeg gan Jones ar eglwysi yng nghyffiniau Paris a anfonwyd ar 27 Chwefror 1840 at y Gweinidog Addysg Gyhoeddus. Mae'r adroddiad, yn llawysgrifen Jones, ar gadw heddiw yn Archifau Cenedlaethol Ffrainc.

Harry Longueville Jones, Cofeb Siwan, gwraig Llywelyn Fawr, yn Eglwys Biwmares

Yn 1842 dychwelodd Jones i Brydain er mwyn cadw ysgol ym Manceinion, tref (fel yr oedd o hyd yr adeg hon) yr oedd eisoes wedi magu cysylltiadau â hi tra oedd ym Mharis. Yr oedd yr ysgol a'r tŷ cysylltiedig yn Dover Street, ac ymhlith cymdogion Jones yr oedd ysgolfeistr arall, sef William Gaskell, a'i wraig, y nofelydd Elizabeth Gaskell, er na wyddom faint o gysylltiad fu ganddo â hwy. Ymddengys nad oedd dyletswyddau ysgolfeistr at ddant Jones, ac erbyn 1845 cwynai fod y gwaith, er yn broffidiol, yn flinderus, a'r awyr ym Manceinion yn afiach. Mae'n amlwg hefyd ei fod yn awyddus i barhau â'i ddiddordebau hynafiaethol, ac aeth ar sawl taith dros yr haf i Sir Fôn i ymweld ag eglwysi. Yr oedd hefyd wedi dechrau meddwl am symud i'r ynys ac wedi creu cyswllt â chadeirlan Bangor; yn wir, fe roes y rhan fwyaf o'i lyfrgell (bron 550 cyfrol i gyd) i'r gadeirlan yn 1847, er ei fod wedi cwyno wedyn fod y rhain wedi eu hesgeuluso a'u gadael mewn tomen ar y llawr! Yn Ionawr 1848 symudodd o Fanceinion yn derfynol ac ymgartrefu mewn tŷ o'r enw 'Tan y Coed' yr oedd wedi ei godi ar lan Y Fenai ger Llandegfan, tŷ sy'n sefyll hyd heddiw. Dyma dipyn o fenter, o ystyried ei fod wedi colli ei brif ffynhonnell incwm wrth adael yr ysgol ym Manceinion. Wrth lwc, bu ei brofiad o fyd addysg o fudd iddo gan iddo gael ei benodi yn Arolygydd Ei Mawrhydi dros Ysgolion yr Eglwys yng Nghymru ar ddiwedd 1848 ar gyflog o £60 y flwyddyn.[5] Golygai'r swydd gryn deithio ar hyd a lled Cymru, gan roi cyfle iddo ymweld â safleoedd archaeolegol a henebion, yn ogystal ag ymweld â swyddfa'r Cyfrin Gyngor yn Llundain, ac mae'n ansicr faint o amser a dreuliodd yn ei gartref newydd ger Llandegfan: bu'n byw yng Nghaerfaddon am gyfnod yn yr 1850au ac yn Y Pîl, Sir Forgannwg, erbyn 1861. Ond digon anodd oedd ei berthynas â'r awdurdodau yn Llundain, yn rhannol o leiaf oherwydd ei agwedd gefnogol at y Gymraeg. Yn 1863 fe'i cyhuddwyd o anufudd-dod gan bennaeth yr adran addysg, Ralph Lingen, a wrthododd gyhoeddi ei adroddiad. Ymddiswyddodd Jones fel arolygydd yn 1864. Erbyn hynny yr oedd ei iechyd yn dirywio a threuliodd weddill ei oes yn Llundain gan mwyaf yn dilyn nifer o strociau a'i parlysodd. Bu farw yn Kensington ar 16 Tachwedd 1870 gan adael ystad o £20 (tua £1,250 heddiw).

Wrth iddo baratoi i symud i Sir Fôn yn barhaol, bu Jones yn brysur gyda menter newydd i hybu dealltwriaeth o hynafiaethau Cymru, sef sefydlu'r cyfnodolyn *Archaeologia Cambrensis* yn 1846 ac wedyn, yn deillio o hynny, Gymdeithas Hynafiaethau Cymru ('The Cambrian Archaeological Association') y flwyddyn ddilynol. Dyma droi at ail a phrif ran y drafodaeth, felly, a thrafod diddordebau hynafiaethol Jones ac Ab Ithel a'r cydweithio a fu rhyngddynt. Cyfarfu'r ddau am y tro cyntaf ar ddechrau 1845 pan aeth Ab Ithel i Fanceinion i geisio cefnogaeth i'r ymgyrch yn erbyn argymhelliad y Comisiwn Eglwysig, a sefydlwyd yn 1835, i gyfuno esgobaethau Bangor a Llanelwy er mwyn ariannu sefydlu esgobaeth newydd ym Manceinion. Yr oedd y cynnig wedi ennyn gwrthwynebiad chwyrn, yn arbennig yn esgobaeth Llanelwy lle yr oedd Ab Ithel yn gurad yn Nercwys, a rhoes y llywodraeth y gorau i'r cynllun yn 1847, gan ariannu esgobaeth Manceinion o gyllid gwahanol. Nid dyma'r lle i ddilyn hynt a helynt yr ymdrech i gyfuno'r ddwy esgobaeth. Y peth pwysig yn y cyd-destun hwn yw bod Ab Ithel a Jones wedi gwrthwynebu'r cynllun ac wedi deall eu bod yn rhannu diddordeb yn hanes a henebion Cymru. Yn wir, cynigiai Ab Ithel reswm hanesyddol dros wrthwynebu'r cynllun mewn llythyr a anfonodd at Iarll Powis er mwyn ceisio ei gefnogaeth i'r ymgyrch ar 8 Chwefror 1845, yn fuan ar ôl ei ymweliad â Manceinion. Meddai:

> the Welsh are the only sees in the island of purely British origin, which have been presided over regularly from the beginning, that they thus identify us in especial manner with the primitive & independent Church of the soil, and that any diminution of their number would consequently and in a corresponding degree weaken their position in reference to the claims of Rome ... In a work recently published ... I have noticed at some length the establishment of the ancient sees of Wales.[6]

Dyma Ab Ithel felly'n pwysleisio hynafiaeth yr Eglwys yng Nghymru (gan apelio at y ddamcaniaeth eglwysig Brotestannaidd a gynigwyd gan Richard Davies a William Salesbury yn yr unfed ganrif ar bymtheg) fel arf yn erbyn Catholigiaeth, y bu ofnau am ei chynnydd yn sgil Deddf Rhyddfreinio'r Catholigion yn 1829, ofnau a wireddwyd pan sefydlodd y Pab Pius IX dalaith eglwysig Gatholig yn Lloegr a Chymru yn fuan wedi hyn, yn 1850.

6

Ar finion per afonig,—yn nifyr
Llangynhafal wledig,
Ceir annedd mewn cwr unig,
O dan las a denol wig.
Yno ganwyd eginyn
Hardd ei wedd, yn iraidd wyn—
Impyn neu flodeuyn del
O lwyth hynafol *Ithel.*

Uch-deulu o falch waedoliaeth—oedd hwn
Fu dda ei wasanaeth,
A chwyddai ei achyddiaeth—yn ddyfal
A llawn o ofal i bell hynafiaeth.

Na feied un ynfyd wr
Awch aidd y teg achyddwr.
Rhodd y nef yw rhuddin iach
A glân ddihalog linach;
Yn gyff hardd o goffa hen,
Ac engyl ar bob cangen.

Braint helaeth yw hen bren teulu—â'i dwf
Yn dal i gynnyddu
Heb ystaen, ac heb was du,
A'i halogrwydd i'w lygru.

Ac anwyl gwisgo enwau—eneiniwyd
Gan uniawn gyndadau,
A'u per rin hwy yn parhau
A dal oesoedd yn dlysau.

Trwy athrylith *Ab Ithel*—esgynodd
Yng ngwisg ganaid angel,
Yn fwyn ei gân o fan gel
I lachar safle uchel.

7

O'i dyner euenctyd union—gwan oedd
Fel gwinwydden ffrwythlon,
A thoraeth ffrwythau irion
Yn llwyth hardd yn llethu bon.

Boreuol yr llwybr Awen—yr hwyliai
Ei athrylith drylen,
Codai ei ieuanc aden
Fry yn wych i'r ddyfyr nen.

Ni oedai 'mysg blodau mân—ail un bach,
Neu löyn byw'n hedfan,
O ran difyru ei hunan,
A'i bill o gerdd a'i ambell gân.

Eryr ydoedd ar ei hir aden,
Godai olwg i lygad heulwen,
I beraidd waith y beirdd hen—yr uchel
Ai ei drywel ddiledryw awen.

Llafuriai ag allwedd dysg i'w llyfrgellau,
A drysau euraidd eu hen drysorau,
Yn hawdd agorodd i wraidd eu geiriau:
Hidlai y sothach o'r dilys weithiau;
Fel hen win i'm min mau—yn ber ei nodd,
Y cain osododd eu cynnwysiadau

Hwn a hyf weithiodd trwy hynafiaethau
At wraidd dywedion y traddodiadau,
Nes cyrhaedd hanes y cawraidd enwau
Yn y tarth isel ar anterth oesau,
Mewn hedd ynt fel mynyddau—uchelion
Yn llwyd ar finion y pell derfynau;
Draw chwalodd o'u derch aeliau—bob niwlion
A doeth awelon beirniadaeth olau.

Rhan o awdl farwnad y Parchg John Williams 'Ab Ithel' gan Elis Wyn o Wyrfai
Trwy ganiatâd Llyfrgell Genedlaethol Cymru

Yr oedd Ab Ithel eisoes wedi ymosod ar y gred fod yr Eglwys Sefydledig yn olynydd i'r Eglwys Gatholig yn ei lyfr cyntaf, a gyhoeddodd yn 1836 pan oedd yn gurad Llanfor, sef *Eglwys Loegr yn Anymddibynol ar Eglwys Rhufain, yn Ei Sefydliad Cyntaf, a'i Nodwedd Parhaus hyd Amser y Diwygiad.* Ond at lyfr Saesneg diweddarach o'i eiddo y cyfeiria yn ei lythyr, sef *The Ecclesiastical Antiquities of the Cymry; or The Ancient British Church* (1844). Mae'r cyflwyniad i'r gyfrol honno'n tanlinellu'r parhad rhwng Eglwys Sefydledig Cymru'r bedwaredd ganrif ar bymtheg, nid a'r Eglwys Gatholig, ond yn hytrach a'r hen Eglwys Frythonaidd, drwy gyfarch pedwar esgob Cymru fel 'living representatives' yr eglwys hynafol honno. Yn ogystal, pwysleisia'r gyfrol hynafiaeth y Cymry fel pobl gan gyfeirio at elfennau o hanes ffug Iolo Morganwg, yn eu plith y drydedd gyfres o 'Drioedd' a luniodd Iolo ac sydd i'w gweld yn y *Myvyrian Archaiology of Wales* (1801–7), y chwedl am Hu Gadarn yn arwain y Cymry o 'Wlad yr Haf', lle y mae Caergystennin (Istanbul) heddiw, a'u dysgu sut i aredig, a'r deddfwr chwedlonol Dyfnwal Moelmud. Diddorol nodi hefyd fod yr Eglwyswr Ab Ithel yn pwyso ar ddadl Iolo fod credoau'r Derwyddon, a'u holynwyr honedig y beirdd, yn gyson â Christnogaeth, ac felly'n berthnasol i 'hynafiaethau eglwysig'.

Canlyniad pwysicaf cyfarfyddiad Ab Ithel a Harry Longueville Jones oedd eu penderfyniad i sefydlu *Archaeologia Cambrensis* a Chymdeithas Hynafiaethau Cymru. Er mai Jones, yn ôl pob tebyg, a fu'n bennaf gyfrifol am y mentrau hyn, mae'n amlwg iddo werthfawrogi cydweithrediad Ab Ithel. Rhaid cofio mai dieithryn i Gymru oedd Jones i gryn raddau ac nad oedd wedi symud i fyw yma'n barhaol pan sefydlwyd y cyfnodolyn a'r gymdeithas. Ar y llaw arall, yr oedd gan Ab Ithel gysylltiadau a gwybodaeth ddefnyddiol fel Eglwyswr a hynafiaethydd a oedd wedi ei eni a'i fagu yng Nghymru, ac wedi dychwelyd yma i ddilyn gyrfa yn yr Eglwys ar ôl iddo raddio yn Rhydychen yn 1835. Ac er mai ffynonellau ysgrifenedig a oedd yn mynd â'i fryd yn bennaf, ymddiddorai mewn henebion hefyd: er enghraifft, cyhoeddodd erthygl ar fynachlog Glyn-y-groes yn rhifyn cyntaf *Archaeologia Cambrensis* yn Ionawr 1846.

Daeth y cydweithrediad rhwng y ddau Eglwyswr i ben yn 1853, fodd bynnag, oherwydd ffrae rhyngddynt ynghylch amcanion a chyfeiriad Cymdeithas Hynafiaethau Cymru a'i chyfnodolyn. Wrth wraidd y ffrae yr oedd eu hagweddau tra gwahanol at orffennol Cymru: Ab Ithel ar un llaw yn frwd dros weledigaeth ramantaidd Iolo Morganwg a Harry Longueville Jones, ar y llaw arall, yn arddel agwedd lawer mwy beirniadol. Ar ôl y rhwyg daliai Jones i weithio dros Gymdeithas Hynafiaethau Cymru, a bu'n olygydd ar *Archaeologia Cambrensis* hyd ddiwedd ei oes, gan gyfrannu bron i gant o erthyglau iddo yn ogystal. Dilyn ei gŵys ei hun a wnaeth Ab Ithel. Ceisiodd hyrwyddo ei ddeongliadau ei hun o lenyddiaeth a hanes Cymru drwy sefydlu'r 'Cambrian Institute' a'r *Cambrian Journal* yn 1854 a thrwy ei gyhoeddiadau niferus yn y cyfnodolyn hwnnw ac mewn mannau eraill. (Teg ychwanegu, serch hynny, nad oedd pawb a gyfrannai i'r cyfnodolyn yn cyd-weld ag Ab Ithel.) Bu Ab Ithel yn awdur egnïol ar hyd ei oes. Yn ogystal â'i lyfrau cynnar ar hanes yr Eglwys, cyhoeddodd olygiad a chyfieithiad o'r *Gododdin* (1852), bu'n un o olygyddion y 'Welsh Manuscript Society' (a sefydlwyd yn 1836) gan gyhoeddi pedair cyfrol ar ei chyfer, ac yn awdur gwaith Ioloaidd sylweddol ar draddodiadau hynafol honedig y Cymry, sef *The Traditionary Annals of the Cymry*. Fel y nodwyd uchod, yr oedd ei agwedd at orffennol Cymru yn gymeradwy i lawer o'i gyfoeswyr, ac fe'i hystyrid yn ysgolhaig o fri. Eto, ni rannai pob un y farn honno. Daeth Eisteddfod Fawr Llangollen (1858), a drefnodd Ab Ithel a'i gyfeillion megis Richard Williams Morgan 'Môr Meirion' fel llwyfan ar gyfer eu gweledigaeth Ioloaidd, o dan lach sawl sylwebydd o anian mwy beirniadol, megis Robert John Pryse 'Gweirydd ap Rhys' a Thomas Stephens o Ferthyr Tudful, awdur traethawd a gyflwynwyd i'r eisteddfod yn profi mai chwedl oedd hanes darganfod America gan y Tywysog Madog ab Owain Gwynedd. Gwrthodwyd gwobrwyo'r traethawd gan fod ei ddehongliad yn gwbl groes i'r hanes gwladgarol rhamantaidd a hyrwyddai Ab Ithel a'i gefnogwyr.

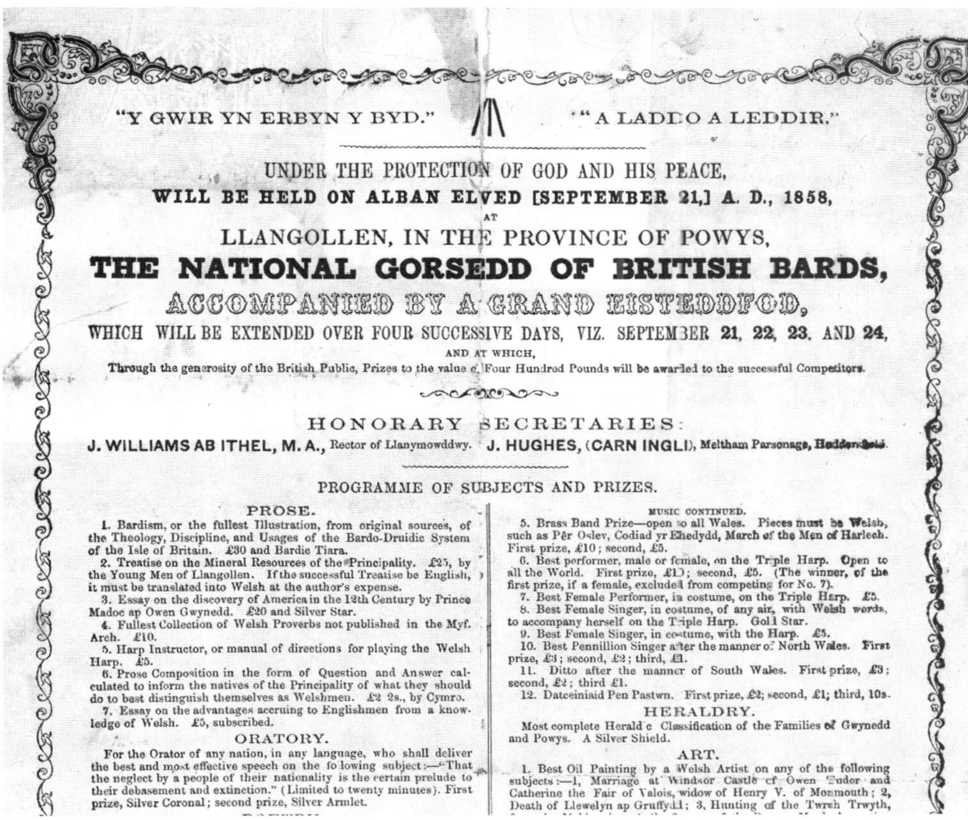

"Y GWIR YN ERBYN Y BYD." /|\ "A LADDO A LEDDIR."

UNDER THE PROTECTION OF GOD AND HIS PEACE,
WILL BE HELD ON ALBAN ELVED [SEPTEMBER 21,] A. D., 1858,
AT
LLANGOLLEN, IN THE PROVINCE OF POWYS,
THE NATIONAL GORSEDD OF BRITISH BARDS,
ACCOMPANIED BY A GRAND EISTEDDFOD,
WHICH WILL BE EXTENDED OVER FOUR SUCCESSIVE DAYS, VIZ. SEPTEMBER 21, 22, 23, AND 24,
AND AT WHICH,
Through the generosity of the British Public, Prizes to the value of Four Hundred Pounds will be awarded to the successful Competitors.

HONORARY SECRETARIES:
J. WILLIAMS AB ITHEL, M. A., Rector of Llanymowddwy. **J. HUGHES, (CARN INGLI),** Meltham Parsonage, Huddersfield.

PROGRAMME OF SUBJECTS AND PRIZES.

PROSE.

1. Bardism, or the fullest Illustration, from original sources, of the Theology, Discipline, and Usages of the Bardo-Druidic System of the Isle of Britain. £30 and Bardic Tiara.
2. Treatise on the Mineral Resources of the Principality. £25, by the Young Men of Llangollen. If the successful Treatise be English, it must be translated into Welsh at the author's expense.
3. Essay on the discovery of America in the 12th Century by Prince Madoc ap Owen Gwynedd. £20 and Silver Star.
4. Fullest Collection of Welsh Proverbs not published in the Myf. Arch. £10.
5. Harp Instructor, or manual of directions for playing the Welsh Harp. £5.
6. Prose Composition in the form of Question and Answer calculated to inform the natives of the Principality of what they should do to best distinguish themselves as Welshmen. £2 2s., by Cymro.
7. Essay on the advantages accruing to Englishmen from a knowledge of Welsh. £5, subscribed.

ORATORY.

For the Orator of any nation, in any language, who shall deliver the best and most effective speech on the following subject:—"That the neglect by a people of their nationality is the certain prelude to their debasement and extinction." (Limited to twenty minutes). First prize, Silver Coronal; second prize, Silver Armlet.

MUSIC CONTINUED.

5. Brass Band Prize—open to all Wales. Pieces must be Welsh, such as Pêr Oslev, Codiad yr Ehedydd, March of the Men of Harlech. First prize, £10; second, £5.
6. Best performer, male or female, on the Triple Harp. Open to all the World. First prize, £10; second, £5. (The winner, of the first prize, if a female, excluded from competing for No. 7).
7. Best Female Performer, in costume, on the Triple Harp. £5.
8. Best Female Singer, in costume, of any air, with Welsh words, to accompany herself on the Triple Harp. Gold Star.
9. Best Female Singer, in costume, with the Harp. £5.
10. Best Pennillion Singer after the manner of North Wales. First prize, £3; second, £2; third, £1.
11. Ditto after the manner of South Wales. First prize, £3; second, £2; third £1.
12. Datceiniaid Pen Pastwn. First prize, £2; second, £1; third, 10s.

HERALDRY.

Most complete Heraldic Classification of the Families of Gwynedd and Powys. A Silver Shield.

ART.

1. Best Oil Painting by a Welsh Artist on any of the following subjects:—1, Marriage at Windsor Castle of Owen Tudor and Catherine the Fair of Valois, widow of Henry V. of Monmouth; 2, Death of Llewelyn ap Gruffydd; 3, Hunting of the Twrch Trwyth,

Poster yn hysbysebu Eisteddfod Llangollen 1858
Trwy ganiatâd Llyfrgell Genedlaethol Cymru

Bu Harry Longueville Jones hefyd yn hynod feirniadol o ddiffygion Ab Ithel fel ysgolhaig. Mewn adolygiadau yn *Archaeologia Cambrensis* yn 1861 o olygiadau ei gyn-gyd-weithiwr o ddau gronicl canoloesol, *Annales*

Cambriae a *Brut y Tywysogion*, a welodd olau dydd yn 1860 fel cyfrolau yn 'Rolls Series' llywodraeth Prydain Fawr, pwysleisiodd Jones fod eu rhinweddau'n ddyledus i Aneurin Owen (1792–1851), a benodwyd yn wreiddiol i ymgymryd â'r gwaith, ysgolhaig dihafal o ran ei ofal a'i gywirdeb ym marn Jones. Yr oedd cyfraniad Ab Ithel, ar y llaw arall, yn wallus ac esgeulus a heb ychwanegu dim o werth at waith Owen. Tybed ai cyd-ddigwyddiad oedd penderfyniad Jones i ddangos ei allu yntau i ymgymryd â gwaith testunol o'r fath drwy gyhoeddi cronicl Lladin byr o fynachlog Nedd yn *Archaeologia Cambrensis* yn 1862? Eto, yn wahanol i Ab Ithel, nid testunau ysgrifenedig ond henebion archaeolegol, ac eglwysi canoloesol yn arbennig, a ddenai sylw Jones yn anad dim. Gellir olrhain ei ddiddordeb mewn eglwysi canoloesol yn ôl i'w ddyddiau ym Mharis, a chymhwysodd y sgiliau a ddatblygodd yno wrth ymweld ag eglwysi canoloesol Môn ac Arfon a'u darlunio'n ddeheuig, gan gyhoeddi ffrwyth ei waith mewn cyfres o erthyglau yn *Archaeologia Cambrensis*.

Dyna ond un enghraifft o ddylanwad y mudiad hynafiaethol yn Ffrainc, y daeth Jones i gysylltiad uniongyrchol ag ef ym Mharis, ar ei ymdrechion i hybu safonau beirniadol, gwyddonol ym maes hynafiaethau Cymru, yn ogystal ag i sicrhau cyfundrefn bwrpasol ar gyfer gwaith yn y maes hwnnw. Cydnabu ei ddyled mewn erthygl yn rhifyn cyntaf *Archaeologia Cambrensis* yn Ionawr 1846:

> For much of the method of studying antiquities – as, indeed, for many good methods and theories in other matters – we confess ourselves under great obligations to our French brethren of the archaeological world. They have the advantage of being duly organized under the eye of an enlightened and public-spirited government ... In consequence of this, archaeology is now on a sounder basis in France than in England ... We intend, in the pages of *Archaeologia Cambrensis*, to follow the example of the French Government Commissions, and to print sets of instructions, questionaries [*sic*], or formularies, by which the antiquary will be greatly aided in his operation, from knowing *what*, and *how*, to observe ...

Pwysleisiodd Jones yr angen yn ogystal i sefydlu 'an association for the whole Principality, acting in concord with a more general association for the whole empire, yet devoting itself to the special cultivation of Welsh antiquities'.

Camgymeriad, serch hynny, fyddai anwybyddu dylanwad hynafiaetheg yn Lloegr ar fenter Jones. Bid sicr, yr oedd sefydlu *Archaeologia Cambrensis* a Chymdeithas Hynafiaethau Cymru'n rhan o ymdrechion ehangach i hybu astudiaeth o hynafiaethau a gwarchod henebion a oedd yn cynnwys ymdrechion llywodraeth Ffrainc o dan lywodraeth Louis-Philippe, ymdrechion a oedd yn cynnig patrwm pwysig i Harry Longueville Jones. Dylid nodi hefyd fod cyfnodolyn yr *Annales archéologiques* wedi ei sefydlu yn Ffrainc yn 1844, o dan olygyddiaeth Adolphe Napoléon Didron (1806–7), archaeolegydd, hanesydd celf ac ysgrifennydd Pwyllgor Hanesyddol y Celfyddydau a Hynafiaethau ym Mharis. Ond er nad ydynt mor amlwg, yr oedd cysylltiadau agos â datblygiadau yn Lloegr hefyd. Yn un peth, mae'n debygol iawn fod enw'r 'Cambrian Archaeological Association' wedi ei batrymu ar enw'r 'British Archaeological Association' (BAA) a sefydlwyd yn Rhagfyr 1843. Yn wir, bwriad gwreiddiol Jones oedd sefydlu adran Gymreig oddi mewn i'r BAA, ond methiant oedd y trafodaethau i'r perwyl hwnnw a bu'r rhwyg rhwng y BAA a'r 'Archaeological Institute' yn 1845 yn ergyd derfynol i'r cynllun. (Sefydlwyd y corff newydd, a lwyddodd i ddal ei afael ar gyfnodolyn y BAA, sef yr *Archaeological Journal*, gan garfan o dan arweiniad Albert Way (1805–74), cyfarwyddwr Cymdeithas Hynafiaethau Llundain a chyd-ysgrifennydd mygedol y BAA.) Rhaid mai'r rhwyg hwn fu'r ysgogiad uniongyrchol i'r penderfyniad i sefydlu cyfnodolyn a chymdeithas ar wahân i Gymru, er bod Jones, fel y gwelsom, yn rhag-weld y byddai Cymdeithas Hynafiaethau Cymru'n gweithredu mewn cytgord ag 'a more general association for the whole empire'. Ond, fel y gwelsom, bu rhwyg yng Nghymru hefyd erbyn 1853 wrth i Ab Ithel ymddiswyddo fel cyd-olygydd *Archaeologia Cambrensis* ac o Gymdeithas Hynafiaethau Cymru: hwyrach fod adlais o'r rhaniadau yn Lloegr wrth iddo fynd rhagddo i sefydlu'r 'Cambrian Institute' a'r *Cambrian Journal*.

Aeth Harry Longueville Jones ati i wireddu ei gynlluniau ar gyfer hynafiaethau Cymru gyda sêl diwygiwr. Wrth hysbysu'r archaeolegydd Didron o Ffrainc ar ddiwedd 1846 ei fod wedi sefydlu *Archaeologia Cambrensis* ar ei gost ei hun, eglurodd: 'Canfûm fod archaeoleg bron

Llanymowddwy Rectory,
near Dinas Mowddwy,
Merionethshire.

SIR,

I take the liberty of calling your attention to the accompanying Prospectus, relative to the establishment of THE CAMBRIAN INSTITUTE, *and of soliciting your kind permission to add your name to the list of Subscribers.*

You must be well aware that no scheme for the amelioration of Wales can possibly succeed where the native gentry do not unitedly lend it their countenance and support.

The interest which you, as a resident landlord, must naturally feel in the welfare of your tenants and poorer neighbours, will accordingly, it is to be hoped, suggest to you the propriety of at once joining THE CAMBRIAN INSTITUTE, *which has for its express object the elevation of the intellectual and social character of the Welsh community.*

Prospectws The Cambrian Institute
Trwy ganiatâd Llyfrgell Genedlaethol Cymru

wedi marw yng Nghymru: dim symudiad, dim canoli, difaterwch dwfn.'[7] Diffyg cenedlaethol oedd hwn yng ngolwg Jones, a barnu wrth ei gŵyn mewn erthygl yn 1848, yn dwyn y teitl braidd yn ddirmygus 'Travelling in Taffyland', fod y Cymry'n 'tremendously slow coaches'.[8] Ac fel Uchel Dori, credai fod rhaid i'r bonedd a'r bendefigaeth wthio'r Cymry ar hyd llwybr cynnydd. Yn sicr, rhannai'r farn gyffredin yn y cyfnod hwnnw fod cefnogaeth y rhain yn hanfodol i lwyddiant cymdeithas hynafiaethau. Tybed a oedd Jones yn gweld cyfle iddo roi hwb i drefnu gwaith hynafiaethol ac archaeolegol yng Nghymru yn union oherwydd methiant y Cymry i fynd i'r afael â'r maes hwn? Rhaid derbyn, serch hynny, fod ei agwedd at y Cymry'n amwys. Ar un llaw, dyna'r elfen nawddoglyd, snobyddlyd: enghraifft arall yw'r rhybudd yn 1850 i Thomas Phillipps, Middle Hill, rhag rhoi ei lyfrau i Goleg Dewi Sant yn Llanbedr Pont Steffan; gwell eu taflu i gyd i Fae Ceredigion na'u rhoi yn nwylo 'the ploughboys who go up to Lampeter'![9] Ac ofer eu rhoi i gabidylau eglwysi cadeiriol Cymru ychwaith, gan nad oedd neb yn darllen yn y sefydliadau hynny hyd y gwelai Jones—barn a seiliwyd ar ei brofiad dadrithiol o roi ei lyfrgell i gadeirlan Bangor. Ar y llaw arall, er pan oedd yn ddyn ifanc, bu ganddo nid yn unig hoffter rhamantaidd o dirwedd, hynafiaethau a diwylliant Cymru ond hefyd gydymdeimlad â chenedligrwydd y Cymry. Yn ddiweddarach, yn unol â'i ddaliadau ceidwadol, aeth mor bell â mynnu bod y Gymraeg yn 'strong bond and support of Welsh nationality, and keeps alive in their breasts that indomitable love of their country, and that spirit of national pride, which is the best safeguard of the liberties of the realm, and its protection from democratic invasion [sef goresgyniad chwyldroadol]'.[10] Bu'n hallt ei feirniadaeth ar adroddiadau'r comisiynwyr addysg (y Llyfrau Gleision) yn 1847, ac fel arolygydd ysgolion digiodd Ralph Lingen, pennaeth yr adran addysg yn Llundain a fu'n un o'r comisiynwyr hynny ar ddechrau ei yrfa, oherwydd ei agwedd gadarnhaol at y Gymraeg ymhlith rhesymau eraill.

I grynhoi, er bod John Williams a Harry Longueville Jones ill dau'n offeiriaid Anglicanaidd a ymddiddorai yn hynafiaethau Cymru, yr oedd eu hagweddau at ddeall y gorffennol yn bur wahanol. Arddelai Ab Ithel hanes arwrol, rhamantaidd a gwladgarol yn null Iolo Morganwg, wedi ei blethu â'r ddamcaniaeth eglwysig Brotestannaidd a fynnai mai atgyfodiad o'r hen Eglwys Frythonaidd oedd Eglwys Loegr. Eto, er ei fod yn ddadleuol yn ystod ei oes, cynrychiolai Ab Ithel farn bur eang ymhlith hynafiaethwyr a llenorion Cymru a oedd wedi eu cyfareddu gan weledigaeth Iolo. Fel gŵr a dreuliodd ei oes ar ôl graddio yn offeiriad yng Nghymru, yn troi mewn cylchoedd eisteddfodol, ceisiai Ab Ithel hybu dealltwriaeth o orffennol Cymru â'i gwreiddiau yn y ganrif flaenorol. Nid felly Harry Longueville Jones. Mae'n wir ei fod yn delfrydu agweddau ar y gorffennol: fel Tori rhonc rhybuddiai'n chwyrn yn erbyn newid y drefn a oedd ohoni a chydymdeimlai â thuedd y cyfnod i ramanteiddio'r Oesoedd Canol. Ond, yn wahanol i Ab Ithel, cofleidiai'r safonau beirniadol diweddaraf wrth fynnu bod rhaid gosod archaeoleg a hanes Cymru ar seiliau cadarn drwy astudiaeth ofalus o'r dystiolaeth. Ac er gwaethaf ei dras Gymreig, gŵr o'r tu allan oedd Jones a'i agweddau at y wlad a'i gorffennol wedi eu ffurfio i gryn raddau cyn iddo symud i Gymru i fyw ar ddechrau ei ddeugeiniau: gŵr a oedd yn gyfarwydd â datblygiadau archaeolegol a hynafiaethol cyfoes yn Lloegr a Ffrainc, ac yn awyddus i dorri cwys newydd drwy fachu ar y cyfle i gyflawni gwaith tebyg yng Nghymru.

---

1 Am hanes y ddau a chyfeiriadau at astudiaethau eraill ohonynt, gweler J.E. Lloyd, adol. Beti Jones, 'Williams, John [pseud. Ab Ithel] (1811–1862)', *Oxford Dictionary of National Biography* (2004), https://doi-org.cardiff.idm.oclc.org/ 10.1093/ref:odnb/29525; Huw Pryce, 'Jones, Harry Longueville (1806–1870)' [2016], *Y Bywgraffiadur Cymreig*, https://bywgraffiadur.cymru/article/c11-JONE-LON-1806.

2 Ar ddylanwad Iolo, gweler Marion Löffler, *The Literary and Historical Legacy of Iolo Morganwg 1826–1926* (Cardiff: University of Wales Press, 2007).

3 Harry Longueville Jones, *Illustrations of the Natural Scenery of the Snowdonian Mountains: Accompanied by A Description, Topographical and Historical, of the County of Caernarvon* (London, 1829), t. 34.

4 Ar gysylltiadau Jones â Ffrainc, gweler Huw Pryce, 'Harry Longueville Jones, FSA, medieval Paris and the heritage measures of the July Monarchy', *The Antiquaries Journal*, 96 (2016), 391-414.

5 H.G. Williams, 'Longueville Jones and Welsh education: the neglected case of a Victorian H.M.I.', *Cylchgrawn Hanes Cymru*, 15 (1990–1), 416–42.

6 Aberystwyth, Llyfrgell Genedlaethol Cymru, Powis Castle Estate Records, MC3/297.

7 [A.N.] Didron, 'Mouvement archéologique', *Annales Archéologiques*, 5 (1846), 329–45 [t. 344]: 'J'ai trouvé l'archéologie presque morte dans le pays de Galles: point de movement, point de centralisation, une profound apathie.'

8 [H.L. Jones], 'Travelling in Taffyland', *Blackwood's Edinburgh Magazine*, 63/390 (1848), 455–62.

9 Jones at Phillipps, 4 Tachwedd 1850, Rhydychen, Llyfrgell Bodley, Phillipps-Robinson MSS, c.499, ffol. 182r–184r.

10 [H.L. Jones], 'Education in Wales', *Blackwood's Edinburgh Magazine*, 63/391 (1848), 540–63.

9

Andrew Hawke

YR OLAF O'I FATH: DANIEL SILVAN EVANS A'I GYFRANIAD GEIRIADUROL

Ganwyd Daniel Silvan Evans (1818–1903) i Silvanus a Sarah Evans a oedd yn ffermio yn Llanarth, Sir Aberteifi.[1] Ychydig iawn o addysg a gafodd a hynny mewn ysgolion lleol yn ystod tymhorau'r gaeaf. Serch hynny, ni rwystrodd hyn ef rhag dechrau pregethu i'r gynulleidfa Annibynnol yr oedd yn aelod ohoni. Pan oedd yn ugain mlwydd oed, penderfynodd fynd i'r weinidogaeth, a threuliodd ddwy flynedd rhwng 1838 ac 1840 yn ysgol Thomas Phillips yn Neuadd-lwyd cyn mynd i Goleg yr Annibynwyr yn Aberhonddu yn 1840 ond heb aros yn hir yno. Gweithiodd wedyn fel athro ysgol am ryw bum mlynedd. Ei gyhoeddiadau cyntaf o'r cyfnod hwn oedd *Blodeu Ieuainc: Amrywion Prydyddol a Rhyddieithol* (1843), casgliad o'i gerddi a'i ysgrifau, a *Telynegion ar Destunau Amrywiol* (1846). Tua'r adeg hon priododd Margaret Walters, merch fferm leol. Yn yr un cyfnod yr oedd ei ddiddordeb yn y Gymraeg a'i llenyddiaeth yn tyfu ac mae'n debyg iddo drefnu cyhoeddi *Gwreiddiadur o'r Iaith Gymraeg* yn 1840, ond ni welodd hwn olau dydd.

Er gwaethaf ei waith cynnar gyda'r Annibynwyr, cafodd ei dynnu at yr Eglwys Sefydledig ac aeth i Goleg Dewi Sant yn Llanbedr Pont Steffan yn 1846. Bu farw Rice Rees, Athro Cymraeg y coleg, tua deng mlynedd ynghynt a phenodwyd y curad lleol yn ddarlithydd Cymraeg yn ei le, ond ymddeolodd ar ôl ychydig am nad oedd yn gymwys i'r swydd. Felly, pan gyrhaeddodd Silvan, nid oedd neb yn dysgu'r iaith. Yn ôl y gohebydd 'Giraldus' yn *The Principality*:

> There is, therefore, now a nominal Welsh college where the language of Wales is not cultivated, where the students often lose what they bring there, and have not the means afforded them to improve what they before acquired, and leave the college utterly unfit to cope with the well-trained dissenters, who are practised in Welsh composition at their various academies, and make it a real study—by which means they attract large congregations, and are able to retain them afterwards; whereas many of the young men educated at Lampeter, who have acquired Welsh colloquially before they went there, are so ignorant of it grammatically that on leaving college they are obliged to have sermons written for them, for which

> they pay, not having received sufficient instruction to write correctly for themselves, or to be able to compose, which is now practically neglected at the college, and it is believed that many a sermon written or composed by a dissenter has often been preached from the church pulpit by the students after ordination.[2]

Ordeiniwyd Silvan yn ddiacon yn 1848 ac yn offeiriad yn 1849. Yn 1847, pan oedd yn dal yn y coleg, derbyniodd gynnig gan y cyhoeddwr Thomas Gee i baratoi pumed argraffiad o eiriadur Saesneg–Cymraeg poblogaidd Thomas Jones, Dinbych. Ceir y nodyn hwn yn y cylchgrawn Americanaidd *Y Cyfaill o'r Hen Wlad* yn 1848:

> *Coleg Dewi Sant*. – Ar yr 20fed o Fawrth diweddaf, cafodd Mr. D. Silvan Evans, awdwr y Geiriadur Saesonaeg a Chymraeg a gyhoeddir yn awr gan Mr. Gee o Ddinbych, ei bennodi yn Ddarlithiwr Cymreig, *Welsh Lecturer*, yn Ngholeg Dewi Sant, Llanbedr. Etholwyd Mr. Evans yr un dydd yn 'Ysgolor Cymreig,' yr hon, deallwn, yw'r ysgoloriaeth fwyaf ei gwerth yn y Coleg.[3]

Er bod Gee wedi gofyn i Silvan ailolygu geiriadur Thomas Jones gydag 'ychwanegiad mawr', paratôdd Silvan waith cwbl newydd, fel yr esboniodd yn ei eiriau ei hun:

> [N]id diwygio a helaethu y Geiriadur hwnw a wnaethym i ond ysgrifenu gwaith newydd o'r dechreu i'r diwedd.[4]

Er mawr rwystredigaeth i Gee, cymerodd y gwaith un mlynedd ar ddeg i'w gwblhau, ac yn lle'r gyfrol gymharol fach a oedd gan Gee mewn golwg, cafodd y geiriadur ei gyhoeddi mewn dwy gyfrol fawr yn 1852 ac 1858, yn cynnwys bron i ddwy fil o dudalennau a rhyw 85,000 o brifeiriau Saesneg.[5] Ymddangosodd y geiriadur mewn rhannau—pump yn y gyfrol gyntaf—o 1848 ymlaen. Penodwyd Silvan yn gurad Llandegwning a Phenllech yn Sir Gaernarfon yn 1848 cyn symud i Langïan yn 1852 ac yno yn 1858 yr ysgrifennodd y rhagair i'r geiriadur gan nodi:

> In the execution of my task, I am not aware of having avoided any difficulties, or spared any trouble, to render the work of real service to those for whose benefit it was intended. And in reviewing a labour which has occupied most of my leisure moments for upwards of eleven years of the best period of my life, it is some satisfaction to reflect that I have done all that my time, my health, and the means at my disposal would enable me to accomplish; and to me it is no small compensation for my toil to find that this contribution to supply a desideratum in our lexicographical literature, has met with the unanimous approbation of my countrymen.

Yn 1850, dwy flynedd cyn i gyfrol gyntaf Silvan ymddangos, cyhoeddwyd geiriadur newydd Thomas Edwards 'Caerfallwch', *Geirlyfr Saesoneg a Chymraeg: An English and Welsh Dictionary; also an analysis of the orthography of the Welsh language*, hwn hefyd yn eiriadur mawr Saesneg–Cymraeg, tebyg i un Silvan, ond hanner ei faint, yn cynnwys tua 37,000 o brifeiriau Saesneg. Mae'n amlwg fod Caerfallwch wedi ei synnu pan ddechreuodd geiriadur Silvan ymddangos mewn rhannau gan na wyddai ddim am ei gynlluniau, ac wrth reswm, byddai'r ddau eiriadur yn cystadlu am yr un farchnad. Bu tipyn o ffrae rhwng Caerfallwch a Thomas Gee ac fe'i cafodd Silvan ei hun yn rhan o'r dadlau cyhoeddus. Pan ymwelodd Gee â chartref Caerfallwch, gwelodd ei fod wedi pastio tudalennau o eiriadur Thomas Jones, sef y geiriadur yr oedd Gee wedi gofyn i Silvan ei ailolygu, mewn copi rhyngddalennog o eiriadur William Owen-Pughe, ac wedi cofnodi ychwanegiadau arnynt. Cyfaddefodd Caerfallwch iddo wneud defnydd helaeth o eiriadur Thomas Jones, gan ddweud, 'it was the best dictionary I could find and I made use of it'.[6]

Geiriadur dwy gyfrol William Owen-Pughe oedd y geiriadur Cymraeg–Saesneg mwyaf a mwyaf dylanwadol yng Nghymru ar y pryd. Yr oedd syniadau Pughe am yr orgraff wedi creu rhwyg rhwng hyrwyddwyr yr orgraff draddodiadol a hyrwyddwyr yr orgraff newydd heb y llythrennau dwbl, gyda *z* am *dd*, *v* am *f*, *f* am *ff*, ac yn y blaen. Credai Pughe, gan ddilyn syniadau'r oes, fod geiriau yn gyfuniadau o elfennau cyntefig. Er bod hyn yn wir am rai geiriau cyfansawdd a geiriau'n cynnwys rhagddodiaid ac olddodiaid, a hefyd—

yn achos ieithoedd fel y Gymraeg—y terfyniadau lluosog ac unigol, y terfyniadau berfol, ac yn y blaen, aeth Pughe â'r syniad yn llawer rhy bell, gan geisio datgymalu'r iaith yn set o wreiddiau unsillafog a'u rhestru (a'u diffinio) yn ei eiriadur. Nid yn unig hynny; aeth ati i fathu miloedd lawer o eiriau newydd drwy gyfuno'r elfennau hyn.

Daniel Silvan Evans
Casgliad Portreadau Llyfrgell Genedlaethol Cymru

Un ffordd i gyfleu pwysigrwydd iaith oedd dangos nifer y geiriau ynddi: y syniad o *copia* neu helaethrwydd. Felly, pentyrrodd Pughe filoedd o eiriau nad oeddynt erioed wedi bodoli yn yr iaith, gan greu'r geiriadur Cymraeg mwyaf a welwyd erioed. Mae'n cynnwys dros gan mil o brifeiriau Cymraeg ac mae'n werth nodi mai dim ond ychydig dros 90,000 o gofnodion sydd yn y fersiwn ar lein diweddaraf o

Eiriadur Prifysgol Cymru, sy'n cynnwys degau o filoedd o fathiadau a benthyciadau a wnaed ers dyddiau Pughe. Ar y llaw arall, yr oedd geiriadurwyr fel y Parchg John Walters o'r Bont-faen wedi dilyn cwys lawer mwy traddodiadol. Er bod Walters wedi bathu miloedd o eiriau a'u cynnwys yn ei eiriadur Saesneg–Cymraeg a gyhoeddwyd mewn rhannau rhwng 1770 ac 1794, tueddai eu ffurfio o eiriau ac elfennau a oedd eisoes yn bodoli, a chreodd liaws o eiriau sy'n cael eu hystyried yn rhan naturiol o'r iaith heddiw: geiriau fel *adloniant*, *amrantiad*, *awyrgylch*, *braslun*, *cofrestru*, *cylchgrawn*, *dynoliaeth*, *meddygfa*, *poblogaeth* a *rhyddieithol*.[7]

Dyn busnes a ymsefydlodd yn Llundain oedd Caerfallwch, ac yr oedd termau gwyddoniaeth a busnes yn bwysig iddo, fel yr esbonia yn ei ragair ar ddechrau ei eiriadur:

> English terms in chemistry, geology, anatomy, and other sciences, have derived their nomenclature from the Greek; but in the attempt to compose new words, to fill what I consider a chasm in Welsh literature, my source and authority were the roots of our own language, which are so simple, pure, and copious, as to render it perfectly unnecessary to have recourse to any other.[8]

Eto, cafodd geiriadur Caerfallwch ei ddisgrifio yn '[f]wy Puwaidd nag eiddo Pughe ei hun'.[9] Er gwaethaf hyn, mae rhai o'i fathiadau megis *buddsoddi*, *nwy*, *cyngerdd*, *pwyllgor*, *hirgrwn* a *moeseg* wedi cydio, fel y dangosodd gwaith ymchwil trylwyr Menna Morgan, er bod rhai o'r geiriau a restrir ganddi yn digwydd ychydig ynghynt.[10] Ar y llaw arall, er bod ganddo ddiddordeb mewn gwyddoniaeth a therminoleg, yr oedd Silvan yn fwy hyddysg yn llenyddiaeth y Gymraeg a theithi'r iaith.

Ac yntau'n ddyn busnes i'r carn, byddai'n naturiol i Thomas Gee gefnogi Silvan wrth gyhoeddi gwaith i gystadlu â geiriadur Caerfallwch, a oedd, yn ei olwg ef, wedi dwyn geiriadur Thomas Jones a'i ymgorffori yn ei waith ei hun. Cyfrannodd Silvan ryw ddeugain erthygl i waith mawr nesaf Gee, *Y Gwyddoniadur Cymreig*, ond buan y surodd y berthynas. Sylwodd Silvan nad oedd Gee wedi anfon ato'r proflenni o'r gair *tusk* hyd ddiwedd y geiriadur. Yn waeth na hynny, yr oedd Gee wedi talfyrru'r deunydd yn ddiarwybod iddo. Cwynodd Silvan amdano yn y wasg yn 1858 gan fynnu:

> [Y]r wyf dan angenrheidrwydd i hysbysu i'r wlad yn gyffredinol nad wyf i mewn modd yn gyfrifol am ansawdd y gwaith o'r gair *Tusk* hyd ddiwedd y llythyren Z ... Y mae yr ychydig ohono a gafodd ei gyhoeddi, wedi ei argraffu mor wallus, a'i lurgunio yn y fath fodd, fel nas gall, i'm tyb i, fod o nemawr ddyben i neb ymgynghori ag ef.[11]

Fe'i hamddiffynnodd Gee ei hun yn y wasg drwy ddweud mai o *wane* ymlaen yn unig y talfyrrodd y cynnwys er mwyn cyflymu'r gwaith ac iddo ddileu cofnodion dibwys ac anorffenedig Silvan; cyhuddodd Silvan am y blerwch o ran y proflenni. Aeth pethau o ddrwg i waeth. Cyhoeddodd Gee *Geiriadur Cynaniadol* R.I. Prys 'Gweirydd ap Rhys' yn 1857 a oedd, mae'n siŵr, yn nes at yr hyn yr oedd wedi disgwyl ei gael gan Silvan. Cyhuddodd Silvan Gee o seilio'r geiriadur newydd ar ei waith ef, a bu'n rhaid i Gweirydd ap Rhys ei amddiffyn ei hun: wedi'r cyfan yr oedd y gwaith hwnnw'n gwbl wahanol a daethai o'r wasg cyn i Silvan anfon rhan olaf ei destun at Gee i'w gysodi. Fel hyn yr ymatebodd Gweirydd ap Rhys:

> [B]yddai yn hawdd profi na wnaethym i fwy o ddefnydd, os cymmaint, o'i Eiriadur ef, ag a wnaeth yntau, nid yn unig o waith Walters, Pughe, a Webster, yr unig rai a gydnebydd, ond o waith y Dr. [John] Dafis, E[dward] Llwyd, T[homas] Richards, W[illiam] Richards, T[homas] Jones, a'r holl fân eiriaduron ereill, ac y mae wedi dyhysbyddu hyd yn oed Caerfallwch ei hun! Ond a ydyw Mr. D. S. Evans i'w feio o blegid hyn? Dim o'r fath beth; yn wir, ni buasai yn agos mor werthfawr pe buasai heb wneuthur hynny; ond yn unig mai peth annyoddefol, fel y dengys yr apostol Paul, yw clywed dyn yn dywedyd, "Na ladrata," a phawb yn gwybod ei fod yntau yn euog o'r un pethau.[12]

Ystyriodd Silvan gyhoeddi fersiwn newydd o'i eiriadur: 'Bydd yr argraffiad hwn, y mae gennym bob lle i ddysgwyl, yn tra rhagori ar yr argraffiad cyntaf' a 'ddyfethwyd i gryn raddau gan yr argraffydd', ond ni ddaeth dim o'r bwriad.[13] Cafodd y geiriadur groeso cymysg gan y beirniaid. Ymddangosodd y rhan gyntaf tua'r un pryd ag eiddo Caerfallwch ac felly yr oedd yn naturiol i bobl eu cymharu. Y prif wahaniaeth oedd bod Silvan wedi cynnwys tarddiad y geiriau Saesneg yn seiliedig ar eiriadur Saesneg Americanaidd Noah Webster a oedd ymhell o fod yn ddibynadwy. Cymerodd lawer o ymadroddion ac idiomau yn syth o waith Walters, yn aml gyda'r un cyfystyron Cymraeg. Mae Silvan yn cydnabod ei ddyled i Walters a Pughe ond nid yw'n sôn o gwbl am Thomas Jones, sef golygydd y geiriadur y gofynnwyd iddo ei ailolygu, yn ôl cais gwreiddiol Gee.

Dangosodd Morgan D. Jones y tebygrwydd rhwng rhai o gofnodion Silvan ac eiddo Caerfallwch, er bod rhai Silvan yn helaethach o dipyn ac yn cynnwys tarddiadau. Ond mae'n aml yn pentyrru cyfystyron a bathiadau lle y mae Caerfallwch yn fwy cytbwys. Gwendid pennaf Silvan fel geiriadurwr oedd ei awydd i amlhau cyfystyron heb eu diffinio'n fanwl, hyd yn oed wrth ddiffinio geiriau cymharol ddibwys, ond gan drin rhai geiriau pwysig yn arwynebol. Mae hyn yn peri tybio mai nifer y geiriau oedd y peth pwysicaf yn ei olwg, fel Pughe yntau, er mwyn dangos cyfoeth y Gymraeg, ac nid diffinio defnydd na dangos cyd-destun.

Yr oedd Silvan yn 42 oed cyn cael ei fywoliaeth gyntaf yn 1862 yn Llanymawddwy, gwerth £235 y flwyddyn.[14] Arhosodd yno nes cael dyrchafiad yn 1876 a symud i Lanwrin, gwerth £272 y flwyddyn, a threuliodd weddill ei oes hir yn nhawelwch dyffryn Dyfi. Cyn troi at ei waith geiriadurol mawr olaf, priodol sôn am ei waith llenyddol. Er mai geiriadura oedd prif weithgarwch ei amser hamdden, gweithiai'n ddiflino ar hyd ei oes fel golygydd a chyfieithydd. Golygodd drydydd argraffiad o gyfieithiad Edward Samuel o *De Veritate Grotos* dan y teitl *Gwirionedd y Grefydd Gristionogol*; *Y Marchog Crwydrad*; *Gwaith y Parch Walter Davies (Gwallter Mechain)* yn dair cyfrol, ynghyd â *Gwaith y Parchedig Evan Evans ('Ieuan Brydydd Hir')*. Cynorthwyodd William Forbes Skene gyda chyfieithiadau ar gyfer *The Four Ancient Books of Wales* a golygodd *Cambrian Bibliography* William Rowlands, *Literature of the Kymry* Thomas Stephens, a *Celtic Remains* Lewis

Morris. Bu'n olygydd *Y Brython* (1858–60) ac *Archaeologia Cambrensis* (1871–5) a pharatôdd dri argraffiad o *Gweledigaethau'r Bardd Cwsg* Ellis Wynne, pob un mewn orgraff ychydig yn wahanol fel y newidiodd ei syniadau am sillafu'r Gymraeg.

O ran ei waith ei hun, cyhoeddodd ddwy gyfrol ar wyddoniaeth yn 1850, *Elfenau Gallofyddiaeth: Ymddyddanion rhwng Tad a'i Blant* ac *Elfennau Seryddiaeth* y flwyddyn ddilynol. Ysgrifennodd gyfrol fach ar yr orgraff, *Llythyraeth yr Iaith Gymraeg* a gyhoeddwyd yn 1861 gyda rhyw 6,000 o eiriau mewn geirfa atodol. Golygodd gyda John Jones 'Ivon' *Ystên Sioned, neu, Y gronfa gymmysg*, a pharatôdd olygiad o *Dosparth byr ar y rhann gyntaf i ramadeg cymraeg* Gruffydd Roberts, Milan, 1567, ar gyfer y *Revue celtique*.

Yn ogystal â chyfansoddi emynau, fel *Emynau ar amrywiol destynau* (1840), bu'n weithgar yn adolygu llyfrau emynau Cymraeg ar gyfer yr Eglwys Anglicanaidd, gan olygu sawl argraffiad o *Hymnau a Thonau er Gwasanaeth yr Eglwys yn Nghymru*, yn 1867 ac 1885, a *Hymnau er Gwasanaeth yr Eglwys yn Nghymru: gydag Attodiad* yn 1886, 1887, ac 1891. Cydolygodd y Llyfr Gweddi Gyffredin gyda Dr Saunders a'r Deon Howell yn 1876 a golygodd *Athrawiaeth yr Eglwys yn Wirionedd y Bibl*. Mae un o'i gyhoeddiadau olaf yn 1898, *Telyn Dyfi: Manion ar Fesur Cerdd*, yn dwyn i gof un o'i gyhoeddiadau cynharaf, *Telynegion*, ac yn cynnwys ei gyfansoddiadau ei hun.

Penodwyd Silvan yn ddarlithydd Cymraeg rhan amser yng Ngholeg Aberystwyth yn 1875 (ychydig ar ôl i'r coleg agor ei ddrysau i fyfyrwyr) a bu yn y swydd hyd nes iddo ymddeol yn 1883 yn 65 oed. Ond mân ddyletswyddau oedd y gwaith golygu a dysgu iddo. Ei uchelgais o hyd oedd cynhyrchu geiriadur Cymraeg–Saesneg a fyddai'n dangos helaethrwydd y Gymraeg i'r byd. Bu'n astudio llenyddiaeth y Gymraeg ers blynyddoedd, gan gasglu a chopïo testunau o bob math ac o bob cyfnod. Mae'n rhaid ei fod wedi sylweddoli bod angen gwneud hyn er mwyn gwneud cyfiawnder â'r eirfa hynaf. Cyfathrebai â chylch eang o ieithegwyr ar draws Ewrop tua diwedd yr 1840au, ac yn raddol daeth o dan ddylanwad to newydd o ysgolheigion Celtaidd a oedd yn arddel syniadau ieithyddol llawer mwy gwyddonol na rhai Pughe, yn enwedig yn dilyn cyhoeddi gwaith arloesol Kaspar Zeuss, *Grammatica Celtica* (1853).

Yr oedd gan Silvan ddiddordeb gwirioneddol mewn geiriadura,

a chyhoeddodd ddwy ysgrif fer yn *Y Brython* yn 1858, 'Geirlyfraeth Gymreig' a 'Geirlyfraeth Seisonig'[15] dan y ffugenw Moeddyn pan oedd yn olygydd y cylchgrawn hwnnw. Er iddo ganmol gwaith Pughe, mae hefyd yn ei feirniadu'n llym, gan ddweud:

> [Y] mae efe yn rhoi i filoedd o eiriau ystyron nad ydynt mewn un modd yn perthyn iddynt; a hyn, nid o anwybodaeth, ond o herwydd ei gyfundrefn ddychymmygol o darddu geiriau. Tadogaeth geiriau oedd yn penderfynu eu hystyr ganddo, ac nid oedd arfer gwlad o nemawr bwys yn ei olwg. A chan fod y gwreiddeiriau yn fynych yn ddyledus am eu bodolaeth i'w ddychymmyg ffrwythlawn ef yn unig, rhaid fod yr ystyron a roddid i'r geiriau tarddiedig o'r fath eiriau yn sefyll yn fynych iawn ar sail ddim amgen na thywod. Barnai fod *ystyr cyffredinol* i eiriau cyn bod iddynt *ystyr neillduol*; pryd y mae profiad cyffredinol dynolryw yn dangos yn ddigon eglur mai y gwrthwyneb i hyn sydd wirionedd.

Gorffenna ei lith drwy ddangos ei fod eisoes yn tybio bod angen tîm o bobl i weithio ar gynllun mawr i greu 'geiriadur cenedlaethol':

> Nid neb ond gwŷr dysgedig a ddylent ymaflyd yn y fath waith; ac ymddengys i mi, oherwydd mwy o resymau nag un, y byddai yn ddymunol iawn, os nid yn wir angenrheidiol, i amryw o'n dysgedigion gydweithredu yn hyn o beth; canys heb gydweithrediad amryw o'n gwŷr galluocaf, byddai yn gryn anhawdd cyflawnu [*sic*] gwaith mor helaeth mewn dull boddhaol. A oes dim modd i ni yn Nhywysogaeth Cymru gael math o *Accademia della Crusca*, i gasglu a chyhoeddi i ni eiriadur y gellid ei alw yn *National Dictionary of the Welsh Language*?[16]

Tua'r un pryd yr oedd y 'Philological Society' yn Llundain yn dechrau cynllunio geiriadur hanesyddol Saesneg newydd, y *New English*

Bargod, -au, *sm.* [=bragod; bragodi, bragu] a ferment; fermentation; commotion, insurrection; self-motion. Cf. *Bargodfardd.*

Rhyfel bargod, intesture war, civil commotion; insurrection.

Wedi *rhyfel bargod* Owain Glyn Dwr, gwaharddodd y brenin adael i bapur a phlagod gael eu dwyn i Gymru. *Iolo Mss.* 206.

Bardd Bargod=Bargodfardd.

Bargodfardd, } feirdd, *sm.* [bargod=bragod] a
Bargadfardd, } self-instructed bard; a poet that has not received regular training in his art.

Bardd bargod, a *bargadfardd*, un ag a fo wedi cyrhaedd gwybodau barddonïaidd drwy ymgais diwyd a deallus ei awen alluog ei hunan, neu o leiaf heb addysg rheolaidd athraw; a gwedi holi a chwilio ei wybodau nerth awen, rhoddir iddo radd ofyddfardd; yr hwn, herwydd dosparth y Ford Gron, a elwir *bardd bargod* a *bargodfardd* (*bargadfardd*) gan mai o fargodiad ei awen a'i bwyll ei hunan y medrodd ar wybodau; ac er diffygion yn ei wybodau, ni ludd hyny ei radd iddo, eithr derbynir ef dan adduned, a dodir addysg a weler achos arno wedi hyny.—Pam y gwedir mai'r *bargodfardd* yw'r cyssefinfardd, ac mai o'r *bargodfeirdd* yr henyw y graddau ereill? Am mai o ymgais awen a deall cymhen-bwyll y cafwyd *bargodfardd*, ac nid o drofedigaeth athraw cadeiriog; am hyny rhaid bod athraw cyn macwy neu drofedig . . . am hyny *bargodfardd* oedd yr athraw cyntaf. . . Gwybodau bargod oeddent y rhai cyntaf; am hyn athraw bargod oedd yr athraw cyntaf, a *bardd bargod* oedd y bardd cyntaf.—*Llanover Ms.* 34.

Bargodfeirdd y gelwir beirdd Gwynedd, achos mai o *fargodiain* y maent, ac nid o'r prifeirdd.—*Llanover Ms.* 54.

Bargodi, *v.* 1. to jut out or overhang (like eaves); to form eaves.

2. to border; to skirt; to confine or bound.

O Glynnog lon i'r Penmaen Mawr ystyfnig
Mae'r gwastad dir yn ffrwythlon, ac arbenig
Am fangoed deiliawg yn *bargodi*'r caeau,
A llawrlen frith wrth draed yr uchel gribau.
O. Wynn Jones: Myrddin Wyllt, xxiv.

Un o siroedd arforol y gogledd; *bargodir* hi ar y gogledd gan Fôr Iwerddon.—*Parthsyllydd*, i. 618.

Bargodi, *v.* [=bragodi] to ferment; to heave; to spring up; to work.—*Gwent.*

A'r trafod fal hyny a bair iddo *fragodi*, a chynnull blawn. . . Lle bo gofyn clai, dwg ef yn domeni bychain ar hyd dy dir brynar, a gwedi *bargodi* o hano yn y tes a'r gwlaw, arddu arno.—*Cato Cymraeg* (Y Greal, 202).

A phan ddêl y gwlaw, *bargodi* a wna'r tir, a chynnull blawn wybren.—*Cato Cymraeg* (Y Greal, 204).

Mae'r toes yn bargodi, the dough heaves.—*Gwent.*

Bargodiad, -au, *sm.* an overhanging; a jutting; a bordering.

Bargodiad, *sm.* [=bragodiad] fermentation; a heaving; a rising; commotion; insurrection.

Bargodiain, *s.pl.* [bargod] borderers; people dwelling on the marches of a country; marchers.

Ys *bargodyein* ni bisswys
Ny byd nes y baradwys
Nyt gwaeth urd odynn noc urd eglwys . . .
Pwy wledych wedy *bargotyein*!
Cyfoesi Myrddin: A.B. ii. 223 (cf. M.A. i. 141).

Swydd marchog yw marchogaeth, a dwyn arfau marchog yn erbyn rhuthr ac ymgyrch, yn erbyn alltudion anrheithgar, ac yn erbyn *bargodiain* annosparthus gwlad a chenedl, ac yn erbyn pob bradgyfarfod, ac yn erbyn pob bradgynghyd.—*Llanover Ms.* 30.

Bargodiain, *sm.* [bargod=bragod] an extraordinary session, court, or tribunal.

Sef yw *bargodiain*, rhaith gwlad a chenedl neu arglwydd a chyfoeth, er trefnu a fo achos a gerystyr; ac yn amser Beli ab Benlli Gawr y bu'r *bargodiain* a'r dygynnull gwlad a chyfoeth a'i doethion, er trefnu beirdd yng Ngwynedd, lle ydd oeddynt ar goll achos gormes y Gwyddelod dan Don, brenin Llychlyn a Dulyn.—*Llanover Ms.* 54.

Bargodiaint, *sm.* insurrection, commotion.

A gwedi difant *bargodiaint* Owain Glyn Dwr doded Monachlog Pen Rhys i lawr, a gwerthu'r cyfoeth, gan y Brenin Harri'r Bummed.—*Cyfrinach y Beirdd*, 213.

Bargodog, *a.* having eaves.

Bargodol, *a.* belonging to eaves; prominent.

Barhau, *v.* to be angry; to rage.

Ac wrth henny llidiaw a *barhau* aoruc e brenhin wrthaw. ac erchi idaw ymchwelu yr llys i gwneuthur iawn yr brenhin.—*Brut Gr. ab Arthur:* M.A. i. 290.

Bariaeth, -au, *sf.* [bâr] 1. mischievousness; viciousness; mischief; vice.

Oferwr, llawn o *fariaeth*,
I Sion wyf; rosyn y iaith!—*L. G. Cothi*, IV. xxiii. 31.

Ti dyni'r mawr elyniaeth a *bariaeth* am dy ben;
A goflin fyd ac aflwydd o ddilyn swydd y sen.
Dafydd Ifan Sion (Cyfr. y Beirdd, 164).

Ni thynai ef y cleddeu
O'r wain, heb gywir eisieu,
I gospi *bariaeth*.—*Daniel Ddu*, 328.

2. greed; rapacity, voraciousness.

Gewai, nid annhebyg o ddull a maint i gi ydyw: y mae yn hynod am ei *fariaeth*.—*R. Roberts:* Daearyddiaeth, 9.

Baril, -au, *sf.* [Ir. and Ga. *bairille;* Mx. *barrel;* L.L. *barile, barillus, baurilis;* E. *barrel*, †*barayl, barele, barell, baryll, barrell, beryll;* Fr. *baril:* said to be of unknown origin; the Celtic words are probably adopted from the English] a barrel, a cask; a cylinder resembling a barrel.

Baryl damtug.—*Cyfreithiau Cymru*, i. 302.

A gwedy eu bot ynn crwyttraw yn hir amdanaw y cawssant ae tynnu or ciwuyr ae dodi ymywn *baril* prenn ae dwyn odyno y le y bei weledigaeth gann Duw y lehau.
Llyfr Gwyn Rhydderch, 69.

Diodydd ynn rhydd ein rhi Rhydderch-naws
O *faril* gyngaws rhydraws Rhodri.
Llywelyn Coch: M.A. i. 514.

Dwy *faril* fal da Ferwyn,
Heb lai liw no Gweble lyn;
Nid prenau *farilau*'r iaith,
Barilau a bawr ellwaith.
L. G. Cothi, I. xxxix. 32 (cf. xxx. 26).

Mae'i gwrw fo o'r goreu i'w gael yn y gwyliau;
Gwnawn dyllau'n o foreu'n ei *faril*.
Edw. Richard: Bugeilgerdd, i. 21.

Baril dryll, the barrel of a gun.

Barilaid, eidiau, *sf.* a barrelful.

Barilan, -au, *sf.* a small barrel or cask; an anker.

Barilo, *v.* to barrel; to put in a barrel or cask.

Bario, *v.* [bar] to bar, to bolt; to fasten by a bar or bars.

Bario drws, to bar or bolt a door.

Bariog, *a.* barred; checkered; barry.

Mae rhai yn dwyn arwæ *barrioc* o amrauaelion liwiau yn drostiæ ar draws y darian. Ac val hynn y discrir, mae yn dwyn yn *varrioc* arian a sabyl.—*Cyfraith Arfau.*

Barlad, }
Barlat, } -iaid, *sm.* [from E. *mallard*] a drake.

Yr oedd gantho bedair dafad;
A *barlad* a dwy hwyad;
Hen geiliagwydd a gŵydd lwyd,
Yn gwaeddi am fwyd yn wastad.
L. Morys: Didd. Teul. 163.

Barlen, -au, *sf.* [Br. *barlen:* cf. *barclod*] the lap. Probably a Breton word transferred.

Barlin, *sm.* supremacy; distinction; aristocracy?

Tair clud *varlin* y sydd: cenedl gysevin yn ngorsedd gwlad a rhiaint; ynad a'i bleidorion, yn myned gan varn a chyfraith; a thywysawg, a'i osgordd, yn myned yn rhyfel gorwlad; sev yw *barlin*, rhiaint a phencenedloedd, neu beneiviaid cenedl a chynghaws.
Cyfreithiau Cymru, ii. 476.

D. Silvan Evans, Geiriadur Cymraeg.
A Dictionary of the Welsh Language

Dictionary. Dyma'r gwaith a ddaeth yn ddiweddarach i gael ei alw'n *Oxford English Dictionary* gyda James Murray yn olygydd. Yr oedd Silvan yn ymwybodol iawn o'r datblygiadau hyn: yn sicr, yr oedd wedi mabwysiadu syniadau geiriadur newydd y 'Philological Society'. Meddai yn *Y Brython*:

> Dylai geiriadur gynnwys pob gair sydd yn digwydd yn y llenoriaeth y cymmer arno ei egluro ... n[i]d yw yn perthyn i swydd geirlyfrwr feirniadu ar ieithwedd ysgrifenwyr, na phenderfynu pa air a ddylid ei wrthod a pha air y dylid ei ddefnyddio. Ei orchwyl ef ... yw cofnodi geiriau fel y byddo yn eu cael ac egluro eu hystyron.[17]

Yr oedd cylch gohebwyr Silvan o fewn Cymru'n eang iawn, a châi awgrymiadau a rhestrau o eiriau gan lu o'i ohebwyr gan gynnwys Ioan Pedr, Egerton Phillimore, a John Rhŷs, Athro Celteg cyntaf Prifysgol Rhydychen, a ddechreuodd ohebu â Silvan yn 1872. Daeth y ddau'n gyfeillion a bu dylanwad John Rhŷs yn drwm arno. Yn ogystal â phrynu pob math o eiriaduron Cymraeg, llwyddodd Silvan i brynu llawysgrif anghyhoeddedig William Gambold, un o ffynonellau John Walters. Daeth hefyd i gysylltiad, drwy John Rhŷs, â J. Gwenogvryn Evans a oedd yn fyfyriwr yn Rhydychen.

Caffaeliad mwyaf Silvan, serch hynny, oedd dwy lawysgrif fawr Robert Roberts 'Y Sgolor Mawr'. Deuai Roberts o gefndir tebyg iawn i Silvan ac fe'i haddysgodd ei hun i raddau helaeth. Ymfudodd i Awstralia yn yr 1870au a dechrau llunio geiriadur Cymraeg. Pan ddychwelodd i Gymru aeth ati o ddifrif i ychwanegu ato gan gasglu, yn ôl ei gyfrif ei hun, ryw 120,000 o ddyfyniadau o destunau llenyddol. Pan oedd yn ei waeledd, cynigiodd Roberts ei waith i Silvan am 'bunt neu ddwy', ar ôl sylweddoli na fyddai byth yn llwyddo i gyhoeddi ei waith a derbyniodd Silvan y cynnig ar ôl peth oedi. Erbyn hyn yr oedd Silvan wedi gwneud llawer iawn o waith ar ei eiriadur ei hun, ond mae'n siŵr fod gwaith Roberts o fudd mawr iddo, yn enwedig o ran dehongli'r hen lenyddiaeth. Yr oedd Roberts yn ysgolhaig o flaen ei amser a rhybuddiodd Silvan am beryglon dibynnu gormod ar waith Pughe ac Iolo Morganwg.

Cafodd Silvan ei gyflwyno i Augusta Hall 'Gwenynen Gwent', Arglwyddes Llanofer, a threuliodd lawer o amser yn Llanofer yn copïo llawysgrifau Iolo. Er gwaethaf rhybudd Robert Roberts, cafodd ei gamarwain gan rai o greadigaethau a ffugiadau Iolo fel 'Cywyddau'r Ychwanegiad', a dyfynnodd ohonynt yn ei eiriadur. Serch hynny, rhybuddiodd Silvan John Morris-Jones nad oedd Iolo'n gwbl ddibynadwy. Daeth ei berthynas ag Arglwyddes Llanofer yn bwysig yn hanes cyhoeddi ei waith mawr olaf. Er iddo gael cymorth gan ei gyfeillion, yr oedd Silvan wedi oedi cyn iddo fynd rhagddo a threfnu bod y gwaith yn gweld golau dydd. Yn y diwedd cafwyd dau gyhoeddwr o Lundain i ymgymryd â'r gwaith, Simpkin, Marshall & Co. a Trübner & Co., gyda William Spurrell, Caerfyrddin, yn argraffwr. Yr hyn a droes y fantol oedd cynnig hael gan Arglwyddes Llanofer o £1,250 tuag at y costau argraffu, swm a allai fod yn gyfwerth â £770,000 heddiw. Erbyn 1884 yr oedd Silvan yn anfon deunydd yn gyson at William Spurrell, ond o'r cychwyn cyntaf byddai Spurrell yn pwyso arno i brysuro. Daeth y rhan gyntaf o'r wasg mewn argraffiad cyfyngedig yn 1887 am ddeg swllt a chwe cheiniog—pris mawr—am 420 o dudalennau yn cynnwys y llythyren *A* yn unig. Dangosodd John Rhŷs gopi i James Murray a oedd yn 'highly pleased with the work'.[18] Cafodd lu o adolygiadau ffafriol yn y wasg Saesneg a'r wasg Gymraeg. Cyhoeddwyd yr ail ran, hanner maint y gyntaf, yn cynnwys *B* yn 1888 am bum swllt. Dechreuodd Spurrell anesmwytho ac mae'n amlwg fod Silvan wedi cymryd yn ei erbyn. Collodd Silvan ei wraig Margaret yn 1889 mewn damwain ffordd ym Machynlleth ac yr oedd yn isel ei ysbryd. Yr oedd y ddau eisoes wedi colli tri mab a thair merch, gan adael un mab yn unig, John Henry Silvan Evans, a ddechreuodd gynorthwyo ei dad gyda'i waith mawr.

Ni chyhoeddwyd y drydedd ran tan 1893, pan oedd Silvan yn 75 oed. Dyma gwblhau'r gyfrol gyntaf mewn 1,262 o dudalennau. Ymddangosodd y bedwaredd ran dan enwau Silvan a'i fab, yn cynnwys 564 o dudalennau (pris 14 swllt). Gyda marwolaeth Arglwyddes Llanofer yn 1896 daeth nawdd Silvan i ben ond llwyddodd criw o'i gefnogwyr i sicrhau pensiwn 'Rhestr Sifil' o ganpunt y flwyddyn iddo, a chafodd gymrodoriaeth am dair blynedd am yr un swm gan Goleg Iesu yn Rhydychen o 1897 ymlaen, diolch i ymdrechion John Rhŷs. Âi'r copi i'r wasg yn arafach ac yn arafach, er bod Henry yn helpu ei dad, a llwyddwyd i gyhoeddi *E* hyd at y gair *enyd* gan hepgor rhai geiriau heb fod Silvan wedi gweld y proflenni hyd yn oed, fel y nodir ar ddiwedd y gwaith ('The proofs of pages 1885 to 1923 were not checked by the Editors'). Bu farw Silvan yn 1903 yn 85 mlwydd oed, ond ni chyhoeddwyd y rhan olaf tan 1906 dan olygyddiaeth Henry, er mai enw ei dad yn unig sydd ar glawr y rhan olaf honno.

Yn ôl amcangyfrif Menna Morgan, ceir tua 63,000 o brifeiriau yn y geiriadur hyd at y gair *enyd*, a 33,000 gan Pughe yn rhan gyfatebol ei eiriadur ef. Diddorol sylwi bod llai na 38,000 o erthyglau yng *Ngeiriadur Prifysgol Cymru* yn yr un ystod, er gwaethaf llu o ychwanegiadau modern, sef dros 25,000 yn llai na'r hyn sydd gan Silvan. Dengys hyn duedd Silvan i orlwytho ei waith â phob math o eiriau nad oeddynt mewn gwirionedd yn bodoli, ond teg dweud hefyd mai ei arfer oedd rhoi pob ffurf ar air mewn cofnod ar wahân lle y mae *Geiriadur Prifysgol Cymru* yn cyfuno llawer mwy o ffurfiau yn yr un cofnod. Er mai arfer cymharol ddiweddar yw dyfynnu o gofnodion ar ôl tua 1800 yn *Geiriadur Prifysgol Cymru*, eisoes dyfynnwyd o eiriaduron Silvan dros 2,100 o weithiau, a cheir 12 o deitlau dan ei enw yn llyfryddiaeth y geiriadur.

Rhaid cytuno â dyfarniad Menna Morgan: 'Heb os', meddai, 'Silvan oedd geiriadurwr mwyaf galluog y bedwaredd ganrif ar bymtheg. Er na chawsai addysg brifysgol neu gyfarwyddyd mewn dulliau ysgolheigaidd, 'roedd nodweddion a chyneddfau'r gwir ysgolhaig yn perthyn iddo ac ystyrid ef yn awdurdod ar y Gymraeg.' Cafodd ei anrhydeddu gan y byd academaidd a'r Eglwys fel ei gilydd. Rhoddodd Coleg Llanbedr Pont Steffan radd BD iddo yn 1868 a chyflwynodd Cymdeithas y Cymmrodorion fathodyn iddo yn 1897. Yn 1901 rhoddodd Prifysgol Cymru radd DLitt Er Anrhydedd iddo. Fe'i hanrhydeddwyd gan yr Eglwys hefyd; gwnaethpwyd ef yn ganon mygedol Bangor yn 1888, yn brebendari Llanfair yn 1891, ac yn ganghellor Eglwys Gadeiriol Bangor yn 1895. Fe'i claddwyd yng Nghemaes ym Maldwyn a gosodwyd carreg fedd newydd mewn seremoni yn 1956, gan ddangos y parch a oedd iddo o hyd. Prynwyd y rhan fwyaf o'i lawysgrifau, ei bapurau a'i lythyrau gan J.H. Davies, prifathro Coleg Prifysgol Cymru, Aberystwyth o 1919 tan 1926, un o edmygwyr Silvan ac un o sylfaenwyr y Llyfrgell Genedlaethol, a daeth y rhain i'r Llyfrgell Genedlaethol fel rhan o gasgliad Cwrtmawr ar ôl marwolaeth Davies yn 1926.

Oes aur yr offeiriaid llengar, yn ôl Bedwyr Lewis Jones,[19] oedd y deugain mlynedd rhwng 1818 ac 1858, rhwng geni Silvan a gorffen ei eiriadur cyntaf. Goroesodd Silvan fel geiriadurwr cynhyrchiol tan yr ugeinfed ganrif ac ef yn sicr oedd yr olaf o'i fath.

DARLLEN PELLACH

Richard E. Hughes, 'Aspects of Welsh lexicography in the nineteenth century with special reference to the contribution of Daniel Silvan Evans' (Traethawd MA Prifysgol Lerpwl, 1941).

Morgan D. Jones, 'Daniel Silvan Evans: ei gysylltiadau llenyddol a'i waith, gan fanylu ar ei gyfraniad i ysgolheictod Cymraeg' (Traethawd MA Prifysgol Cymru [Caerdydd], 1952).

Morgan D. Jones, 'Geiriadur Cymraeg Daniel Silvan Evans: Hanes ei baratoi a'i gyhoeddi', *Journal of the Welsh Bibliographical Society*, 7 (1950–3), 24–38; 'Geiriadur Cymraeg Daniel Silvan Evans (II): Ymgais i bwyso ei werth', 8 (1954–7), 64–80.

Menna Morgan, 'Geiriaduraeth Gymraeg o William Salesbury hyd 1914 gan dalu sylw arbennig i ddylanwad John Walters a William Owen Pughe ar eiriadurwyr 1805 hyd 1850' (Traethawd PhD Prifysgol Cymru [Bangor], 2002).

---

1 Ceir cofnodion ar Daniel Silvan Evans yn *Y Bywgraffiadur Cymreig hyd 1940* (1953) ac yn yr *Oxford Dictionary of National Biography* (2004). Cyhoeddwyd dwy erthygl bwysig a luniwyd gan Morgan D. Jones yn seiliedig ar ymchwil a wnaeth ar gyfer ei draethawd MA yn *Journal of the Welsh Bibliographical Society*. Mae gwaith geiriadurol Silvan Evans yn derbyn cryn sylw hefyd yn nhraethawd PhD Menna Morgan. Pwysais ar y gweithiau hyn wrth lunio'r bennod hon.

2 'Giraldus On St. David's College' yn *The Principality*, 22 Mawrth 1850, 6.

3 *Y Cyfaill o'r Hen Wlad yn America*, 11 (1848), 191.

4 Dyfynnir yn Menna Morgan, 'Geiriaduraeth Gymraeg o William Salesbury hyd 1914 gan dalu sylw arbennig i ddylanwad John Walters a William Owen Pughe ar eiriadurwyr 1805 hyd 1850' (Traethawd PhD Prifysgol Cymru [Bangor], 2002), 282.

5 Ibid., 285.

6 Ibid., 264.

7 Ibid., 163.

8 Thomas Edwards (Caerfallwch), *Geirlyfr Saesoneg a Chymraeg. An English and Welsh Dictionary; also, an analysis of the orthography of the Welsh language* (Treffynnon, 1850), t. x.

9 Elwyn L. Jones yn Morgan, 'Geiriaduraeth Gymraeg', 265.

10 Er enghraifft, ceir enghreifftiau o *safon* yn John Mills, *Gramadeg Cerddoriaeth ynghyda Geirlyfr Enwedigaethol yn cynnwys Eglurhad ar y Geiriau Annghynefin a Arferir yn y Gwaith* (Llanidloes, 1838) a *daeareg* yn John Mills, *Hyfforddwr yr Efrydydd, neu Arweinydd i Hunan-welliant* (Llanidloes, 1839).

11 Dyfyniad o'r *Arweinydd*, 4 Mawrth 1858, yn Morgan, 'Geiriaduraeth Gymraeg', 283.

12 *Baner ac Amserau Cymru*, 16 Mehefin 1858, 372–3.

13 *Y Brython*, 5 (1863), 355; sylwer mai Silvan oedd golygydd y cylchgrawn.

14 Yn 1868.

15 Moelddyn, *Y Brython*, 2 Gorffennaf 1858, 19–20 (Gwall y wasg oedd argraffu ei lysenw fel 'Moelddyn' yn lle 'Moeddyn'); 10 Medi 1858, 184.

16 Ibid.

17 Ibid.

18 Llythyr rhif 87, dyddiedig '11/ii/1887' yn llawysgrif Cwrtmawr 765B a ddyfynnir yn Morgan, 'Geiriaduraeth Gymraeg', 318.

19 Bedwyr Lewis Jones, '*Yr Hen Bersoniaid Llengar*' (n.p.: Gwasg yr Eglwys yng Nghymru, [1963]).

10

Huw Tegid Roberts

ELLIS ROBERTS
'ELIS WYN O WYRFAI'

Bydd y garol Nadolig 'Yn nhawel wlad Jwdea dlos' yn *Caneuon Ffydd* yn gyfarwydd i lawer ond nid pob un a fydd yn ymwybodol mai Elis Wyn (1827–95) o Wyrfai a'i cyfansoddodd:

> Yn nhawel wlad Jwdea dlos
>   Yr oedd bugeiliaid glân
> Yn aros yn y maes liw nos
>   I wylio'u defaid mân:
> Proffwydol gerddi Seion gu
>   Gydganent ar y llawr
> I ysgafnhau y gyfnos ddu,
>   Gan ddisgwyl toriad gwawr.

Dyna'r unig emyn cyflawn o'i eiddo yn *Caneuon Ffydd*, ond yn llyfrau'r Eglwys yng Nghymru mae ei enw'n codi'n aml, gan ddechrau gyda'r gyfrol a luniodd ef ei hun dan y teitl *Hymnau yr Eglwys*. Ym marn Dr Enid Pierce Roberts, hon oedd y gyfrol orau o emynau Cymraeg a baratowyd ar gyfer yr Eglwys. Cafodd nifer o'i emynau eu cynnwys mewn cyfrolau fel *Emynau'r Llan* hefyd. Yn wir, ar wahân i rai fel Pantycelyn ac Elfed, Elis Wyn o Wyrfai yw un o'r enwau a welir amlaf yn y cyfrolau hyn.

Ganwyd Ellis Roberts ar 23 Chwefror 1827 yn Nhyddyn Madyn ar lethrau Tryfan Mawr ym mhlwyf Llandwrog, Sir Gaernarfon, yn drydydd mab i Morris Roberts, melinydd, a Margaret, ei wraig. Ef oedd y drydedd genhedlaeth o'i deulu i farddoni, ac mae modd olrhain ei ddoniau barddol yn ôl i'w daid, Robert Morris (*fl.* 1767–1816), melinwr wrth ei alwedigaeth a gymerodd yr enw barddol 'Robin Ddu o Eifionydd'. Un o Lanystumdwy oedd Robin, Bedyddiwr o ran ei ymlyniad crefyddol, a chafodd rywfaint o lwyddiant mewn eisteddfodau lleol ar ddechrau'r bedwaredd ganrif ar bymtheg.[1] Dywedir i Ddafydd Ddu Eryri gasglu ei weithiau llenyddol ynghyd gyda'r bwriad o'u cyhoeddi, ond iddo eu colli wrth groesi pont Cyrnant ar gyrion Waun-fawr ger Caernarfon.[2] Yr hyn sy'n arwyddocaol yw bod un mor flaenllaw â Dafydd Ddu, un o feirdd enwocaf yr oes, yn rhoi gwerth ar waith y melinwr cyffredin hwn. Yr oedd Morris Roberts (*c.*1797–1876) hefyd, tad Ellis, yn fardd gwlad a gymerodd yr enw 'Eos Llyfnwy' ond ychydig sy'n hysbys amdano bellach. Ni chyhoeddodd ddim hyd y gwyddys er bod rhai o'i

Ellis Roberts 'Elis Wyn o Wyrfai'
Casgliad Portreadau Llyfrgell Genedlaethol Cymru

gyfansoddiadau ar gael o hyd mewn llawysgrif.[3] Yn ei ysgrif gofiannol i Ellis, meddai Thomas Edwards 'Gwynedd', rheithor Llanllyfni, am ei dad: 'Dyn o ysbryd anturiaethus oedd ei dad, a hynod aflwyddiannus fyddai fel rheol.'[4] Er iddo dreulio peth amser fel saer, fel chwarelwr ac fel llongwr, teulu o felinwyr oeddynt, Robin yn Llanystumdwy a Morris mewn nifer o felinau yng nghyffiniau Afon Gwyrfai yn Sir Gaernarfon. Symud o un felin i'r llall fu hanes y teulu yn ystod plentyndod Ellis, gan fod galwadau'r swydd mor anwadal.

Un o'r Bontnewydd ger Caernarfon oedd Margaret, ei fam, ac mae'r disgrifiadau ohoni yn portreadu cymeriad tebyg iawn i rai o'r gwerinwyr diwylliedig sydd i'w cael yn nofelau Kate Roberts a T. Rowland Hughes:

> Yr oedd gan fam Elis Wyn ei dyletswyddau teuluaidd. Yr oedd yn gofalu am y tŷ a phethau'r byd, ond nid ymfodlonai ar hynny; mynnai ofal pellach am ei phlant; cymerai boen a thrafferth i'w dysgu ac i'w hegwyddori er mwyn eu dwyn i fynnu yn ofn ac athrawiaeth yr Arglwydd, a chawn ddarfod i Dduw fendithio ei llafur er llesâd i'w chenedl.[5]

Mae'n debyg fod Margaret yn enghraifft ddisglair o'r rhai a fanteisiodd yn llawn ar addysg yr Ysgolion Sul cynharaf, ac yn sgil hynny rhoddodd fagwraeth ddiwylliedig, Gymreig a Christnogol i'w phlant. Dywedir bod y teulu yn treulio nosweithiau'r gaeaf yn dysgu darllen, ac Ellis yn ysu am gael yr un cyfle â'i frodyr hynaf.

Pan oedd yn ifanc, aeth Ellis i rwbela gyda'i dad yn chwarel y Cilgwyn, ac yn ei arddegau dechreuodd helpu yn y melinau. Yn anffodus cafodd ddamwain gas. Wrth geisio unioni meini malu grawn y felin, llanwodd yr olwyn ddŵr yn ddiarwybod iddo gan beri i'r peirianwaith droi a gwasgu un o fysedd ei law chwith rhwng yr meini. Bron iddo golli ei law yn gyfan gwbl. Penderfynodd y tad symud i Lanllyfni wedi hynny, a bu'r newid yn fendith i Ellis, yn enwedig o ran ei awch am addysg. Yr oedd melin newydd y teulu yn ymyl eglwys y plwyf, Eglwys Rhedyw Sant, a daethant yn ffrindiau mawr â John Jones, y rheithor, 'hynafiaethydd rhagorol, yn Gymro dysgedig, ac yn ŵr gwir genedlgarol'.[6] Dywedir iddo roi benthyg sawl llyfr i Ellis pan oedd yn gwella, *Hanes Cymru* Carnhuanawc, *Y Ffydd Ddi-ffuant* Charles Edwards a *Gweledigaethau'r Bardd Cwsg* ymhlith eraill ynghyd â gramadeg Lladin.

Dychwelodd i'r felin i helpu ei dad, ac erbyn iddo gyrraedd ei ugain oed, mae'n amlwg ei fod wedi adennill digon o hyder i ofalu am felin eto; bu'n gweithio ym melin Cae'n y Morfa yng Nghlynnog Fawr am gyfnod o chwe mis. Bu yno'n ddigon hir i ddal sylw Robert Williams, ficer y plwyf. Fel offeiriad Llanllyfni, anogodd yntau ef i barhau â'i addysg. Yn wir, dechreuodd ddysgu elfennau gramadeg Lladin yng nghwmni meibion rheithordy Llanllyfni. Er gwaethaf cefndir Bedyddiedig y teulu, mae'n debyg mai'r caredigrwydd a brofodd dan law'r ddau offeiriad, ynghyd â'i awydd cynyddol am addysg, a barodd iddo droi, tua'r adeg hon, at yr Eglwys.

Ebenezer Thomas 'Eben Fardd'
Casgliad Portreadau Llyfrgell Genedlaethol Cymru

Yr 1850, ac yntau erbyn hynny yn 23 oed, dychwelodd i Glynnog i ymrestru yn ysgol Eben Fardd, hen ffrind i'r teulu. Cafodd hyfforddiant mewn sawl pwnc, yn enwedig llenyddiaeth a barddoniaeth. Yr oedd hiwmor yn rhan amlwg o berthynas yr athro a'i ddisgybl. Ar un achlysur clodd Ellis a chyd-ddisgybl direidus arall y drws wrth glywed Eben yn nesáu. Wrth geisio agor y drws, seiniodd Eben y cwpled byrfyfyr hwn: 'Agor Elis heb gweryla / Mae agor y ddôr yn dda'. Ar amrantiad mentrwyd ateb coeg o'r ochr arall: 'Agoryd i rai gwirion, / Mi glywais i mae gwael yw sôn'.[7] Yr oedd y cyfnod yn yr ysgol dan ofal un o feirdd a beirniaid eisteddfodol enwocaf Cymru yn sicr yn gyfle i Ellis finiogi ei ddoniau barddol, a mentrodd anfon peth o'i waith (gan gynnwys ambell awdl) i rai o'r eisteddfodau niferus a fyddai'n cael eu cynnal yn rheolaidd erbyn hynny. Ni wyddys ym mha eisteddfod y bu iddo gystadlu ynddi gyntaf, ond mae'r ffaith iddo anfon cerddi cynganeddol i Eisteddfod Aberffraw yn 1849 yn awgrymu ei fod wedi rhoi cynnig arni mewn ambell eisteddfod leol cyn hynny. Yr oedd nifer mawr o feirdd amlwg y cyfnod naill ai'n beirniadu neu'n cystadlu yn Aberffraw. Dewisodd Ellis gystadlu ar y cywydd ar y testun 'Diffyniad Gibraltar gan General Eliott'. Er na chyrhaeddodd y brig, bu'r feirniadaeth a gafodd yn ddiau yn gysur iddo ar ei ffordd gartref dros Y Fenai:

> A very good cywydd, 376 lines, being evidently ... the work of a young person but one of very promising genius, and though his *Awen* may be as yet too raw ... let him not be discouraged; his day to bear laurels is not far hence.[8]

Yn Eisteddfod Rhuddlan y flwyddyn ddilynol cynigiwyd gwobr o £5 a thlws arian am awdl ar y testun 'Boadicea yn arwain ei byddinoedd yn erbyn y Rhufeiniaid'. Llwyddodd Ellis i gipio'r wobr, ei fuddugoliaeth eisteddfodol gyntaf. Yno y derbyniodd Talhaiarn ef i Orsedd y Beirdd o dan yr enw 'Elis Wyn o Wyrfai', ac wrth yr enw hwnnw y cafodd ei adnabod o hynny ymlaen. Gadawodd Glynnog yn fuan wedyn, ac wrth i'w gyfnod yn ysgol Eben Fardd ddirwyn i ben, lluniodd ei athro gywydd iddo sy'n agor â'r cwpledi:

> Ellis o ris i ris yr â
> Uwch lleng o wŷr dreng dringa
> I deml awen; —pa nen uwch?
> Ni wn gof o nen gyfuwch.[9]

Gormodedd nodweddiadol y cyfnod, efallai, ond arwydd o'r meddwl a oedd gan Eben Fardd o'i brentis bardd. Erbyn diwedd ei oes byddai Ellis wedi beirniadu nifer o brif gystadlaethau'r Eisteddfod Genedlaethol, ac wedi ennill coron Eisteddfod Genedlaethol Caernarfon 1880 am ei awdl 'Buddugoliaeth y Groes'.

Ac yntau erbyn hyn yn awyddus i wneud rhywbeth heblaw bod yn felinwr, trwy ysgogiad rheithor Llanllyfni, ficer Clynnog a'r Canon Thomas Thomas, ficer Caernarfon, trodd Ellis ei olygon yn 1851 tuag at Goleg Hyfforddiadol Gogledd Cymru, y coleg hyfforddi i athrawon a oedd newydd ei sefydlu yn y dref. Un o'i gyfoeswyr yno oedd Robert Roberts 'Y Sgolor Mawr', a ysgrifennodd ei hunangofiant *A Wandering Scholar* sy'n cael ei gydnabod fel portread gwerthfawr o'r cyfnod pan oedd y syniad o addysg ffurfiol i bawb yn dechrau datblygu yng Nghymru. Wedi dwy flynedd yn y coleg cafodd Ellis ei brofiad cyntaf o ddysgu'n llawn amser, a hynny yn Ysgol Genedlaethol Waun-fawr; derbyniai £27 y flwyddyn am ei waith. Dychwelodd i Gaernarfon ar ddiwedd y flwyddyn, llwyddodd i gwblhau ei astudiaethau, ac aeth i ofalu am Ysgol Y Bontnewydd am flwyddyn. Yno y lluniodd ei gyfrol gyntaf, gwerslyfr *Hanes y Cymry*. Efallai i'r gwaith ddod i'r brig mewn cystadleuaeth mewn eisteddfod gan fod Y Sgolor Mawr yn sôn iddo yntau gystadlu mewn gornest a ofynnai am werslyfr o'r fath.

Am flwyddyn yn unig y bu yn Y Bontnewydd ond yr oedd 1854 yn flwyddyn fawr yn ei hanes. Cipiodd ei gadair eisteddfodol gyntaf yn Eisteddfod Ffestiniog am ei awdl 'Y Caethwas', ac ar yr un pryd symudodd i'r pentref i ofalu am Ysgol Llwyn-y-gell. Pennaeth Ysgol Fabanod Ffestiniog oedd Esther Mary Roberts, merch o Gaernarfon yr oedd Ellis eisoes yn gyfarwydd â hi o'i gyfnod yn y coleg. Adeg y Nadolig dyma'r ddau yn priodi. Bu'r fuddugoliaeth eisteddfodol yn ddechrau cyfnod llewyrchus iddo fel bardd. Enillodd gadair arall yn Llanelli yn 1856 a dod yn agos iawn at guro ei hen athro Eben Fardd yn 1858. Yn wir, yn ôl un o'r tri beirniad, yr oedd awdl Ellis 'Brwydr Maes Bosworth' yn Eisteddfod Llangollen yn rhagori ar y buddugol. Rhwng 1854 ac 1862 pan oedd yn gofalu am Ysgol Llwyn-y-gell, daeth yn ffigwr amlwg ym mywyd addysgiadol a diwylliannol Ffestiniog. Byddai'n cynnal dosbarthiadau gyda'r nos i ddiwallu awch y chwarelwyr am addysg yn ogystal â rhoi gwersi dyddiol i blant y fro.

Un a ddeuai ato'n rheolaidd oedd John Sturkey, ficer corawl cadeirlan Llanelwy, a fynnai ei gymorth i ddysgu Cymraeg. Yn gyfnewid am y gwersi Cymraeg, cafodd yntau wersi mewn Groeg y Testament Newydd, a Sturkey a'i cymhellodd i geisio am urddau sanctaidd. Gyda hynny cafodd wybod trwy law Thomas Thomas, ficer Caernarfon gynt a oedd erbyn hynny yn rheithor Rhiwabon, fod Thomas Vowler Short, esgob Llanelwy, wedi bod yn holi am ei fwriadau, a bod angen curad arno yn Rhosymedre. Ar ôl i'r esgob ei holi, a heb fwy o hyfforddiant na hynny, cafodd ei urddo'n ddiacon adeg y Nadolig 1852 ac yn offeiriad y Nadolig dilynol, a mynd i weithio dan adain y Parchg John Edwards, ficer Rhosymedre a chyfansoddwr y dôn adnabyddus sy'n arddel enw'r pentref hwnnw. Bu yno am bedair blynedd, a thystiodd y ficer y gallai ymddiried yn Ellis yn fwy nag yn yr un curad arall a fu dan ei ofal yn ystod deugain mlynedd o offeiriadaeth.

Nid segurswydd oedd hon. Yr oedd y ffaith iddo fod yn gyfrifol am dros gant o fedyddiadau ac am 120 o angladdau mewn tair blynedd yn brawf o'i brysurdeb. Yr oedd nifer o weithwyr y pyllau glo a'r gwaith brics cyfagos ymysg y meirwon, a llawer o blant hefyd. Ardal fyglyd, afiach oedd hon a bu'r cyfnod yn gryn dreth ar iechyd Ellis, ac yntau'n dioddef o asthma. Mae'n nodedig fod y cyfnod a dreuliodd yn Rhosymedre gyda'r mwyaf llwm o ran ei gynnyrch llenyddol. Daliodd ar y cyfle i symud i awyrgylch iachach yn 1866 pan gynigiodd yr esgob iddo reithoriaeth Llanfihangel Glyn Myfyr ger Cerrigydrudion. Cyn gynted ag y cyrhaeddodd y plwyf gwledig, cysglyd hwn, ymroes y rheithor newydd i adfer ac ysgogi'r Eglwys yn y gymdogaeth. Cododd Ysgol Genedlaethol ymhen blwyddyn a chwarae rhan flaenllaw mewn dosbarthiadau gyda'r dydd a'r hwyr ar gyfer gweision ffermydd y fro. Nid cyd-ddigwyddiad oedd hi fod dyrnaid o feirdd gwlad wedi dod i'r amlwg yn Llanfihangel ryw ugain mlynedd wedi hynny. Sefydlodd eisteddfod bentref a gynhaliwyd bob blwyddyn yn ddi-ffael am yn agos at ganrif ac ailflodeuodd ei ddoniau barddol. Yma y dechreuodd gyfansoddi emynau ac yma y lluniwyd y garol adnabyddus 'Yn nhawel wlad Jiwdea dlos'.

Plwyf yn ffinio â Lanfihangel Glyn Myfyr oedd Llangwm, a oedd, oherwydd llesgedd ei ficer, wedi dirywio braidd, a phan fu ef farw gwelodd yr esgob gyfle i ŵr mentrus, egnïol, ei adfywio. Yr esgob er 1870 oedd Joshua Hughes, y Cymro Cymraeg cyntaf i'w benodi'n esgob yn yr Eglwys yng Nghymru ers canrif a hanner a mwy, a 'gŵr prydweddol, wyneb agored, cadarn ei ymddangosiad, llawn natur dda', yn ôl disgrifiad Ellis, 'agos atom ond penderfynol'.[10] Yr oedd Ellis yn 45 oed pan symudodd i Langwm yn 1872, a phan gyrhaeddodd yr oedd Eglwys Sant Ierôm mewn cyflwr truenus. Digalonodd i'r fath raddau nes iddo lunio dau englyn i gyfleu ei deimladau:

Dyma'r Llan anghyfannedd,—y waglom
Eglwys ddiymgeledd:
Yn bwdr i gyd, budur ei gwedd,
Try i adfail bob troedfedd.

Onid hyll y llawr tyllog?—a gresyn
Gweld y grisiau drylliog:
Wfft! fe gryn yr hen lofft grog
Yn rhwyd-dyllau rhidillog.[11]

Canodd nifer o feirdd ar hyd y canrifoedd yn bruddglwyfus am adeiladau adfeiliedig, ond prin yw'r rhai a aeth ati i newid cyflwr gwrthrychau eu cerddi. Tynnodd y ficer newydd y galeri a oedd wedi pydru, gosododd bulpud a desg ddarllen ym mhen arall yr adeilad ac ailddodrefnodd yr eisteddleoedd yng nghorff yr eglwys. Cliriwyd costau'r gwaith mewn dim o dro, a chyfrannodd Ellis £50 o'i boced ei hun, rhyw chwarter ei gyflog blynyddol.

Ymhen chwe blynedd yr oedd wedi codi eglwys newydd ym Maerdy Dinmael ym mhen arall y plwyf, sef Eglwys y Santes Catherine. Byddai'r cynllun uchelgeisiol hwn yn costio £1,400, ond erbyn agor y drysau am y tro cyntaf yn 1878 yr oedd y ddyled wedi ei chlirio. Ymgynghorid ag ef ar faterion cymdeithasol a theuluaidd, ar bynciau cyfreithiol yn ymwneud ag eiddo, yn ogystal ag ar faterion plwyfol. Yn ôl y sôn yr oedd ei gyfeillgarwch bob amser yn bur ac anhunanol a'i egni yn ddiarhebol. Er bod Eglwyswyr y plwyf mewn lleiafrif o'u cymharu â'r Anghydffurfwyr, at ei gilydd cafodd barch gan bawb.

Yn ogystal â'i waith bugeiliol, yn Llangwm y gwnaeth ei gyfraniad mwyaf i fywyd yr Eglwys yn gyffredinol ac i fywyd llenyddol y genedl. Daliai i gefnogi'r eisteddfodau lleol ac yn ôl y Bedyddiwr H. Cernyw Williams, cafodd y trefnwyr 'bob cynhorthwy ganddo' pan sefydlwyd eisteddfod newydd yng Nghorwen yn 1874.[12] Er iddo ennill y goron am ei awdl 'Buddugoliaeth y Groes' yn Eisteddfod Caernarfon yn 1880, fel beirniad y byddai'n gwneud ei enw'n bennaf o hyn allan. Ac eithrio Aberhonddu 1889 a Phontypridd 1893, beirniadodd y brif gystadleuaeth ym mhob Eisteddfod Genedlaethol rhwng 1885 ac 1894. Yn ôl Gwynedd, 'Yr oedd Elis Wyn yn feddiannol ar gymwysterau'r gwir feirniad'[13] a disgrifiodd Ceiriog ef fel 'y bonheddwr parchedig a'r beirniad craff, gonest—Elis Wyn o Wyrfai'.[14]

Yng nghanol ei brysurdeb parhaodd i gyfrannu fel cyfieithydd ac emynydd. Rhwng 1883 ac 1891 trosodd ar gyfer yr Ysgolion Sul yn bennaf esboniad pedair cyfrol W. Walsham How, *A Commentary on the Four Gospels*. Rheithor Whittington yn Swydd Amwythig oedd How, a'i blwyf bryd hynny oddi mewn i esgobaeth Llanelwy. Ymddangosodd *Yr Efengyl yn ôl Sant Mathew, gydag Esboniad Ymarferol Byr gan W. Walsham How: cyfieithwyd gan Ellis Roberts* yn 1883, esboniad ar Marc a Luc yr un flwyddyn, a'r esboniad ar Efengyl Ioan a gyfieithodd Ellis ar y cyd â'i fab, Ellis Gregory, yn 1891. Bu'n brysur hefyd fel emynydd. 'Caniadau Eglwys Dduw ar ei thaith trwy y byd i Seion fry', oedd emynau yn ei farn, a oedd 'yn cynnwys ei holl brofiad, ei holl obaith, ei holl ymgais, a'i holl hyfrydwch'.[15] Yn 1886 cyhoeddodd ei olygiad o'r casgliad *Hymnau yr Eglwys* yn cynnwys 423 emyn, 30 o'i eiddo'i hun—11 yn gyfieithiadau, o'r Saesneg yn bennaf ond un o'r Lladin. Cafodd gymorth gyda'r tonau gan ei ddau fab, Ellis Gregory a John Richard, y ddau erbyn hynny'n glerigwyr, ynghyd â'i fab yng nghyfraith, Owen Jones, Llanegryn. Pan oedd y tensiynau rhwng yr Eglwyswyr a'r Ymneilltuwyr yn ddwys, cafodd y casgliad groeso eang ar draws yr enwadau. Cafodd golygydd *Yr Eurgrawn Wesleyaidd* ei blesio: 'Ceir ynddo y rhan fwyaf o'r emynau gorau a arferir gan Ymneilltuwyr ein gwlad',[16] a dywedodd Roger Edwards, golygydd *Y Drysorfa*, 'prin y mae un emyn nas gellir ei chanu gennym yn ein capelau. Ac y mae yma amryw hymnau newyddion rhagorol y byddai yn werth i ni oll eu harfer.'[17] Yn ôl Cernyw Williams yn *Y Greal* yr oedd y golygydd yn 'fardd o radd uchel, un yn meddu medr i gyfansoddi ei hunan a chwaeth ddisgybledig i ddethol', tra disgrifiodd gynnyrch y golygydd ei hun fel 'ychwanegiad gwerthfawr iawn at ein llenyddiaeth yn y cylch cysegredig hwn'.[18] Cafodd y casgliad groeso mawr yn addoliad y llannau gydag argraffiad diwygiedig yn ymddangos yn 1892.

Gyda'r radicaliaid Anghydffurfiol wedi cael y blaen ym myd y papurau wythnosol gydag *Amserau* Gwilym Hiraethog a Thomas Gee wedyn a'i *Faner*, yn 1881 sefydlodd yr Eglwyswyr eu hwythnosolyn *Y Llan* ac Ellis yn olygydd arno. Ond rhwng 1884 ac 1893 fel golygydd misolyn *Yr Haul* yr enillodd y clod pennaf. Ers dyddiau ei olygydd blaengar a checrus Brutus a fu farw yn 1866, gwywo braidd fu hanes y cyfnodolyn ond o dan law Ellis fe'i bywiogwyd yn sylweddol. Er mai'r nod oedd creu cyfnodolyn a oedd yn canolbwyntio'n llwyr ar addysgu Eglwyswyr Cymraeg ynghylch eu treftadaeth Gristnogol, bu'n rhaid i'r golygydd neilltuo cyfran helaeth o'r tudalennau i amddiffyn yr Eglwys a'i statws fel sefydliad gwladol, ac i gyfiawnhau ei hawl ar ei gwaddoliadau. Credai'n gryf fod gan y wasg gyfrifoldeb i ddylanwadu'n llesol ar foesoldeb y darllenwyr a gwelai fai ar y papurau newydd hynny a gyhoeddai erthyglau camarweiniol a oedd yn cynhyrfu'r werin.

Trwy gydol blynyddoedd Ellis yn Llangwm yr oedd y galw am ddatgysylltu Eglwys Loegr oddi wrth y wladwriaeth wedi dwysáu a byth oddi ar 'Lecsiwn Fawr' 1868 tociwyd ar rym y Torïaid yng Nghymru a chynyddodd y gefnogaeth i'r Blaid Ryddfrydol. Yr oedd y ddau aelod seneddol lleol, George Osborne Morgan, cynrychiolydd Sir Ddinbych, a Watkin Williams ym Mwrdeistrefi Dinbych, eisoes wedi dyfarnu o blaid datgysylltu tra bod Thomas Gee wedi arwain rhyfelgyrch ar y pwnc yng ngholofnau'r *Faner*. Er mor gymodlon oedd Ellis o ran natur, fel cynrychiolydd yr Eglwys ni allai osgoi'r pwnc. Pan adroddodd *Y Faner* am gyfarfod cyhoeddus i drafod y mater yng Ngherrigydrudion yn gynnar yn 1886, yr oedd yn amlwg fod yr awyrgylch yn chwerwi:

> Amddiffynnid yr Eglwys mewn modd penderfynol gan y Parch. E. Roberts (*Elis Wyn o Wyrfai*), Llangwm. Siaradodd Mr Roberts yn rhagorol, ond gresyn ei fod wedi sylfaenu ei araith ar y tywod oblegid pan dorrodd yr ystorm allan, nid oedd yn gallu sefyll ei dir a chaed gweled cyn y diwedd nad oedd swm ei araith ond rhyw ystorm fechan mewn tebot.[19]

Pwnc arall a gâi ei drafod yn gyfochrog oedd y degwm, sef degfed rhan o gynnyrch y tir a delid yn draddodiadol i'r Eglwys.[20] Ers Deddf Cyfnewid y Degwm 1836 ('The Tithe Commutation Act') nid mewn cynnyrch tir y telid y degwm ond mewn arian yn ôl cyfartaledd prisiau ŷd am y saith mlynedd blaenorol, arfer a fyddai'n dwysáu'r caledi cyffredinol mewn cyfnodau o gyni. At hyn, byddai'r tenantiaid yn talu rhent blynyddol i'r tirfeddiannwr. Yr oedd y sefyllfa yn fwy dyrys yng Nghymru oherwydd llwyddiant Anghydffurfiaeth: 'Erbyn hyn gorfodwyd hwy [y tenantiaid] i dalu degwm i gynnal Eglwys nad aent fyth ar ei chyfyl, a hynny'n ychwanegol at dalu'n wirfoddol tuag at gynnal eu capel hwy eu hunain.'[21] Penderfynodd rhai wrthod talu'r degwm ac fel cosb dechreuwyd atafaelu eu meddiannau a'u gwerthu. Yn Llanarmon-yn-Iâl y digwyddodd hyn gyntaf, yn Awst 1886, ac yna yn Llanfair Dyffryn Clwyd, Chwitffordd, Pen-sarn yn Abergele, Meifod, Bodfari, Llanelwy a Mochdre. Yr oedd Ellis, fel rhai o'r offeiriaid eraill a oedd yn ymwybodol o amgylchiadau'r tenantiaid, wedi gostwng y tâl. Pan aeth dirprwyaeth ato ym mis Medi 1886, dywedodd wrthynt *cyn iddynt ofyn* mai dyna a wnâi: 'Felly', meddai Hugh Jones, eu cynrychiolydd, 'cawsom y bonheddwr a'r Cristion yn Elis Wyn o Wyrfai, person Llangwm.'[22] Nid oedd y Dirprwywyr Eglwysig mor hael a mynnent gael y tâl yn llawn.

Diwedd Mai 1887 cyrhaeddodd yr helynt blwyf Llangwm. Ar 25 Mai anelodd y beilïaid, yr arwerthwr, cynrychiolydd y Dirprwywyr Eglwysig ynghyd â gwarchodfa o blismyn am y pentref gan fwriadu atafaelu stoc y gwrthodwyr a chynnal ocsiwn. Yr oedd tyrfa fawr yno i'w cyfarfod, ac er i'r arwerthiant fynd yn ei flaen rhwystrwyd y prynwr, cigydd o'r Rhyl o'r enw Maltby, rhag mynd â'r gwartheg a brynodd oddi yno. Dychwelodd y prynwr, y beilïaid, cynrychiolydd y Dirprwywyr a'r arwerthwr ymhen deuddydd, ac yna trodd y sefyllfa yn gas. Yr oedd y dyrfa wedi chwyddo ac yn y cythrwfl clwyfwyd caseg un o'r tenantiaid a bu rhaid ei difa. Gorfodwyd y cwmni i arwyddo papur yn datgan na chymerent ran mewn gweithred felly fyth eto, trowyd eu cotiau y tu chwith allan a'u gorymdeithio i Gorwen lle y rhoddwyd hwy ar y trên a'u gyrru adref. O ganlyniad i'r terfysg gwysiwyd 31 o wŷr Llangwm i ymddangos gerbron ynadon Rhuthun ar 7 Gorffennaf a throsglwyddwyd naw ohonynt i'r brawdlys a gynhaliwyd ar 28 Chwefror 1888 wedi eu cyhuddo o achosi terfysg. Yn ôl adroddiadau'r *Faner* dyma 'Ferthyron y Degwm', ac yr oedd cryn gydymdeimlad â hwy ar lawr gwlad. Ac yntau'n sylweddoli hynny ac yn ymwybodol nid yn unig o rym y Gynghrair Dirol Genedlaethol a sefydlodd Thomas Gee ddwy flynedd ynghynt ond hefyd o'r pwysau yn erbyn gorfodi'r degwm, yn bennaf trwy waith T.E. Ellis, aelod Meirionydd, yn y senedd, trugarog i'w ryfeddu oedd dyfarniad y barnwr. Siarsiwyd y diffynyddion i ymgadw rhag dulliau treisgar neu wynebu dirwy o £20 yr un. Mae'n wir i wrthdystiadau ac atafaelu ddigwydd yn ysbeidiol mewn mannau eraill ar ôl hynny; ym Mochdre, er enghraifft, ym Mehefin 1887 anafwyd 84 o bobl, 35 o blismyn yn eu plith, ond gydag enw Llangwm y cysylltid yr helynt yn bennaf. Pasiwyd deddf yn 1891 yn addasu'r modd y cesglid y degymau gan roi'r cyfrifoldeb ar ysgwyddau'r tirfeddianwyr yn hytrach na'r tenantiaid a chroesawyd hyn fel buddugoliaeth yn erbyn gormes ac anghyfiawnder.

Ar hyd y cyfnod hwn teimlai ficer Llangwm yn bur anesmwyth. Gwyddai am galedi'r ffermwyr ond, ar dir ysgrythurol a hanesyddol, credai yn nilysrwydd y degwm hefyd. At hynny, gwyddai'n iawn fod radicaliaid o dan arweiniad y wasg boblogaidd yn defnyddio'r degwm fel arf yn erbyn yr Eglwys Sefydledig. Meddai mor gynnar â Chwefror 1885:

> Y mae y syniad am y degwm fel gorthrwm wedi llenwi y dosbarth amaethyddol â rhagfarn dirfawr tuag at yr Eglwys. Edrychant ar yr offeiriad fel un yn byw ar eu llafur hwy, heb ganddo un hawl uwch law yr eiddo grym gorfodol cyfraith i'r cyfryw.

Gyda 'rhai newyddiaduron'—*Baner* Thomas Gee sydd dan yr ordd—'yn ymdrechu creu ychwaneg o ragfarn a drwgdybiaeth ym meddyliau yr amaethwyr at yr offeiriaid', yr unig beth y gallai'r clerigwyr ei wneud oedd dioddef yn dawel: 'Goleuni gwybodaeth, adnabyddiaeth bersonol a bywyd o gariad a sancteiddrwydd yn unig all eu llwyr ddileu.'[23] Erbyn Hydref 1886 cyhuddodd Ellis y wasg (heb gyfeirio at *Y Faner* wrth ei henw) o glodfori trais ac anhrefn fel dulliau priodol o wrthwynebu'r degwm:

> Cefnogir, cyfnerthir, ie, dyrchefir i fysg arwyr a merthyron yr amaethwyr byrbwyll neu gecrus neu benboeth enwadol i wrthod talu eu degwm heb orfodaeth gyfreithiol boenus. Tynnu yr Eglwys i warth yw eu hamcan ... Bydded ein brodyr mor oddefol ag y gallant, a chaffed amynedd ei pherffaith waith. Y mae offeiriaid llawer plwyf mewn ffwrn o dân poeth ond gallant hwyrach, trwy eu hamynedd, eu cariad, eu parodrwydd i oddef yn hytrach na drygu, ddangos fod 'Un tebyg i Fab Duw' yn rhodio yn eu plith.[24]

Gallai Ellis siarad â chryn dipyn o empathi fis yn ddiweddarach pan ddywedodd fod 'degau o'r offeiriaid hyn yn *rhannu eu tamaid olaf* gyda'r amaethwyr yn eu cyfyngder'.[25] Ef biau'r italeiddio, ac yr oedd yn wir wedi gwneud ei orau glas ar ran ei blwyfolion. Yn dilyn yr helynt yn ei blwyf ei hun, aeth ati yn rhifyn Gorffennaf o'r *Haul* i ddehongli'r sefyllfa orau a fedrai:

> Nid segurwyr ... a chymeriadau aflonydd ac anfoddog cymdeithas sydd yn terfysgu ond poblogaeth gyfan yr ardaloedd—y siopwr blodeuog, yr amaethwr cefnog, y tyddynwr, perchennog ei feysydd, y gwas cyflog a'r segurddyn.

Rhyfeddodd fod ysbryd anghyfraith wedi gafael yn y bobl: 'Nid ymddengys fod neb o'r bobl hyn yn ystyried gwrthwynebu cyfraith gwlad yn bechod', meddai, gan restru adnodau i ategu ei ddadl. 'Newydd dderbyn pleidlais ydyw y werin', meddai ymhellach,

> Dwywaith y cawsant eu defnyddio, ac eto dyma eu blaenoriaid yn eu galw i daflu ymaith y bleidlais gyfreithiol ... ac apelio at gyfraith y pastwn. Os apelia Ymneilltuaeth Gymreig at y pastwn, y mae ei hysbrydolrwydd ar ben.

Clodd ei ysgrif trwy alw eto am bwyll ac amynedd gan ei gyd-Eglwyswyr. 'Nid o ymryson, ymgynhennu nac ymgyfreithio y daw [y feddyginiaeth]', meddai, 'ond o ddioddef yn amyneddgar a pharhau i ddyfal weithio, i arddangos cariad yn lle cas a gweddïo dros y rhai a'n cablant a'n casânt.'[26]

Ymhen y mis ymatebodd Ellis i sylwadau a anfonodd Thomas Gee at John Bridge, yr ynad di-Gymraeg o Lundain a benodwyd gan yr awdurdodau i ymchwilio i achos y terfysg. 'The present state of agriculture is not the cause but the occasion of this agitation', meddai golygydd *Y Faner*:

> It rises from a deep-rooted objection to the principle of an establishment, a feeling which is greatly intensified by the fact that it is an 'alien' church, the Church of England in Wales, and includes but a small minority of its inhabitants. The payment of tithes to this Church is considered to be a badge of conquest which we are determined to shake off.[27]

Esgus oedd y degwm, felly, i ymosod ar y syniad o Eglwys Sefydledig, a'r Eglwys honno ynghlwm wrth y wladwriaeth Brydeinig. A gyda hynny gwelodd Ellis ei gyfle:

> Y mae gennym ormod o barch personol i Mr Gee i ddweud mai anwiredd yw ei eiriau, ond dywedwn yn ddi-ofn mai nid eglwys 'estronol' yw 'Eglwys Loegr' yng Nghymru ... Cofier nad yw enw bob amser yn arwydd cywir o natur a nodwedd y gwrthrych. Enw Saesneg yw Gee, ond yr ydym yn gwybod yn wahanol, mai Cymro twymgalon, caredig ydyw. Felly yr Eglwys. Nid yw yr enw Lloegr yn profi dim mwy na'r enw Gee am estroneiddiwch y naill na'r llall.[28]

YR

HAUL

[1885]

Ail Gyfres Caerfyrddin

CYFROL I.

DAN OLYGIAETH ELIS WYN O WYRFAI

"YNG NGWYNEB HAUL A LLYGAD GOLEUNI"
"A GAIR DUW YN UCHAF"

CAERFYRDDIN: WILLIAM SPURRELL
MDCCCLXXXV.

Yr Haul
(dan olygyddiaeth Ellis Roberts 'Elis Wyn o Wyrfai')

Gyda dyfarniad y barnwr yn Chwefror 1888 gostegodd y cythrwfl a daeth sylwadau'r golygydd ar y pwnc ar dudalennau'r *Haul* i ben. Fe'i siomwyd gan agwedd yr Ymneilltuwyr ac yntau wedi byw yn heddychlon yn eu plith erioed, ac fel eraill o'r clerigwyr gwlatgar Cymraeg—etifeddion yr hen bersoniaid llengar—credai'n gydwybodol mai eiddo i'r genedl oedd yr Hen Fam, ac fel hen Eglwys y Cymry yr oedd yn gysegredig ac yn annwyl yn ei olwg. Diflastod iddo oedd y cecru annymunol a ddaeth i chwerwi'r berthynas rhwng cymdogion a'i gilydd wrth i frwydr y datgysylltu a brwydr y degwm fynd yn eu blaen.

Yr oedd Ellis yn drigain oed erbyn hyn a gyda rhyddhad y dychwelodd at yr hyn yr hoffai ei wneud, sef 'ymweled â'r cleifion a'r helbulus i'w cysuro a'u diddanu'.[29] Yn 1889 daeth esgob newydd i Lanelwy, A.G. Edwards, ac er gwaethaf ei agwedd lugoer at y Gymraeg, mynegodd ei werthfawrogiad o wasanaeth ficer Llangwm trwy ei benodi yn 1891 yn ganon mygedol y gadeirlan. Dwy flynedd yn ddiweddarach fe'i penododd yn un o'i gaplaniaid arholi. 'Diau bod yr esgob llafurus a chraffus', meddai Gwynedd, 'yn canfod nad oedd neb cymhwysach yn yr esgobaeth i arholi ymgeiswyr am urddau, mewn pynciau Cymraeg, na'r hwn a ddewisodd.'[30] Erbyn hyn, fodd bynnag, yr oedd ei iechyd yn dirywio. Ni bu'n gryf o gorff erioed ac fe'i plagiwyd gan yr asthma ers dyddiau ei guradaeth yn Rhosymedre. Daliai i lenydda a beirniadu yn yr Eisteddfod Genedlaethol a chafodd gymorth ei fab wrth gyfieithu cyfrol olaf esboniad Walsham How. Yn 1892 penodwyd gŵr iau, Robert Camber-Williams, ficer Dolwyddelan, yn gyd-olygydd *Yr Haul*. Yr oedd yn amlwg fod y baich yn mynd yn ormod iddo.

Byddai'n dda medru taro nodyn llawen i gloi ond cafwyd trasiedi yn oriau mân y bore ar 4 Hydref 1892. A hithau wedi bod yn dioddef o iselder ysbryd ers tro, ni allai Esther, gwraig Ellis ers 38 o flynyddoedd, fynd yng nghwmni gweddill y teulu i Lanfairfechan i briodas John Richard, ei mab ieuengaf, ac arhosodd gartref. Er ei bod dan ofal y forwyn, ymddengys iddi ddianc a phan aed i chwilio amdani daethpwyd o hyd i'w siôl ar lan Afon Alwen gryn bedair milltir o'r rheithordy. Darganfuwyd ei chorff oriau lawer wedyn yn Afon Dyfrdwy. Adroddodd *Y Cymro* am 'ofal a phryder mawr ei phriod a'i theulu ohoni'[31] yn ystod pyliau o brudd-der a'i blinasai ers peth amser cyn hynny. Ceid sibrydion fod y teulu wedi ei chael hi'n anodd yn ystod helyntion y degwm ac i hyn amharu ar ei nerfau. Ofer dyfalu union achos ei chlefyd ond yr oedd gofid a thorcalon Ellis yn real iawn. Meddai, mewn penillion coffa iddi:

> Llaw drom cystuddiau arni ddaeth / Yn heulog nawn ei dydd:
> Pan oedd siriolaf, suddo wnaeth / Dan gwmwl tristwch prudd.
>
> Cymerais hi at feddygon byd / O uchaf ddysg a dawn;
> Eu cymorth ofer oedd i gyd / Er cydymdeimlo'n llawn.
>
> Fe guddia'r cwmwl haul ei hoes / A sêr gobeithion byd;
> Ond daliai'i llygaid ar y Groes, /Ac ar ei Duw o hyd.[32]

Cafodd Ellis fyw am ddwy flynedd arall wedi iddo golli ei wraig. Ar wahân i'w waith bugeiliol, parhaodd, ar y cyd â ficer Dolwyddelan, i olygu'r *Haul* a dygodd allan fersiwn diwygiedig o *Hymnau yr Eglwys*. Beirniadodd am y tro olaf yn Eisteddfod Genedlaethol Caernarfon 1894. Erbyn y gaeaf yr oedd ei nerth yn pallu a bu farw yn dawel nos Fawrth 23 Ebrill 1895. Charles Ashton, yr hanesydd o Ddinas Mawddwy, a luniodd y deyrnged iddo a welwyd ar dudalennau *Yr Haul*. Ar ôl olrhain ei hanes a thafoli ei gyfraniad fel bardd, golygydd a beirniad, canolbwyntiodd ar natur ei weinidogaeth. 'Beth', meddai, 'oedd yn tynnu dagrau o lygaid ei blwyfolion ar ddydd ei angladd?'

> Yn ystod y 23 mlynedd y bu yn gwasanaethu yn y plwyf, ni fu unwaith yn glustfyddar i gwynion y weddw a'r amddifaid, ni fedrodd erioed edrych ar drueni heb geisio ei leddfu, ni phetrusai feiddio i wyddfod angau i sychu y diferion oerion ar ruddiau y rhai oeddent ar groesi'r afon ... Nid Eglwyswyr yn unig a wasanaethai yn y ffordd hon ond *pawb*, yn Eglwyswyr ac yn Ymneilltuwyr. Credwn nad oedd yr un Ymneilltuwr ym mhlwyf Llangwm heb iddo lwyr ennill ei barch a'i ymddiriedaeth trwy ei weithgarwch cydwybodol, ei hunanaberth, ei foneddigeiddrwydd a'i ymarweddiad cyson a Christnogol. Ar ôl clywed llawer am ei weithredoedd da yn Llangwm, yr oedd ein hedmygedd blaenorol o Elis Wyn fel bardd a llenor wedi rhoddi lle i edmygedd o'r dyn, yr offeiriad, a'r dyngarwr.[33]

Offeiriad cefn gwlad oedd gwrthrych y bennod hon, na ddringodd yn uwch yng nghyfundrefn yr Eglwys na bod yn ganon mygedol a hynny pan oedd dros ei drigain oed. Gofalu am y winllan oedd ei unig uchelgais, yn ddiwylliannol ac yn ysbrydol, a phrin fod neb wedi gwneud hynny gyda mwy o raen, ymroddiad a chariad yn ail hanner y bedwaredd ganrif ar bymtheg nag Elis Wyn o Wyrfai.

DARLLEN PELLACH

Charles Ashton, 'Y diweddar Barch. Ganon Ellis Roberts, Elis Wyn o Wyrfai', *Yr Haul*, ail gyfres Caerfyrddin 11 (1895), 161–5.

Thomas Edwards 'Gwynedd', 'Elis Wyn o Wyrfai', *Y Geninen*, 13 (1895), 195–201.

Manon Jones, 'Y lleol a'r cenedlaethol: Rhyfel y Degwm yn Llangwm', *Trafodion Cymdeithas Hanes Sir Ddinbych*, 57 (2009), 64–82.

Siôn Edward Jones, *Rhyfel y Degwm yng Nghymru 1886-1895* (Llanrwst: Gwasg Carreg Gwalch, 2022).

Robert Morris, 'The Tithe War', *Trafodion Cymdeithas Hanes Sir Ddinbych*, 32 (1983), 51–97.

Huw Tegid Roberts, 'Ellis Roberts (Elis Wyn o Wyrfai) 1827–95' (Traethawd PhD Prifysgol Bangor, 2006).

H. Cernyw Williams, 'Atgof am Enwogion: Elis Wyn o Wyrfai', *Y Geninen*, 35 (1917), 224–6.

---

1 Gweler J. Spinther James, *Hanes y Bedyddwyr yng Nghymru*, Cyfrol 3 (Caerfyrddin, 1896), tt. 342–3.

2 Thomas Edwards 'Gwynedd', 'Elis Wyn o Wyrfai', *Y Geninen*, 13 (1895), 195–201 [t. 195].

3 Archif Prifysgol Bangor, Llawysgrif Bangor 4190.

4 Gwynedd, 'Elis Wyn o Wyrfai', 196.

5 Ibid., 196.

6 Ibid., 197.

7 Dyfynnwyd yn Emlyn Richards, *Hen Ysgol Eben Fardd, Ysgol yr Ail Gynnig* (Caernarfon: Gwasg Gwynedd, 2004), t. 6.

8 *Transactions of the Aberffraw Royal Eisteddfod* (London, 1849), t. xxxv.

9 Gwynedd, 'Elis Wyn o Wyrfai', 198.

10 Elis Wyn o Wyrfai, 'Atgof uwch anghof', *Yr Haul*, ail gyfres Caerfyrddin 5 (1889), 67–9 [t. 67].

11 Gwynedd, 'Elis Wyn o Wyrfai', 199.

12 H. Cernyw Williams, 'Atgof am enwogion: Elis Wyn o Wyrfai', *Y Geninen*, 35 (1917), 224.

13 Gwynedd, 'Elis Wyn o Wyrfai', 198.

14 *Transactions of the Royal National Eisteddfod of Wales ... Cardiff, 1883* (Cardiff, 1884), t. 144.

15 Elis Wyn o Wyrfai, 'Emynyddiaeth eglwysig', *Yr Haul*, ail gyfres Caerfyrddin 3 (1887), 298–301 [t. 301].

16 Robert Jones, 'Cofnodion amrywiol', *Yr Eurgrawn Wesleyaidd*, 78 (1886), 265.

17 Roger Edwards, 'Adolygiad y wasg', *Y Drysorfa*, 56 (1886), 265.

18 H. Cernyw Williams, 'Hymnau yr Eglwys', *Y Greal*, 35 (1886), 162.

19 *Baner ac Amserau Cymru*, 18 Chwefror 1886, 4.

20 Gan T. Gwynn Jones yn 'Helynt y degwm', pennod 23 yn *Cofiant Thomas Gee* (Dinbych, 1893), tt. 449–93, a Frank Price Jones, 'Rhyfel y Degwm', yn *Radicaliaeth a'r Werin Gymreig yn y Bedwaredd Ganrif ar Bymtheg* (Caerdydd: Gwasg Prifysgol Cymru, 1977), tt. 73–108, a hefyd Siôn Edward Jones, *Rhyfel y Degwm yng Nghymru, 1886–1895* (Llanrwst: Gwasg Carreg Gwalch, 2002) y ceir yr ymdriniaethau safonol, ond rhaid eu hamodi trwy droi at erthyglau Elis Wyn yn *Yr Haul*, gweler Huw Tegid Roberts, 'Ellis Roberts (Elis Wyn o Wyrfai) 1827–95' (Traethawd PhD Prifysgol Bangor, 2006), 265–87.

21 Jones, 'Rhyfel y Degwm', t. 74.

22 *Baner ac Amserau Cymru*, 29 Medi 1886, 4.

23 Elis Wyn o Wyrfai, 'Yr amaethwyr a'r Eglwys', *Yr Haul*, ail gyfres Caerfyrddin 1 (1885), 56–7 [t. 56].

24 Elis Wyn o Wyrfai, 'Aflonyddwch y degwm', *Yr Haul*, ail gyfres Caerfyrddin 2 (1886), 319–20.

25 Elis Wyn o Wyrfai, 'Ymryson y degwm', *Yr Haul*, ail gyfres Caerfyrddin 2 (1886), 351–2 [t. 351].

26 Elis Wyn o Wyrfai, 'Y terfysgoedd gwrthddegymol yn Llangwm a'r cyffiniau', *Yr Haul*, ail gyfres Caerfyrddin 3 (1887), 213–14.

27 Jones, *Cofiant Thomas Gee*, tt. 482–3.

28 Elis Wyn o Wyrfai, 'Yr ymchwiliad i'r terfysgoedd gwrth-ddegymol yn Siroedd Dinbych a Threfaldwyn', *Yr Haul*, ail gyfres Caerfyrddin 3 (1887), 281–2.

29 Gwynedd, 'Elis Wyn o Wyrfai', 200.

30 Ibid.

31 'Newyddion', *Y Cymro*, 6 Hydref 1892, 8.

32 Elis Wyn o Wyrfai, *In Memoriam: my wife* (1892).

33 Charles Ashton, 'Y diweddar Barch. Ganon Ellis Roberts, Elis Wyn o Wyrfai', *Yr Haul,* ail gyfres Caerfyrddin 11 (1895), 161–5 [t. 165].

11

Dafydd Glyn Jones

OWEN WYNNE JONES 'GLASYNYS'

Yn un o rifynnau cynnar y papur bro *Lleu*, papur Dyffryn Nantlle ac ardal Moel Tryfan yn Arfon, yr oedd rhyw gyfrannwr wedi dechrau cymysgu rhwng Owen Wynne Jones 'Glasynys' ac Ellis Wynne o'r Lasynys 'Y Bardd Cwsg'. I gymhlethu ymhellach, daeth rhywun i mewn ag Ellis Roberts 'Elis Wyn o Wyrfai'. Ond daeth rhywun arall wedyn a datod y cwlwm. Yn wir, mae llawer yn gyffredin i Glasynys ac Elis Wyn o Wyrfai, y ddau o ardaloedd cyfagos, bron yn union gyfoed (1827, 1828), athrawon ac offeiriaid, llenorion eglwysig, a'r ddau drwy eu dewis o enw barddol yn eu rhoi eu hunain yn olynwyr i'r Ellis Wynne cynharach. Mwy na hynny, yr oedd Glasynys yn credu ei fod yn berthynas i'r Bardd Cwsg; nid gwir hynny meddai John Morris-Jones, a Saunders Lewis ar ei ôl.

Cartref genedigol Owen Wynne Jones oedd Ty'n Ffrwd, Rhostryfan ym mhlwyf Llanwnda. Pan oedd Owen yn bur ifanc symudodd y teulu i Dal-y-sarn, ac wedyn yn ôl i Rosgadfan. Yn saith oed cafodd Owen ddamwain ddrwg i'w goes, a dywedir mai yn orweddiog o'r achos hwnnw y dechreuodd gael blas mawr ar ddarllen—darllen *Drych y Prif Oesoedd* yn arbennig. Pa gychwyniad gwell i ddiddordeb hynafiaethol a gwladgarol? Y diddordeb hwnnw hefyd, yn ôl pob cofiant iddo, yn cael ei hybu gan ei fam, gwraig ddiwylliedig eithriadol. Ond erbyn bod yn ddeg oed, amlwg fod y bachgen yn ddigon atebol i fynd i'r chwarel; bu'n gweithio'n lleol ac yn Ffestiniog. Yna, yn ddwy ar bymtheg, penderfynodd geisio ei wella ei hun a chael mwy o addysg. Dechrau yn Ysgol Bron-y-foel, 'hen ysgol y Fron', bryd hynny yn ysgol i bob oed, wedi ei sefydlu gan berchenogion un o'r chwareli; erbyn bod fy nhad yn mynd iddi yr oedd hi'n ysgol gynradd, wladol, a thebyg nad yn yr un adeilad. Cwrs pellach, hyfforddiant athro, yng Nghaernarfon. Wedi ei fagu'n Fethodist Calfinaidd, yr oedd Glasynys erbyn hyn yn clywed tynfa gref at yr Eglwys Wladol, a aeth yn dynfa at Fudiad Rhydychen hefyd yn y man. Cyfnodau fel athro mewn amryw fannau yn Arfon a Meirion. Un o'r mannau hyn oedd Llanymawddwy, lle y daeth dan ddylanwad yr eisteddfodwr a'r gorseddwr John Williams 'Ab Ithel'; hynny'n sicr yn atgyfnerthiad i'w ddiddordeb mewn hynafiaeth a defod. Yna cael ei ordeinio'n ddiacon, a gwasanaethu fel curad, ym Môn ac ym Mynwy. Cyfnod byr yng Nghasnewydd, lle y bu'n cydolygu papur *Y Glorian* gyda'r bardd Islwyn, partneriaeth annhebygol braidd, ac aflwyddiannus. Dwy flynedd a deugain o oes a gafodd Glasynys (1828–70), a thrwy'r rhan fwyaf ohoni, ymroi'n frwd i lenydda.

Ym mlodeugerdd W. Lewis Jones, *Caniadau Cymru* (1897), gwelir saith o gerddi byrion Glasynys. Nid felly yn y detholion a ddilynodd yng nghwrs yr ugeinfed ganrif: blodeugerddi W.J. Gruffydd, Thomas Parry, Bedwyr Lewis Jones a Bobi Jones. Un gerdd sy'n cael ei gynrychioli bob tro, 'Bugeilgerdd Gŵyl Ifan', sy'n rhan o waith mwy, 'Hywel Wyn yr Hafod':

Awn allan, fwyn forynion,
Fe ddaeth Gŵyl Ifan ddoeth,
Boreddydd y Bedyddiwr gwyn
Sy'n euro'r bryniau noeth.
Awn allan efo'n gilydd
I droed y Mynydd Mawr
I rwymo'r llwdwn gwyn ei wlân
Â blodau teg eu gwawr ...

Awn allan yn gariadlon
I droed y Mynydd Mawr,
I ddisgwyl cân rhyw fugail glân
Cyn agor dorau'r wawr.
Awn, deuwn, efo'n gilydd,
A dawnsiwn ar y bryn,
Nes delo'r dydd i roddi'n rhydd
Y gwlanog lwdwn gwyn.

Glasynys ei hun sy'n dweud mai cyfieithiad o'r Saesneg yw hi, a hwnnw yn ei dro yn gyfieithiad o'r Sbaeneg: llwybr y byddai'r Bardd Cwsg yn gyfarwydd ag o. Ond ystyriwch hi am funud fel rhan o waith helaethach. Amlwg fod yna ryw ddefod ar waith gan y bugeilesau, Llio a'i ffrindiau, ac os darllenwn ymlaen wedyn casglwn mai pwrpas y dawnsio, addurno'r 'gwlanog lwdwn gwyn' ac ati yw denu cariadon. Ond yn wir ...

Fel yna canai Llio a'r lleill am oriau rai,
Ond ni ddaeth neb o'r llanciau llon i wneud eu poen yn llai,
Ac felly tyfodd Llio yn hen ferch ifanc sur, –
Er dawnsio efo'r llwdwn gwyn ni chafodd gariad pur.

Y Parchg Owen Wynne Jones 'Glasynys'
Casgliad Portreadau Llyfrgell Genedlaethol Cymru

Trist iawn, ond dyna gyd-destun un delyneg adnabyddus. Cynhwysais innau 'Fugeilgerdd Gŵyl Ifan' yn *Hen Lyfr Bach y Bugeilgerddi*, ond gyda hi un darn o fugeilgerdd 'Rhys Cwm Dyli', a rhoi arno'r teitl 'Ffrae Dau Fugail', i gynrychioli un o brif weithgareddau bugeiliaid, sef ffraeo.

Dyma Hywel yn ymosod:

'Mae dwylaw hil Cwm Dyli yn llawn direidi drwg,
Mae ganddynt gyw cenfigen yn magu yn eu mwg;
Dos adref draw i'r creigiau a chysga dridiau'n drwm,
Daw Bronwen yno atat i fyw i'r llety llwm ...

Mae'th afr yn brefu'n erwin am flewyn, druan flin;
Dos adref at dy fynnod cyn dyfod hynod hin.'

Rhys yn ateb:

'Ni feddi di, rwy'n coelio, i'th flino fyn na gafr,
A'th ddefaid mân anheini sy'n cloffi dan y clafr ...'

Ond Hywel wedyn sy'n cynnig cymodi, gyda'r awgrym mai tynnu coes oedd y cyfan. O ran eu themâu, gwlatgar a duwiol yw cerddi byrion Glasynys, gydag ambell gerdd serch gan un na fu ar frys i briodi—ddim cystal â chaneuon serch yr hen lanc ymroddedig Talhaiarn.

A yw dyfarniad detholwyr yr ugeinfed ganrif yn deg? At ei gilydd, credaf ei fod. Nid Ceiriog mo Glasynys, nid Talhaiarn, ac nid Mynyddog nac Ieuan Glan Geirionydd ar eu gorau. Anaml y mae ganddo glust y gwir delynegwr a'r ddawn i gywasgu teimlad o fewn ffrâm y delyneg. Oes ganddo gryfder fel prydydd felly? Oes, mewn *rhannau* o'i gerddi hirion, storïol, a hynny'n arbennig mewn rhediadau o linell hir, tair sillaf ar ddeg, neu a rhoi ei hen enw i'r mesur, 'Bryniau'r Werddon'. Ar dro mae'n llithro'n naturiol i dipyn o gynghanedd sain, er nad oedd Glasynys yn gynganeddwr mawr. Dyma, er enghraifft, agoriad y gerdd hir 'Golygfa oddi ar ben Moel Orthrwm':

Ar fore teg yn Ebrill, mi eis i ben y Foel,
I syllu o fy neutu, er ennyn difyr goel
Ar gofion ein hynafiaid, a'r wedd y byddid gynt
Yn byw eu heinioes allan, a llawer hynod hynt;
I graffu ar fawreddog glegyrog greigiau certh,
Yr Aran fawr a'r Gader yn herio grym a nerth
Tymhestloedd blwng yr oesoedd, gan chwerthin am eu pen,

Ac yna rhith-ymguddio o dan gymylog len;
Yr oedd y bore'n dawel, yr awel yn y coed
A fethai ag ymsymud, fel pe heb law na throed;
Ymgreiniai hyd y twyni a'r llwyni oedd gerllaw;
Anghofiai ganu plygain neu gnul ar gloch y gwlaw.
Gwyrddlesni y ffurfafen oedd olau, denau, glir,
A gallai'r llygad syllu ymhell dros fôr a thir.

Ie, adleisiau o'r Bardd Cwsg, ond stori wahanol, taith dros fryniau a chymoedd Meirionydd gan alw i gof chwedl a thraddodiad, hanes ac enwogion. (Mewn ysgrif yn yr hen *Geninen* mae Alafon, cyn-chwarelwr fel yntau ac o'r un ardal, a gwell telynegwr yn fy marn i, yn traethu'n werthfawrogol iawn am gerddi Glasynys ac yn dyfynnu aml ddarn tebyg i'r un yr wyf newydd ei ddyfynnu.)

Pwysicach, ac o gryn dipyn, yw Glasynys yr awdur rhyddiaith. 'Rhyddieithwr rhamantaidd gorau ei gyfnod yng Nghymru', meddai'r Athro Bedwyr Lewis Jones yn ei lyfr bach ar yr hen bersoniaid llengar. Gymry o'm cenhedlaeth i, synnwn i ddim nad ein cyflwyniad cyntaf ni i hanes Rhyfeloedd Cartref yr ail ganrif ar bymtheg—ac nid cyflwyniad gwael ychwaith—oedd storïau Elizabeth Watkin-Jones am y cyfnod: *Plant y Mynachdy, Y Cwlwm Cêl, Esyllt,* 'Lowri'. Neges yn y rhain oedd fod yna, weithiau o leiaf, ddynoliaeth ac anrhydedd ar y ddwy ochr, ac yn bennaf oll fod serch yn drech na rhaniadau dyfnion yr oes. Yn stori Glasynys *Dafydd Llwyd: neu Ddyddiau Cromwell*, dim o'r fath beth! (Fe'i cyhoeddwyd gyntaf yn y cylchgrawn *Baner y Groes*, wedyn yn gyfrol, 1854.) Adyn digymysg a phrif elyn ein harwr Dafydd Llwyd yw Jeroboam Peters, y gweinidog Ymneilltuol—rhagrithiwr ac erlidwr culfarn sydd hefyd, heb lwyddiant, yn llygadu Miss Gwen Llwyd, merch Dafydd. Goroesodd Dafydd flwyddyn o garchar cyn i Adferiad llawen y Brenin ddod a newid pethau; ar ben popeth arall yr oedd Jeroboam yn euog o ddwyn defaid, ac fe'i dedfrydwyd 'i'w golli'. Rhaid dweud bod y stori'n ddarllenadwy iawn, ac yn dyst o adnoddau y buasai'n dda gweld eu harfer ar rywbeth mwy argyhoeddiadol.

Trown at *Straeon Glasynys*, detholiad Saunders Lewis o'r pethau a gyfrannodd Glasynys i rifynnau *Cymru Fu*, Isaac Foulkes, 1862–4, ac a gyhoeddwyd wedyn yn un gyfrol mor gynhwysfawr a difyr (nid gan Foulkes ond gan Hughes a'i Fab). I ddangos dawn a medr Glasynys fel 'rhyddieithwr rhamantaidd', beth well nag ychydig ddyfyniadau? Dyma inni bawb yn hel ar gyfer 'Noson Galangaeaf yn y Cwm':

> [N]id un teulu fyddai ynghyd, ond pawb drwy'r Cwm yn ddiwahân; gwan hen, a gwan ifanc: y llanciau cryf esgyrniog, a'r lodesi glandeg chwim ar eu troed; y tadau gwybodus a'r mamau llawn pryder a syberwyd. Byddai'r hen lanc consetlyd yno, a'r hen ferch wastad ei chwedl, yn anghofio am dro weled bai ar bawb a phob peth, yn dangos ei hwyneb.

Ac wele gymeriad Rhydderch y Crythor:

> Clamp o ddyn tua dwylath o daldra: pur eiddil, a thipyn o war ganddo, wyneb hir pantiog, a chlobyn o drwyn a allasai, pe cymerasid gofal o'r defnydd, wneud y tro, o leiaf, rhwng tri ... Gên hir, a thipyn o dro ynddi. Ei ysgwyddau yn cantio at ei gilydd: a dau lygad, un yn edrych y ffordd yma, a'r llall yn serennu'r ffordd draw. Rhyw ysgryfinllyn fel yna oedd Rhydderch.

Hithau Cadi Rheinallt:

> Rhyw bwtan fer wedi gwneud bargen dda yn ffair y trwynau ydoedd; a llawer byd o ysmaldod a hylltod yn perthyn iddi.

Yr hen Williams y Ficer yn ceisio gostegu bwgan:

> Methai yn lân loyw landeg â chael na phen na phont ar yr Un Drwg.

Ffrindiau'n dod ag anrhegion priodas yn Nant Gwrtheyrn:

> Yr hen wraig gloff wrth ei ffon yn hobian tan gosyn mynyddig o gaws.

Ac o'r un stori.

> Cyn iddo bron orffen llefaru, dyma fellten gyda blaen ei haden yn ei daro'n gydwastad â'r llawr wrth fôn y pren.

Ifan Morgan yn ceisio cael y fôr-forwyn i eistedd ar ei lin:

> [O]nd gwarchod pawb! dyma hi'n gwichian fel hanner dwsin o gywion dylluan ... eto i gyd daeth Ifan Morgan allan ohono heb fod ddim criglyn gwaeth, ond ei fod wedi cael dowcfa dda riol.

A chyngor o'r un stori:

> [A]c yn wir nid peth i chwarae ag ef yw priodi—ni ddylid gadael iddo ddod ar warthaf dyn fel cawodydd Gwyl Grog.

Gellid dyfynnu llawer rhagor. Digon, gobeithio, i ddangos rhai pethau: y llygad i weld, y ddawn i roi darlun byw, cyflym, Cymraeg llenyddol, cyhyrog, naturiol a thrawiadau llafar yn ei fywiogi; yr union fath o iaith a fyddai wrth fodd y Bardd Cwsg, gallwn feddwl. Mae peth o farddoniaeth Glasynys, ond ei farddoniaeth gynnar yn bennaf, yn dioddef gan 'iaith farddonol' y bedwaredd ganrif ar bymtheg *(chwai, tegaidd, gwenawg, dwysawl, blodionos* &c.). Nid oes dim o hynny ar gyfyl ei ryddiaith; ydyw, mae'n rhyddiaith farddonol, flodeuog mewn mannau, ond heb fod ynddi ddim amhuredd, dim y gallasai John Morris-Jones ei gondemnio.

A ysgrifennodd rywbeth am y chwarel, ar ôl bod ynddi am chwech i saith mlynedd? Naddo, i mi wybod. Am gyfrol o 'Straeon y Chwarel' bydd raid inni ddisgwyl wrth awdur arall o ardal Glasynys, Richard Hughes Williams 'Dic Tryfan' a dreuliodd, fel y mae Kate Roberts yn ein hatgoffa, lawer llai o amser yn y chwarel nag a dreuliodd Owen Wynne Jones. Bugeiliol ac atgofus yw byd Glasynys. Yn y *Straeon* mae'n gwneud dau beth. Yn gyntaf, adrodd storïau gwerin, ac yn ail, darlunio bywyd gwerin. Wrth ddefnyddio'r gair 'gwerin', gallwn anghofio'r pethau a gysylltir ag o mewn un traddodiad o feddwl, caledi, cyni, annhegwch, y dycnwch mewn adfyd, yr ymdrech am well byd. Darlun eidylig sydd gan Glasynys, darlun yn y traddodiad bugeiliol, o gymdeithas sefydlog, ddiogel, ddiddan, *ddiniwed* (gair mawr ganddo), mewn rhyw orffennol sy'n cael ei gyferbynnu'n ffafriol iawn â'i oes ef ei hun. Dyfynnir yn aml eiriau clo stori 'Noson yn yr Hafod', geiriau sy'n ei throi hi hefyd yn foeswers: Ond beth yw'r ergyd? Hyn: *fod hen fywyd Cymreig fel eiddo pobl yr Hafod yn well, yn ddiniweitiach, yn onestach, ac felly yn dduwiolach, na surni a chelwydd, balchder ac afrad y wlad yn yr oes bresennol.* Mae dwy o'r *Straeon*, 'Noson yn yr Hafod' a 'Nos Galangaeaf yn y Cwm', yn darlunio diddanwch ar aelwyd fynyddig, ac wedi eu gosod ryw genhedlaeth yn ôl, a phopeth yn awgrymu hwyl, cwmnïaeth, cytgord y cenedlaethau, diniweidrwydd. Ond mewn cyferbyniad erch â'r ddwy hyn dyma stori lle y mae'r hen arferiad a'r hen gellwair yn troi'n drychineb—y campwaith *macabre*, trasig ac anesmwythol o hyd, 'Priodas yn Nant Gwrtheyrn'. I gyferbynnu'n hollol â honno wedyn, dyma stori 'Cae'r Melwr' am aduniad llawen gwir gariadon.

Yn ei gerddi mae Glasynys yn rhoi inni gryn dipyn o brofiad crediniwr. Seciwlar yw'r straeon, a'r unig adeg y daw crefydd ac eglwys i mewn yw'r tro neu ddau pan fydd angen gostegu bwgan. Wrth olygu'r gyfrol *Rhywbeth yn Trwblo* cynhwysais stori gan Glasynys, 'Y Plas a Gythryblid gan Rywbeth' am ei bod hi'n cynrychioli cam yn natblygiad y stori ysbryd lenyddol, fodern. Yn eithaf nodweddiadol o'r dosbarth, mae'n gorffwys ar y fformiwla 'rhywun arall oedd yn dweud'. Stori lwyddiannus? Yn fy marn i, syrcas o ddychryniadau un ar ôl y llall, gormod, ac o'r herwydd yn methu â chynhyrchu gwir arswyd. Ond mae ambell gyffyrddiad. 'Pan oedd yno clywai, debygai, rywbeth yn llithro ar hyd y canllaw yn drwm, gan swnio'n bur debyg fel y bydd eira'n tyrfu wrth lithro'n araf ar hyd y to pan fydd hi'n dadmer.'

Wrth ystyried defnydd Glasynys o lên gwerin, gallwn feddwl am ddau beth nad yw'n eu gwneud. Yn gyntaf, fel y mae Saunders Lewis a Kate Roberts yn sylwi yn gwbl gywir, nid yw byth yn dehongli a dadansoddi, sef y math o driniaeth a gawn gan John Rhŷs, T. Gwynn Jones ac eraill ar eu hôl. Yn ail, dyma ddau deitl arall o'r bedwaredd ganrif ar bymtheg, *Cambrian Superstitions* ac *Ofergoelion yr Hen Gymry*, llyfrau sydd at ei gilydd yn edrych ar goel a chwedl fel pethau digon difyr, ond pethau oes lai goleuedig, pethau yr ydym wedi tyfu allan ohonynt. Awdur rhamantaidd yw Glasynys, yn yr ystyr ei fod yn adrodd hen chwedlau, hen arferion a hen goelion fel pethau i ymhoffi ynddynt a'u trysori, nid pethau i'w trin yn nawddogol gan gymdeithas sy'n ei gweld ei hun yn fwy goleuedig. Mae storïau 'Cae'r Melwr', 'Y Fôr Forwyn' a 'Priodas yn Nant Gwrtheyrn' yn ail-greu'r chwedlau gyda lleoliadau manwl a chymeriadau sy'n argyhoeddi. Sylwch, yn stori Nant Gwrtheyrn, nad oes gan y bobl ifainc fawr o awydd mynd ymlaen â'r hen gellwair ddiwrnod priodas; yr hen fachgen, tad Meinir, sy'n mynnu eu bod yn gwneud, gyda chanlyniad trasig. Rhys a Meinir, Elen o Gae'r Melwr a'i chariad Jack, Ifan Morgan a hyd yn oed y fôr-forwyn ei hun (Nefyn yw ei henw), maent yn fwy na *ffigurau* llên gwerin. Gwir, nid yw hyn yn newydd, mae mor hen â'r Mabinogi. Yr un pryd, mae yma symud ymlaen tuag at yr hyn y daethom i'w adnabod fel 'stori fer'. Yn y man daw Daniel Owen yn *Straeon y Pentan* i gymryd cam pellach; o ardal Glasynys daw Richard Hughes Williams; ac o'r un ardal eto daw Kate Roberts. O hyn allan mae'r 'stori fer' yn stori am drobwynt, darganfyddiad neu sylweddoliad ym mywyd unigolyn. Dyma'r 'stori fer lenyddol fodern'. Mewn cyferbyniad, efallai mai 'hanesion' ddywedem ni am *Straeon* Glasynys, ond mae iddynt eu rhan yn y datblygiad. Ac ystyriwch yr eitem 'Nos Galangaeaf yn y Cwm'. Gallem ei darllen bron ar ei hyd a phenderfynu mai 'ysgrif' y dylem ei galw—y disgrifiad o'r hen gegin fawr, yr hen ddodrefn, y cwmni'n ymgasglu, yr hwyl ddiniwed. Ond yn y diwedd un dyma ddatgeliad, a thro, sef fod yr hanes ei hun yn cael ei adrodd gan Huw Bifan, y bachgen llwyd a oedd yn eistedd ar gwr y pentan, hanes am 'glec', fel y dywed, yn ei fywyd ei hun, sef serch yn taro. Yn y fan, dyna'i gogwyddo hi tuag at stori fer.

Mwy na Goronwy a'r Prydydd Hir o'i flaen, ni chafodd Glasynys bersoniaeth blwyf. Ond mae'n siŵr y cawn estyn y term dipyn bach, a chytuno fod i Glasynys, yntau, yn bennaf ar sail y *Straeon*, ei le sicr yng nghwmni anrhydeddus yr hen bersoniaid llengar.

DARLLEN PELLACH

Alafon, 'Glasynys fel bardd', *Y Geninen*, Argraffiad Arbenig, 1 Mawrth 1897, 58–64.

O.M. Edwards, *Gwaith Barddonol Glasynys* (Wrecsam, 1898).

Cymru Fu yn cynwys hanesion, traddodiadau, yng nghyda chwedlau a dammegion Cymreig (oddiar lafar gwlad a gweithiau y prif awduron), [gol. Isaac Foulkes] (Wrecsam, 1862).

Bedwyr Lewis Jones, *'Yr Hen Bersoniaid Llengar'* (n.p.: Gwasg yr Eglwys yng Nghymru, [1963]).

Straeon Glasynys: Detholiad gyda Rhagymadrodd gan Saunders Lewis (Dinbych: Y Clwb Llyfrau Cymreig, 1943).

Enid Morgan, 'Y gymdeithas ddelfrydol: breuddwyd Glasynys', *Yr Haul a'r Gangell*, Hydref 1970, 24–7.

Margaret Erina Morris, 'Bywyd a Gwaith Owen Wynne Jones (Glasynys), 1828–1870' (Traethawd MA Prifysgol Cymru [Aberystwyth], 1935).

Kate Roberts, 'Glasynys (1828–70),' yn *Gwŷr Llên y Bedwaredd Ganrif ar Bymtheg a'u Cefndir,* gol. Dyfnallt Morgan (Llandybie: Llyfrau'r Dryw, 1968), tt. 66–77.

Kate Roberts, *Dau Lenor o Ochr Moeltryfan,* Darlith Flynyddol Llyfrgell Penygroes 1970 (Caernarfon: Argraffty'r M.C., 1970).

Aled Jones Williams, 'Miwsig moesol—astudiaeth o waith Glasynys', *Yr Haul a'r Gangell*, Hydref 1982, 18–24; Gaeaf 1982, 8–14.

12

Rhidian Griffiths

EMYNIADURON ANGLICANIAID CYMRAEG Y BEDWAREDD GANRIF AR BYMTHEG

Dechreuodd yr Eglwys yng Nghymru gofleidio'r emyn cyn diwedd y ddeunawfed ganrif, gyda rhai casgliadau o emynau at ddefnydd cynulleidfaoedd unigol yn ymddangos cyn 1800, ac o hynny ymlaen, yng Nghymru fel yn Lloegr, gwelwyd cyhoeddi nifer o gasgliadau o emynau gan unigolion a chymdeithasau fel ei gilydd. Tynnodd Bedwyr Lewis Jones sylw at y ffaith i nifer o offeiriaid gyhoeddi 'detholiadau byrion o salmau ac ychydig emynau ar gyfer eu heglwys blwy hwy eu hunain', arfer a barhaodd hyd at ganol y bedwaredd ganrif ar bymtheg ac wedi hynny: 'at wasanaeth y Lithwriaeth Gymraeg yn Nghaerlleon' y darparodd Ieuan Glan Geirionydd ei *Casgliad o Salmau a Hymnau* yn 1829, er enghraifft. Ac nid yn unig at ddefnydd eglwysi unigol y cyhoeddwyd casgliadau, oherwydd yn yr 1830au trefnodd Cymdeithas Traethodau yr Eglwys yn esgobaeth Bangor *Casgliad o Salmau a Hymnau, i'w Canu mewn Eglwysi*, y cafwyd sawl argraffiad ohono; nododd y seithfed argraffiad, a ymddangosodd yn 1857, fod y chweched (1856) wedi ei werthu'n llwyr—3,500 o gopïau o fewn chwe mis—sy'n awgrym pendant fod galw gwirioneddol am gasgliadau o'r fath. Ymhen pedair blynedd, yn 1861, cyhoeddwyd casgliad newydd dan yr un teitl, *Casgliad o Salmau a Hymnau*, wedi ei argraffu yn Llundain gan y Gymdeithas er Taenu Gwybodaeth Gristionogol ac yn dwyn sêl bendith pedwar esgob Cymru.

Casgliadau o emynau oedd y rhain, sef o eiriau yn unig, heb donau nac enwau tonau uwchben yr emynau. Yr oedd yr ochr gerddorol i bethau ar drugaredd arweinyddion lleol amrywiol iawn eu gallu a'u gwybodaeth, ac mae lle i gredu mai digon di-lun oedd llawer o'r canu yn hanner cyntaf y ganrif. Yr oedd adnoddau'n brin, yn enwedig yn eglwysi bach y wlad, a'r diffyg trefn yn faich ar eneidiau'r diwygwyr cerddorol a oedd yn ceisio dwyn rhyw elfen o ddisgyblaeth i arferion cerddorol y genedl: pobl megis Millsiaid Llanidloes ac Ieuan Gwyllt, er enghraifft, a cherddorion o fewn yr Eglwys Anglicanaidd megis Owen Humphrey Davies 'Eos Llechid'. Yr awydd i ddwyn trefn o anhrefn a oedd wrth wraidd casgliad Thomas Jones (1810–89), ficer Pwllheli a rheithor Llanengan wedi hynny, *Welsh Church Tune and Chant Book*, a ymddangosodd gyntaf yn 1859 ac y cafwyd o leiaf wyth argraffiad ohono. Casgliad o donau yn unig yw'r *Welsh Church Tune and Chant Book*, yn debyg i gasgliad Ieuan Gwyllt, *Llyfr Tonau Cynulleidfaol*, a gyhoeddwyd yn yr un flwyddyn. Amcan y ddau oedd darparu tonau da o safon dderbyniol, er mwyn ymlid o'r cysegr y tonau ysgafn a phoblogaidd yr oedd sawl cynulleidfa wedi dod i arfer â hwy, ac yn hyn o beth yr oedd Thomas Jones, fel Ieuan Gwyllt, yn etifedd y mudiad cerddorol diwygiadol a oedd ar droed ers yr 1830au. Nod arall oedd darparu tonau addas i fesurau penodol Gymreig, gan gynnwys y Mesur Salm a'r mesur a elwir yn fesur 'Braint', nad oedd tonau cymwys ar eu cyfer yn Lloegr nac yn yr un wlad arall.

Yn fuan wedyn, yn yr 1860au, cyhoeddwyd at ddefnydd cynulleidfaoedd yr Eglwys ddau gasgliad o emynau a thonau, gyda'r emynau a'r tonau yn yr un gyfrol—casgliadau arloesol, gan mai'r Eglwys Anglicanaidd oedd y gangen gyntaf o'r eglwys Gristnogol yng Nghymru i ddarparu casgliadau o'r fath yn Gymraeg. Mae'n debyg mai'r sbardun i'r gweithgarwch hwn oedd ymddangosiad y casgliad dylanwadol *Hymns Ancient and Modern* yn 1861; dyma gyfrol a oedd yn darparu ar gyfer eglwysi Anglicanaidd Saesneg eu hiaith emynau a thonau wedi eu priodi â'i gilydd yn ôl trefn y litwrgi. Crëwyd *Hymns Ancient and Modern* yn gydymaith cerddorol ac emynyddol i'r Llyfr Gweddi Gyffredin, a ffurfiolwyd yr arfer o ganu emynau yn yr eglwys—arfer a oedd wedi ei hen sefydlu erbyn 1861 yn Lloegr fel yng Nghymru—trwy ei glymu yn dynn wrth y calendr eglwysig. Gwaith pwyllgor o offeiriaid a cherddorion, dan arweiniad Syr Henry Williams Baker, ficer Monkland yn Swydd Henffordd, oedd *Hymns Ancient and Modern*, nid cyhoeddiad swyddogol dan nawdd yr Eglwys Anglicanaidd. Dyna'r traddodiad a oedd i barhau o fewn yr Eglwys, gyda nifer o gasgliadau'n ymddangos yn ôl symbyliad a gallu golygyddion unigol: defnydd y casgliadau hynny a fyddai'n rhoi iddynt hygrededd swyddogol, nid o anghenraid *imprimatur* esgob nac archesgob. Yr un fyddai'r patrwm gyda'r casgliadau Cymraeg yn y cyfnod hwn: gwaith unigolion oeddynt, ac nid cynnyrch pwyllgor swyddogol ar ran yr Eglwys gyfan, er iddynt dderbyn cefnogaeth a chymeradwyaeth gyffredinol.

Y casgliad cyntaf o emynau a thonau a gafwyd ar lun *Hymns Ancient and Modern* oedd *Hymnau a Thonau er Gwasanaeth yr Eglwys yn Nghymru* a ymddangosodd yn 1865, wedi ei gyhoeddi gan Novello yn Llundain. Er ei bod yn bur sicr mai cyhoeddi *Hymns Ancient and Modern* oedd y prif symbyliad, ni cheir unrhyw esboniad ffurfiol gan y casglydd, Daniel Evans, pam yr aeth ati i lunio'r llyfr: nid oes rhagymadrodd o gwbl i'r argraffiad cyntaf ac nid yw'r rhagymadrodd i'r argraffiad helaethach a gafwyd yn 1875 yn esbonio'r cefndir ychwaith. Rhaid

Y Cristion: ei brofiad.

WINDSOR. M. C. O'r English Psalter, 1592.

355.

1 PLANT ydym eto dan ein hoed
Yn dysgwyl am ein 'stad;
Mae'r etifeddiaeth ini'n d'od
Wrth destament ein Tad.

2 Na ddigalonwn er ein bod
Yn awr mewn anial wlad;
Mae'r etifeddiaeth ini'n d'od
Wrth destament ein Tad.

3 Gorthrymder geir o dan y rhod,
Ond byr fydd ei barhâd;
Mae'r etifeddiaeth ini'n d'od
Wrth destament ein Tad. Amen.

356.

1 MEWN cyfyngderau bydd yn DDUW,
Nid wyf ond gwyw a gwan;
Nid oes ond gallu mawr y nen,
A ddeil fy mhen i'r lan.

2 Mae'r byd a'i degwch oll a'i fri,
A'i swynion o bob rhyw,
Yn ceisio 'm denu bant yn glir
O lwybrau pur fy NUW.

3 Cysurwch fi, afonydd pur,
Rhedegog ddyfroedd byw,
Sy'n tarddu o dan riniog cu
Sancteiddiaf dŷ fy NUW.

4 Rho brawf im' o'r winwydden rydd
O fywyd sydd yn llawn;
Y ffynnon fawr agorwyd fry
Ar Galfari brydnawn. Amen.

357.

1 YR IAWN a dalwyd ar y groes
Yw sylfaen f'enaid gwan;
Wrth bwyso arno ddydd a nos
'R wyn dysgwyl dod i'r lan.

2 Mi welaf le, mewn marwol glwy',
I'r euog guddio 'i ben;
Ac yma llechaf nes myn'd trwy
Bob aflwydd îs y nen.

3 'Does dim yn gwir ddifyru f'oes
Helbulus yn y byd,
Ond mynych olwg ar y groes
Lle talwyd Iawn mewn pryd.

4 Calfaria fryn yw f' unig sail,
Adeilaf arno mwy;
A gwraidd fy nghysur fyth gaiff fod
Mewn Dwyfol farwol glwy'. Amen.

WURTEMBERG. M. H. THOMAS SELLE. 1641.

144

Hymnau a Thonau er Gwasanaeth yr Eglwys yn Nghymru
Trwy ganiatâd Llyfrgell Genedlaethol Cymru

bodloni ar ddyfalu ei fod o'r farn fod Cymru yn aeddfed i dderbyn y math hwn o gasgliad. Fel yn achos *Hymns Ancient and Modern*, yr oedd hon yn garreg filltir bwysig, y ddarpariaeth gyntaf o gasgliad o emynau a thonau wedi ei strwythuro i gyd-fynd â'r litwrgi ac i adlewyrchu patrymau'r gwasanaethau eglwysig, gan gynnwys emynau ar gyfer gwyliau ac achlysuron arbennig, emynau bore a hwyr, ac emynau cyffredinol.

Mae'n ymddangos mai gwaith un dyn yn gyfan gwbl yw *Hymnau a Thonau er Gwasanaeth yr Eglwys yn Nghymru*. Daniel Evans (1832–88), periglor Corris, a oedd yn gyfrifol am gasglu'r cyfan ac am olygu'r emynau a'r tonau, gan dynnu ar ffynonellau Cymreig yn ogystal â rhai Seisnig a thramor am ei ddeunydd cerddorol. Yn frodor o Geinewydd yng Ngheredigion, dechreuodd ar yrfa fusnes yn Llundain cyn derbyn hyfforddiant i fod yn offeiriad; bu'n gurad ym Mynyddislwyn ac yn Nhroed-y-rhiw, Merthyr Tudful, ac yn 1860 cafodd ei benodi'n beriglor Corris ac yn gaplan Ardalydd Londonderry. Yn ddiweddarach gwasanaethodd yn rheithor Llanwrin a ficer Caernarfon cyn ymddeol ar sail ei iechyd a symud i fyw i Hastings yn ne Lloegr lle y bu farw yn 1888. Yr oedd Evans ei hun yn gerddor ac yn canu'r organ mewn eglwysi, yn ôl tystiolaeth un a'i cofiai'n dda:

> Yr oedd yn gerddor medrus ac yn offerynwr lled dda. Synai dieithriaid, fyddent weithiau yn troi i mewn i'r gwasanaeth, wrth weled y person yn gadael y gader weddi ac yn eistedd wrth yr harmonium—yn codi'r canu, yn chwareu yr offeryn, yn darllen y llithoedd, ac yn pregethu, y naill gystal a'r llall, a phob un yn rhagorol.

Mae *Hymnau a Thonau* yn gasgliad cynhwysfawr o 504 o emynau (nid yw'r tonau wedi eu rhifo ar wahân), a cheir weithiau fwy nag un emyn i un dôn. Yn 1875 cyhoeddwyd fersiwn newydd gydag atodiad o 92 o emynau ychwanegol, llawer ohonynt yn gyfieithiadau o'r Lladin ac o'r Saesneg o hen emynau eglwysig, a hynny o bosibl yn adlewyrchu dylanwad Mudiad Rhydychen. Cariodd Daniel Evans y baich ariannol ei hun, ac yn ôl pob sôn gwerthodd y llyfr yn dda a bu'n boblogaidd; ond byddai rhaid wrth ymchwil fanwl ar raddfa leol i ddirnad pa blwyfi yn union a fabwysiadodd y gyfrol hon.

Yn 1868, dair blynedd yn unig wedi ymddangosiad casgliad periglor Corris, cyhoeddwyd casgliad arall nid annhebyg iddo, sef *Hymnau Hen a Newydd ynghyd â Thonau*, yr emynau wedi eu golygu gan Shadrach Pryce (1833–1914), arolygwr ysgolion yn esgobaeth Tyddewi, a fu wedi hynny yn ddeon Llanelwy, a'r tonau dan olygyddiaeth Owen Jones (1825–1900), ficer Pentrefoelas. Perthynai Pryce i deulu o glerigwyr, ac mae'n eironig ei fod wedi bod yn olygydd ar emynau Cymraeg y gyfrol hon, gan ei fod fel arolygwr yn elyniaethus i ddefnyddio'r Gymraeg mewn ysgolion. Yr oedd Owen Jones yn gyfansoddwr anthemau a thonau a dreuliodd y rhan fwyaf o'i yrfa eglwysig ym Mhentrefoelas, o 1857 hyd 1892, cyn cael ei benodi i fywoliaeth Bodelwyddan. Bu hefyd yn gyfrifol am gyhoeddi dau gasgliad o garolau Nadolig.

Yn *Hymnau Hen a Newydd* mae dylanwad *Hymns Ancient and Modern* yn amlwg, hyd yn oed yn y teitl, ac mae tabl 'Y Cynnwysiad' yng nghyfrol Pryce a Jones yn cyfateb yn bur agos i'r rhestr gynnwys a geir yn y gyfrol Saesneg. Y cyhoeddwr yn yr achos hwn oedd cwmni Haddon, eto yn Llundain. Fel yng nghasgliad Daniel Evans, arferir rhyddid yma i osod mwy nag un emyn o dan un dôn, ac felly nid yw'n adlewyrchu'n fanwl gyfewin ei ragflaenydd Saesneg, lle y glynir yn gaeth at egwyddor un emyn i un dôn. Gwyddom fwy am gefndir y casgliad hwn gan fod casgliad o bapurau Shadrach Pryce, gan gynnwys gohebiaeth yn ymwneud â chyhoeddi *Hymnau Hen a Newydd*, wedi goroesi. Mae llawer o'r ohebiaeth yn ymwneud â phroblemau gyda'r wasg, a chwynion Pryce a Jones nad oeddynt yn derbyn dim arian o werthiant y llyfr er eu buddsoddiad helaeth ynddo. Ond ceir hefyd gopi o lythyr a anfonwyd ym Mawrth 1889 gan Shadrach Pryce at William Pulling, un o olygyddion *Hymns Ancient and Modern*, sy'n rhoi peth o'r cefndir. Nid yw llythyr Pulling at Pryce wedi ei ddiogelu, ond gellir casglu bod golygyddion y casgliad Saesneg wedi beirniadu'r Cymry am 'gyfieithu' *Hymns Ancient and Modern* heb ganiatâd. Amddiffyn y casgliad Cymraeg a wnaeth Shadrach Pryce:

> The book is no translation or adaptation of Hymns Ancient and Modern. But the publication of that work many years ago set myself and Mr. Jones the Vicar of Pentrevoelas to think whether a Welsh Book on similar lines might not help to benefit the Welsh Church. This

Y Cristion: ei brofiad.

358.

1 BYW im' yw CRIST, er bod mewn bedd;
Byw im' yn eiriol fry mewn hedd;
Byw im' yn Feddyg i fy nghlwy',
Byw'n Frawd a Phriod imi mwy.

2 Byw'n Archoffeiriad ar fy rhan;
Byw'n nerth a phlaid i f'enaid gwan;
Byw'n Frenhin ar ei orsedd fawr,
I'm hachub a'm gwaredu'n awr.

3 Byw imi'n Brophwyd mawr ei ddawn,
I'm dysgu yn rhyfeddol iawn;
I'm dysgu 'mwadu a mi fy hun,
Gan roi'r gogoniant iddo'n un.

4 Fy mywyd yw mewn cyfiawnhâd;
Fy ngobaith cadarn am iachâd;
Fy iachawdwriaeth oll a'm cân;
Fy mywyd yn y dwr a'r tân. Amen.

359.

1 DOES arnaf eisiau yn y byd
Ond golwg ar dy haeddiant drud,
A chael rhyw brawf o'th nefol rîn,
I 'mado'n lân â mi fy hun.

2 Yn fynych fynych, IESU cu,
Datguddia 'th fod yn eiddo i mi:
Mewn stormydd mawr yn wastad gad
Im' ddysgu llefain Abba, Dad.

3 O! hoelia 'meddwl ddydd a nos
Crwydredig wrth dy nefol groes;
A phlana'm hyspryd yn y tir
Sy'n llifo o lawenydd pur. Amen.

360.

1 FY anwyl IESU aeth i'r nef,
Mae'm holl ymddiried ynddo Ef,
Yn ol ei draed mi gerdda'n hy'
Nes im' gael golwg arno fry.

2 Ymdrechu bum â'r gelyn cas,
A llithro fwyfwy ar y maes,
Nes imi glywed galwad CRIST,
"Myfi yw'r ffordd, tyr'd enaid trist."

3 Fendigaid Oen, mi wela'th glwyf,
Ti a'm derbyni fel yr wyf,
Bechadur euog yn ei waed
Sy'n d'od am brawf o'th gariad rhad.

4 Caiff pechaduriaid glywed son
Am fy nglanhâd yn ngwaed yr Oen;
Dangosaf Brynwr dynolryw,
A gwaeddaf "Wele'r ffordd at DDUW!"
Amen.

HEXHAM. M. N. 8. 8. 6. An.

361.

1 O! IESU byw, Iachawdwr byd,
Dwg fi yn glau i'th fynwes glyd,
Gael prawf o'th gariad cu,
Sydd well na'r gwin i'm henaid gwan,
Am hyn 'rwy'n daer am gael bod dan
Dy dirion aden Di.

2 Dy gariad dwys yn f'enaid dod,
Ac ynddo fyth gad imi fod,
Yn nofio tua'r ne':
Nes gado'n deg yr anial dir,
A glanio fewn i Salem dir,
O'm gofid, och, a'm gwae.

3 O! wynfydedig ddedwydd awr,
Ddysgleirwen wir, O hyfryd wawr!
Caf esgyn uwch y nen:
Gorphwysfa lân, tragwyddol wledd,
Gaf fi fwynhau mewn dinas hedd:
Boed hyn ar frys, Amen. Amen.

145 L

Hymnau a Thonau er Gwasanaeth yr Eglwys yn Nghymru

> was in 1865 & 1866 and the work was published in 1868 ... We called the book "Hymns New and Old" and adopted the same verse on the Title page as A&M.

Er nad oes dim amheuaeth nad *Hymns Ancient and Modern* oedd y model a ddilynwyd, yr hyn sy'n ddiddorol yw bod Pryce a Jones, yn ôl eu cyfaddefiad eu hunain, wedi dechrau ar eu gwaith yn yr union adeg y cyhoeddwyd cyfrol Daniel Evans, sef yn 1865. Tybed a oeddynt yn teimlo nad oedd llyfr Daniel Evans yn cwrdd â'r gofyn, ei fod mewn rhyw ffordd yn annigonol neu yn anfoddhaol o ran y dewis o emynau a thonau neu o ran pwyslais diwinyddol? Un cyfeiriad at Evans a geir yn yr ohebiaeth, a hynny mewn llythyr gan Owen Jones o fis Medi 1875:

> We had a meeting at Llangwm [?] last week & I met Evans Llanwrin, who was one of the preachers. He did not allude to the Hymn book, & was agreeable.

Yr awgrym a geir yma yw eu bod yn ymwybodol o'r gystadleuaeth rhwng y ddau lyfr, ac yn hanner disgwyl ymosodiad o du Daniel Evans, ond bod hwnnw yn ddigon rhadlon i beidio â chyfeirio at y mater. Teg cofio, wrth gwrs, mai ar eu liwt eu hunain ac ar eu cost eu hunain yr oedd y rhain yn gweithredu, ac yr oedd elfen o gystadleuaeth yn anochel.

O ran ei wedd a'i wead, digon tebyg yw *Hymnau Hen a Newydd* i *Hymnau a Thonau*, yn dilyn patrwm y flwyddyn eglwysig er mwyn darparu emynau a fyddai'n cyd-fynd â'r drefn litwrgïaidd. A oedd yn fwy poblogaidd na'i gystadleuydd o Gorris? Mae'n anodd dweud. Awgrymir mewn un llythyr gan Owen Jones ym mis Tachwedd 1868 fod nifer o blwyfi yn y gogledd yn cymryd at y llyfr—'The book seems to take in these parts - Cerrigdrudion, Capel Garmon, Bettws, Yspytty, Llansantffraid Glyn Dyfrdwy, are adopting it'—ond fel yn achos *Hymnau a Thonau* byddai rhaid wrth ymchwil fanwl i ddirnad beth oedd union natur a helaethrwydd ei ddosbarthiad. Cafwyd sawl argraffiad, hyd at ddeuddeg cyn 1891, gan gynnwys argraffiad sol-ffa, er mai digon anghynnes oedd y berthynas rhwng Haddon y cyhoeddwr a'r golygyddion. Awgryma'r ohebiaeth fod Shadrach Pryce yn ymdrechu i gael argraffiad pellach gan wasg Spurrell yng Nghaerfyrddin, gan i'r platiau argraffu gael eu trosglwyddo yno o Lundain, ond ymddengys na ddaeth dim o hynny.

Bu Owen Jones farw yn 1900 a Shadrach Pryce yn 1914, a dyna i bob pwrpas ddiwedd y llyfr.

Wedi symudiadau arloesol yr 1860au cafwyd ton newydd o weithgarwch ugain mlynedd a mwy yn ddiweddarach. Yn 1886 cyhoeddwyd *Hymnau yr Eglwys* dan olygyddiaeth Ellis Roberts 'Elis Wyn o Wyrfai' (1827–95) fel casgliad o emynau yn unig, ac fe'i dilynwyd yn 1892 gan argraffiad o emynau a thonau. Yr oedd Elis Wyn yn ficer Llangwm ac yn olygydd *Yr Haul*, yn fardd a llenor adnabyddus yn rhengoedd yr Eglwys ac ym myd yr eisteddfod. Erbyn yr 1880au, pan oedd yn paratoi'r casgliad hwn, yr oedd sefyllfa canu o fewn yr eglwysi wedi gwella a datblygu, ond yr oedd beirniadu ar y duedd i ddefnyddio tonau Seisnig a thramor, tonau a oedd yn ymddangos, i rai o leiaf, braidd yn ddof; efallai fod hyn yn feirniadaeth anuniongyrchol ar lyfrau'r genhedlaeth gyntaf. Yr oedd casgliad Elis Wyn yn fwy Cymreig o'r dechrau: yn un peth, gwasg Spurrell yng Nghaerfyrddin oedd y cyhoeddwr ac nid gwasg yn Llundain. Mae'n sicr fod Pryce a Jones yn ymwybodol o waith Elis Wyn, oherwydd ceir cyfeiriad difrïol iawn ato gan Owen Jones, nid heb elfen o genfigen, mae'n siŵr:

> My neighbour, Roberts, Llangwm, has brought out a Collection of Hymns at the Bp of St. Asaph's request, called "Emynau yr Eglwys". Poor Roberts ... was assisted by some dissenting preachers—& wishes to press this on us as a Church Hymnal. It appears to be a very colourless production—& I sometimes think of having a shy at it—tho' in reality it is not worth powder & shot.

Awgrymir yma mai anogaeth a chefnogaeth Joshua Hughes, esgob efengylaidd a gwladgarol Llanelwy, a sbardunodd Elis Wyn i wneud y gwaith, ac er gwaethaf beirniadaeth a chenfigen Owen Jones, gwelodd y casgliad gryn lwyddiant. Cafodd y golygydd gymorth tri o'i feibion, y tri yn offeiriaid, ac ar yr ochr gerddorol gan Frederick S. Garton, organydd Eglwys Gadeiriol Tyddewi. Mae'n gasgliad llai na'i ragflaenwyr, yn 437 o emynau, ond hwyrach yn ddetholiad mwy cytbwys, ac o ran tonau yn cynnwys, fel y dywedir yn y rhagymadrodd:

> gynnifer ag a ellid o hen ffafr-emynau a ffafr-donau eneiniedig Cymru ... Ar daer ddeisyfiad rhifedi mawr o offeiriaid rhoddasom i mewn nifer o'r hen donau hyn ... er mwyn cyfarfod â dymuniadau rhai o duedd fwy diweddar yr ydym yn rhoddi dewis o ddwy dôn—hen a diweddar.

Yr oedd gwneud hyn yn adlewyrchu rhywfaint o newid mewn chwaeth, ac adwaith yn erbyn y llymder golygyddol a nodweddai rai casgliadau blaenorol. Er bod tonau Cymreig i'w gweld yn y ddau gasgliad cynt, ffurfiol yw'r rhan fwyaf, yn dilyn yr un math o egwyddorion golygyddol ag a geir gan Ieuan Gwyllt, er enghraifft, gan ddefnyddio cynghanedd blaen, ddiaddurn ac osgoi ailadrodd cymalau a llinellau. Cymhelliad Elis Wyn yn ôl ei ragymadrodd oedd darparu ar gyfer Eglwys a oedd yn profi 'bywyd adnewyddol a chynnyddol ag sydd ... yn dyfod yn fwy grymus, catholig, a chenedlaethol o ddydd i ddydd', ac mae'n amlwg ei fod yn gweld y casgliad yn rhan o adnewyddiad cyffredinol ym mywyd yr Eglwys. Cydiodd y gyfrol yn nychymyg cynulleidfaoedd a oedd hwyrach yn gweld cyfle i ddisodli hen gasgliadau ac i fwynhau blas newydd ar eu haddoliad. Cofnodir, er enghraifft, i Eglwys Llanfihangel-y-Creuddyn yng Ngheredigion fabwysiadu'r gyfrol yn lle *Hymnau Hen a Newydd* ar Sul y Pasg, 1893, ond yma eto byddai angen llawer o ymchwil leol i gadarnhau pa mor eang oedd cylchrediad y llyfr.

Fel yr oedd *Hymnau Hen a Newydd* wedi dilyn yn dynn ar sodlau *Hymnau a Thonau*, felly o fewn ychydig flynyddoedd wedi cyhoeddi *Hymnau yr Eglwys* ymddangosodd y mwyaf uchelgeisiol o'r casgliadau hyn o emynau a thonau, a'r unig un i'w olygu gan esgob, sef *Emyniadur yr Eglwys yng Nghymru*, dan olygyddiaeth Daniel Lewis Lloyd (1843-99), esgob Bangor. Brodor o Lanarth yng Ngheredigion oedd Lloyd, a gafodd yrfa fel prifathro ysgolion uwchradd, gan gynnwys Coleg Crist yn Aberhonddu, cyn cael ei orseddu'n esgob Bangor yn 1890; yn ôl un coffâd iddo, y gyfrol hon oedd 'ei orchestwaith'. Cafodd gymorth cyd-olygyddion, sef William Lewis Richards, ficer Penstrywed, Daniel Silvan Evans, rheithor Llanwrin, a Roland Rogers, organydd Eglwys Gadeiriol Bangor. *Emyniadur yr Eglwys* yw'r llawnaf a'r helaethaf o'r casgliadau hyn i gyd, yn 730 o emynau, a thonau i gyfateb (ond nid un dôn i bob emyn). Ar un olwg mae'n benllanw'r gweithgarwch a welwyd cynt, ac mae'r Esgob Lloyd yn taro'r un nodyn ag Elis Wyn yn ei 'Raglith' i'r gyfrol pan ddywed, 'Ymdrechasom wneud y Casgliad mor Gatholig, yng ngwir ystyr y gair, ag oedd bosibl'; hynny yw, yn gynhwysfawr. Yn yr *Emyniadur* ceir am y mwyaf o gyfieithiadau o hen emynau Lladin ochr yn ochr â'r clasuron Cymraeg gan Ymneilltuwyr ac Eglwyswyr fel ei gilydd.

Mae'r pedwar casgliad hyn yn dilyn patrwm thematig y flwyddyn eglwysig, wedi eu trefnu i fod yn rhan o'r patrwm litwrgïaidd. Fel *Hymns Ancient and Modern* yr oeddynt wedi eu cynllunio i gyd-fynd â ffurfwasanaeth sefydlog y Llyfr Gweddi Gyffredin, ac felly ar ryw olwg yn fwy caeth ond hwyrach yn fwy disgybledig eu hadeiladwaith na chasgliadau'r eglwysi Ymneilltuol. Mae'r pedwar hefyd yn tynnu ar draddodiad emynyddol cynhwysfawr, gan gynnwys llawer o waith emynwyr Ymneilltuol yn ogystal ag emynwyr eglwysig megis Ieuan Glan Geirionydd, Nicander, Elis Wyn o Wyrfai, J. Arthur Jackson, William Morgan (Penfro) a John Williams 'Ab Ithel', yn emynau Cymraeg gwreiddiol ac yn gyfieithiadau o emynau eglwysig clasurol. Dylid nodi, fodd bynnag, nad yw Daniel Evans na Pryce yn priodoli'r emynau o gwbl, a rhaid dyfalu pwy yw'r awduron; mae eu henwau (neu lythrennau eu henwau) yng nghyfrolau Elis Wyn a'r Esgob Lloyd.

Parhaodd llyfrau Elis Wyn a'r Esgob Lloyd yn eu bri yn yr ugeinfed ganrif, gan ddisodli casgliadau'r 1860au: yr oedd *Hymnau yr Eglwys* yn dal i gael ei adargraffu ddiwedd yr 1920au, a'r *Emyniadur* yn derbyn argraffiad newydd yn 1936. Rhyngddynt bu'r pedwar casgliad yn fodd o gadarnhau'r arfer o ganu emynau yn yr eglwysi Anglicanaidd Cymraeg eu hiaith, gan gyfrannu at y traddodiad cyffredinol o ganu cynulleidfaol Cymraeg a ddaeth i'w lawn dwf yn y bedwaredd ganrif ar bymtheg, a chan greu traddodiad emynyddol eglwysig yn y Gymraeg, traddodiad a danbrisiwyd gan yr enwadau Ymneilltuol sydd wedi tueddu i gredu mai nhw piau'r canu. Mae'r casgliadau eglwysig hyn yn cofleidio'r clasurol eglwysig a'r Ymneilltuol yn ddiwahân. Ni ellir dweud yr un peth am gasgliadau Ymneilltuol y bedwaredd ganrif ar bymtheg a'r ugeinfed, a oedd yn tueddu i osgoi emynau o'r traddodiad eglwysig. Dim ond pan gyhoeddwyd *Caneuon Ffydd* yn 2001, er enghraifft, y cafodd cynulleidfaoedd Ymneilltuol gyfle i ganu, ymhlith emynau eglwysig eraill, emyn sagrafennol dwys Nicander, 'Gyda'r saint anturiais nesu / dan fy maich at allor Duw', a chyfieithiad Cymraeg o glasur Tomos o Acwin, 'Adoro te devote', 'Addolwn di, guddiedig Dduwdod mawr'. Yn hynny o beth rhaid canmol emyniaduron Anglicanaidd Cymraeg cynhwysfawr y bedwaredd ganrif ar bymtheg am fod—yng ngeiriau Daniel Lewis Lloyd—yn 'Gatholig, yng ngwir ystyr y gair'.

DARLLEN PELLACH

Charles Ashton, 'Y diweddar Barchedig Ganon Ellis Roberts (Elis Wyn o Wyrfai)', *Yr Haul*, Mehefin 1895, 161–5.

W. Gareth Evans, ' "Gelyn yr iaith Gymraeg": Y Parchedig Shadrach Pryce MA a meddylfryd yr arolygaeth yn Oes Victoria', *Y Traethodydd*, 149 (1994), 73–80.

R.T. Jenkins, 'Owen Jones (1825–1900), clerigwr a cherddor', *Y Bywgraffiadur Cymreig 1941–1950 gydag Atodiad i'r Bywgraffiadur Cymreig hyd 1940* (Llundain: Anrhydeddus Gymdeithas y Cymmrodorion, 1970), tt. 119–20.

Bedwyr Lewis Jones, *'Yr Hen Bersoniaid Llengar'* (n.p.: Gwasg yr Eglwys yng Nghymru, [1963]).

John Morgan, 'Y Canon Evans, D. D.', *Y Geninen*, Mawrth 1892 (*Ceninen Gŵyl Dewi*), 6–9.

Rhestr o Ddelweddau a Hawlfraint

Clawr Harry Longueville Jones, Eglwys Llaneilian, *Archaeologia Cambrensis*, 1861
D. Silvan Evans, *Geiriadur Cymraeg. A Dictionary of the Welsh Language* (1887)

t.5 A.J. Oliver, yn seiliedig ar engrafiad gan T. Bragg, Y Parchg John Williams 'Yr Hen Syr' yn eistedd yng nghadair Edward Richard, 1818
Trwy garedigrwydd Canolfan Edward Richard, Ystradmeurig

t.8 Ysgol Ystradmeurig, tua 1920
Trwy garedigrwydd Canolfan Edward Richard, Ystradmeurig

t.15 Rhai o'r disgyblion y tu allan i'r ysgol yn Ystradmeurig
Trwy garedigrwydd Canolfan Edward Richard, Ystradmeurig

t.17 Colvin Smith (1795–1875), Yr Archddiacon John Williams, 1841
Trwy ganiatâd caredig © The Edinburgh Academy

t.24 Arlunydd anhysbys, Y Parchg John Hughes, tua 1850
Casgliad Portreadau Llyfrgell Genedlaethol Cymru

t.27 William Crane (–1843), Rhodfa'r Môr Aberystwyth tua 1840
Casgliad Tirluniau Llyfrgell Genedlaethol Cymru

t.33 John Hughes, *Pedair ar Ddeg o Bregethau ar Destynau Pwysig* (Aberystwyth, 1829)
Trwy ganiatâd Llyfrgell Genedlaethol Cymru

t.40 Lock and Whitfield: Yr Esgob Alfred Ollivant, 1878
Yr Oriel Bortreadau Cenedlaethol, Llundain © National Portrait Gallery, London

t.47 Arlunydd anhysbys, Yr Esgob Connop Thirlwall, 1872
Casgliad Portreadau Llyfrgell Genedlaethol Cymru

t.58 Cofeb Isaac Williams yn Eglwys yr Holl Saint, Llangorwen, 2017
© Llywelyn2000

t.63 Yr allor yn Eglwys yr Holl Saint, Llangorwen, 2017
© Llywelyn2000

t.65 Eglwys Gadeiriol Tyddewi yn W.B. Jones and E.A. Freeman, *The History and Antiquities of St David's* (London, 1856)

t.71 George Richmond (1809–96) yn ôl pob tebyg, Charlotte Brontë (1816–55), 1850

t.74 Ficerdy Almondbury tua 1870, yn Charles Augustus Hulbert, *Annals of the Church and Parish of Almondbury, Yorkshire* (London, 1882)

t.78 Y Parchg David James 'Dewi o Ddyfed' yn Joseph Morgan, *A Biography of the Reverend David James (Dewi o Ddyfed), sometime Rector of Panteg* (Pontypool: Hughes and Son, The Griffin Press, 1925)

t.89 Arlunydd anhysbys, Jane Williams 'Ysgafell', tua 1870
Casgliad Portreadau Llyfrgell Genedlaethol Cymru

t.92 Hugh Hughes (1790–1863), 'Artegall, or the Whipping' yn *Pictures for the Million in Wales* (1848)
Trwy ganiatâd Llyfrgell Genedlaethol Cymru

t.106 D. Frabonius, Morris Williams 'Nicander', tua 1840
Casgliad Portreadau Llyfrgell Genedlaethol Cymru

t.118 Harry Longueville Jones, Cofeb Siwan, gwraig Llywelyn Fawr, yn Eglwys Biwmares, *Archaeologia Cambrensis*, 1847

t.121 Rhan o awdl farwnad y Parchg John Williams 'Ab Ithel' gan Elis Wyn o Wyrfai (Caerfyrddin, 1877)
Trwy ganiatâd Llyfrgell Genedlaethol Cymru

t.123 Poster yn hysbysebu Eisteddfod Llangollen 1858
Trwy ganiatâd Llyfrgell Genedlaethol Cymru

t.126 Prospectws 'The Cambrian Institute'
Trwy ganiatâd Llyfrgell Genedlaethol Cymru

t.133 John Cambrian Rowland (1818–90), Daniel Silvan Evans, 1843
Casgliad Portreadau Llyfrgell Genedlaethol Cymru

t.139 D. Silvan Evans, *Geiriadur Cymraeg. A Dictionary of the Welsh Language*, Cyfrol 1 (1893), t. 446. [Cyhoeddwyd y rhan a oedd yn cynnwys y llythyren *B* yn 1887]

t. 147 John Thomas (1838–1905), Ellis Roberts 'Elis Wyn o Wyrfai', tua 1875
Casgliad Portreadau Llyfrgell Genedlaethol Cymru

t.149 Arlunydd anhysbys, Ebenezer Thoms 'Eben Fardd', 1840au, yn *Gweithiau Barddonol Eben Fardd* (Bangor, tua 1873)

t.159 *Yr Haul*, Ail Gyfres Caerfyrddin, Cyfrol 1, 1885, dan olygyddiaeth Elis Wyn o Wyrfai

t.168 John Thomas (1838–1905), Y Parchg Owen Wynne Jones 'Glasynys' Casgliad Portreadau Llyfrgell Genedlaethol Cymru

t.180 Daniel Evans, *Hymnau a Thonau er Gwasanaeth yr Eglwys yn Nghymru* (Llundain, 1865)
Trwy ganiatâd Llyfrgell Genedlaethol Cymru

t.183 Daniel Evans, *Hymnau a Thonau er Gwasanaeth yr Eglwys yn Nghymru* (Llundain, 1865)
Trwy ganiatâd Llyfrgell Genedlaethol Cymru

Y Cyfranwyr

JANE AARON

Athro Emerita yn Ysgol y Dyniaethau ym Mhrifysgol De Cymru yw Jane Aaron. Hi yw awdur *Pur fel y Dur: Y Gymraes yn Llên Menywod y Bedwaredd Ganrif ar Bymtheg* (1998) a enillodd Wobr Goffa Ellis Griffith yn 1999, *Nineteenth-Century Women's Writing in Wales* (2007), enillydd gwobr Roland Mathias yn 2009, a *Welsh Gothic* (2013), a chyd-awdur *Welsh Writing in English 1536–1914* (2020). Yn ogystal, cydolygodd y cyfrolau *Our Sisters' Land: The Changing Identities of Women in Wales* (1994), *Postcolonial Wales* (2005), *Gendering Border Studies* (2010) a *Women's Writing from Wales before 1914* (2020). Hi hefyd yw golygydd y gyfres 'Welsh Women's Classics' a gyhoeddir gan Wasg Honno. Ei chyfrol ddiweddaraf yw'r cofiant *Cranogwen* (2023) a enillodd y wobr Ffeithiol Greadigol yng nghystadleuaeth Llyfr y Flwyddyn 2024.

CERI DAVIES

Mae Ceri Davies yn Athro Emeritws yn y Clasuron ym Mhrifysgol Abertawe. Ers dros hanner canrif bu awduron Lladin y Dadeni Dysg a hanes y traddodiad clasurol yng Nghymru ymhlith ei brif ddiddordebau ymchwil. Rhwng 1976 ac 1988 yr oedd yn aelod o Banel Cyfieithu'r Testament Newydd a'r Apocryffa, *Y Beibl Cymraeg Newydd*. Wrth drafod clasurwyr Ystradmeurig yn y gyfrol hon mae'n dychwelyd at faes y bu'n ymdrin beth ag ef, ddeng mlynedd ar hugain yn ôl, yn *Welsh Literature and the Classical Tradition* (1995). Bu Ceri Davies yn Gymrawd Ymchwil Leverhulme (2001–2) ac yn Gymrawd ar Ymweliad yng Ngholeg Magdalen, Rhydychen (2008–9), ac er 2013 mae'n un o Gymrodyr Cymdeithas Ddysgedig Cymru.

J. WYN EVANS

Ar ôl ymddeol fel esgob, a chyn hynny yn ddeon Tyddewi, mae Wyn Evans wedi dychwelyd at ei ddiddordeb mewn hanes ac archaeoleg Cristnogaeth yng Nghymru. Mae wedi darlithio, ysgrifennu a chyhoeddi ar Eglwys Gadeiriol Tyddewi yn benodol. Mae newydd gwblhau erthygl ar Llewelyn Lewellin (1798–1878), deon cyntaf Tyddewi ac mae wrthi ar hyn o bryd yn golygu dogfen sy'n disgrifio agweddau ar hanes a threfniant yr Eglwys Gadeiriol o ddiwedd yr ail ganrif ar bymtheg hyd ganol y ddeunawfed ganrif. Ef yw Archifydd Ymgynghorol yr Eglwys yng Nghymru.

RHIDIAN GRIFFITHS

Yn gyn-aelod o staff y Llyfrgell Genedlaethol, mae Rhidian Griffiths yn ymddiddori mewn sawl agwedd ar hanes cerddoriaeth yng Nghymru. Cyhoeddodd erthyglau a phenodau ar gyhoeddi a chyhoeddwyr ac ar gerddoriaeth gynulleidfaol a cherddoriaeth werin. Mae ganddo ddiddordeb arbennig yn nylanwad cerddoriaeth draddodiadol ar fathau eraill o gerddoriaeth, yn enwedig y berthynas rhwng canu gwerin a chanu cynulleidfaol.

ANDREW HAWKE

Mae Andrew Hawke yn brif olygydd *Geiriadur Prifysgol Cymru* ac yn ddarllenydd ym Mhrifysgol Cymru y Drindod Dewi Sant. Graddiodd yn y Gymraeg o Goleg Prifysgol Cymru, Aberystwyth, gan fynd ymlaen i wneud ymchwil tuag at eiriadur hanesyddol y Gernyweg. Cyhoeddwyd nifer o erthyglau ganddo ar lawysgrifau a thestunau Cernyweg. Mae ei ddiddordebau ymchwil hefyd yn cynnwys geiriadura a hanes geiriaduron, a chyfrannodd bennod ar ddyfynnu a diffinio mewn geiriaduron hanesyddol at *The Oxford Handbook of Lexicography*, ac astudiaeth o fathiadau a benthyciadau yn y Gymraeg i'r *International Journal of Lexicography*. Mae'n ymgynghorydd ar y Gymraeg a'r Gernyweg i'r *Oxford English Dictionary* ac yn aelod o fwrdd golygyddol *Faclair na Gàidhlig* (geiriadur hanesyddol Gaeleg yr Alban).

E. WYN JAMES

Brodor o Droed-y-rhiw ger Merthyr Tudful yw'r Athro Emeritws E. Wyn James. Cyn ymddeol, yr oedd yn Athro yn Ysgol y Gymraeg ym Mhrifysgol Caerdydd, lle y bu'n darlithio ar lenyddiaeth Gymraeg o'r Dadeni Dysg ymlaen. Yr oedd hefyd yn gyd-Gyfarwyddwr 'Canolfan Uwchefrydiau Cymry America' Prifysgol Caerdydd. Mae ei feysydd ymchwil yn cynnwys yr emyn, y faled a chanu gwerin; hanes argraffu a chyhoeddi; llên menywod; y mudiad i ddiddymu caethwasiaeth; a'r Wladfa Gymreig ym Mhatagonia. Mae ganddo ddiddordeb arbennig hefyd yn niwylliant Cymraeg de-ddwyrain Cymru, ac mae'n ysgrifennu colofn fisol, 'Llys a Llan', sy'n 'crwydro ar hyd meysydd llên, crefydd a hanes' yng Nghaerdydd a Bro Morgannwg, yn *Y Dinesydd*. (Mae'r golofn ar gael hefyd yn electronig: http://dinesydd.cymru/teithiau/.) Mae'n un o Gymrodyr Cymdeithas Ddysgedig Cymru, Cymdeithas Emynau Cymru, a'r Comisiwn Baledi Rhyngwladol. Yn 2004 yr oedd yn Gymrawd ar Ymweliad ym Mhrifysgol Caer-grawnt ac yn 2012 yr oedd yn Ysgolor Fulbright ac yn Gymrawd ar Ymweliad ym Mhrifysgol Harvard.

DAFYDD GLYN JONES

Cyn ymddeol yr oedd Dafydd Glyn Jones yn Ddarllenydd yn y Gymraeg ym Mhrifysgol Cymru, Bangor. Flynyddoedd yn ôl bu'n gyd-olygydd ar 'Gyfres Cwmpas' (tair cyfrol) a chyfres 'Y Meddwl Modern' (19 cyfrol), ac yr oedd yn Olygydd Cyswllt ar Eiriadur yr Academi. Bellach mae'n golygu cyfresi 'Cyfrolau Cenedl' (15 cyfrol hyd yma) a'r 'Hen Lyfrau Bach' (20 hyd yma), a chyhoeddi'r rhain drwy Ddalen Newydd, busnes teuluol a sefydlodd gyda'i briod a'i feibion. Yn ystod y blynyddoedd diweddar cyhoeddodd hefyd amrywiaeth o gyfrolau o'i waith ei hun, yn cynnwys gweithiau cofiannol-hanesyddol, ysgrifau ar lenyddiaeth a bywyd Cymru, llyfryn i helpu'r ysgrifennwr, a dau gasgliad o storïau byrion. Mae'n gyfrifol am 'Flog Glyn Adda'.

FRANCES KNIGHT

Mae Frances Knight yn Athro Emerita Hanes Cristnogaeth ym Mhrifysgol Nottingham. Astudiodd yng Ngholeg y Brenin Llundain a Phrifysgol Caer-grawnt a daeth i Gymru am y tro cyntaf yn 1995, yn ddarlithydd mewn Diwinyddiaeth ac Astudiaethau Crefyddol ym Mhrifysgol Cymru, Llanbedr Pont Steffan. Bu'n ymwneud â datblygu dysgu olraddedig o bell yn Llanbedr Pont Steffan ac yn ddiweddarach yn Nottingham; treuliodd naw mlynedd yn bennaeth Diwinyddiaeth ac Astudiaethau Crefyddol yn Llanbedr Pont Steffan, ac yna yn Nottingham. Dychwelodd i fyw yng Nghymru yn 2020, ac mae wedi ysgrifennu am sawl agwedd ar hanes crefyddol Cymru a Lloegr yn y cyfnod o 1800 ymlaen. Ei llyfrau diweddaraf yw *Victorian Christianity at the Fin de Siècle* (2015) ac *Ebenezer Howard: Inventor of the Garden City* (2023). Ar hyn o bryd mae'n gweithio ar bapurau Connop Thirlwall yn Llyfrgell Genedlaethol Cymru. Etholwyd hi yn un o Gymrodyr Cymdeithas Ddysgedig Cymru yn 2022.

A CYNFAEL LAKE

Cafodd A. Cynfael Lake ei fagu yn Nhreorci, yn Nhanygrisiau, ac yn Fforest-fach, Abertawe. Cyn iddo ymddeol yr oedd yn Ddarllenydd yn Adran y Gymraeg ym Mhrifysgol Abertawe. Golygodd weithiau nifer o Gywyddwyr yr Oesoedd Canol diweddar, yn eu plith Hywel Dafi a Lewys Morgannwg. Gyda Bleddyn O. Huws, sefydlodd *Dwned*, cylchgrawn Hanes a Llên Cymru'r Oesoedd Canol, y cyhoeddwyd 30 rhifyn ohono rhwng 1995 a 2024. Mae'n awdur sawl ysgrif a chyfrol ar lenyddiaeth y ddeunawfed ganrif a gwelir casgliad o rai o'i ysgrifau ar y cyfnod hwnnw yn *Beirdd, Prydyddion a Baledwyr y Ddeunawfed Ganrif* (2022). Mae'n un o Gymrodyr Cymdeithas Ddysgedig Cymru.

D. DENSIL MORGAN

Brodor o Dreforus yng Nghwm Tawe yw D. Densil Morgan. Bu'n Athro Diwinyddiaeth ym Mhrifysgol Bangor o 2005 hyd 2010, ac yn Athro Diwinyddiaeth ym Mhrifysgol Cymru y Drindod Dewi Sant, Llanbedr Pont Steffan, o 2010 ymlaen. Bellach mae'n Athro Emeritws yno ac yn weinidog ar Gylch Eglwysi Bedyddiedig Gogledd Teifi. Cyhoeddodd yn helaeth ar grefydd a diwinyddiaeth yng Nghymru a'i gyfrol ddiweddaraf yw *Gras, Gobaith a Gogoniant: crefydd ac ysbrydolrwydd yng ngwaith Emrys ap Iwan* (2024). Bu'n olygydd *Y Traethodydd* er 2016 ac mae'n un o Gymrodyr Cymdeithas Ddysgedig Cymru.

HUW PRYCE

Mae Huw Pryce yn Athro Emeritws Hanes Cymru ym Mhrifysgol Bangor ac yn Athro Er Anrhydedd yn Ysgol Hanes, Archaeoleg a Chrefydd Prifysgol Caerdydd. Cyhoeddodd yn helaeth ar hanes Cymru'r Oesoedd Canol, gan gynnwys *Native Law and the Church in Medieval Wales* (1993) a *The Acts of Welsh Rulers 1120–1283* (2005), sef golygiad o siarteri, llythyrau a dogfennau eraill tywysogion Cymru. Yn fwy diweddar mae ei ymchwil wedi canolbwyntio ar hanesyddiaeth Cymru, testun ei gyfrolau *J. E. Lloyd and the Creation of Welsh History: Renewing a Nation's Past* (2011), a *Writing Welsh History: From the Early Middle Ages to the Twenty-First Century* (2022).

HUW TEGID ROBERTS

Magwyd Huw Tegid Roberts ym mhentref Penisa'rwaun rhwng Llanberis a Chaernarfon, lle bu ei dad, y Canon Tegid Roberts, yn offeiriad. Dan anogaeth tri o garedigion yr Eglwys yng Nghymru ar droad y ganrif bresennol, y Gwir Barchg Saunders Davies, Dr Enid Pierce Roberts a'r Canon Glyndwr Williams, penderfynodd fynd ar drywydd rhai o bersoniaid Cymraeg anghofiedig y cyfnod cyn datgysylltu'r Eglwys yng Nghymru. Cafodd radd MTh am astudiaeth o fywyd Robert Camber-Williams yn 2003, cyn llunio traethawd PhD ar Elis Wyn o Wyrfai. Mae wedi ymgartrefu yn Llangefni ers ugain mlynedd ac yn dilyn gyrfa fel cyfieithydd. Cyn i'r Eglwys ddirwyn y cyfnodolyn hwnnw i ben, ef oedd golygydd olaf *Y Llan*. Mae'n treulio ei Suliau yn pregethu ym Môn ac Arfon.

ROBERT G. RHYS

O 1978 hyd 2018 yr oedd Robert Rhys yn ddarlithydd yn Adran y Gymraeg, Prifysgol Abertawe. Llenyddiaeth Gymraeg ddiweddar yw ei brif faes. Cyhoeddodd lyfrau ar waith Waldo Williams, Daniel Owen a James Hughes; ef a olygodd ddwy gyfrol *Y Patrwm Amryliw*, ysgrifau am feirdd Cymraeg yr ugeinfed ganrif ac ar y cyd ag Alan Llwyd golygodd gasgliad o gerddi Waldo Williams. Ymhlith ei gyhoeddiadau diweddar mae erthyglau ar fywyd a gwaith D.J. Williams, Abergwaun, ac ar gerddi'r bardd-offeiriad D. Emlyn Lewis. Yn ystod ei yrfa bu'n olygydd *Barn* a'r *Cylchgrawn Efengylaidd*. Mae'n byw ym Mhorth-y-rhyd, Cwm Gwendraeth Fach, ac adroddodd hanes brwydr trigolion y cwm yn erbyn cynlluniau i'w foddi yn y gyfrol *Cloi'r Clwydi*.